现代汉语语篇语义网络研究

孙秋月◎著

燕山大学出版社
·秦皇岛·

图书在版编目（CIP）数据

现代汉语语篇语义网络研究 / 孙秋月著. —秦皇岛：燕山大学出版社，2022.12
ISBN 978-7-5761-0322-9

Ⅰ.①现… Ⅱ.①孙… Ⅲ.①现代汉语－语义网络－研究 Ⅳ.①H136②TP18

中国版本图书馆 CIP 数据核字（2022）第 131989 号

现代汉语语篇语义网络研究
孙秋月 著

出 版 人：陈　玉	
责任编辑：张　蕊	策划编辑：张　蕊
责任印制：吴　波	封面设计：刘馨泽
出版发行：燕山大学出版社 YANSHAN UNIVERSITY PRESS	电　　话：0335-8387555
地　　址：河北省秦皇岛市河北大街西段 438 号	邮政编码：066004
印　　刷：英格拉姆印刷(固安)有限公司	经　　销：全国新华书店
开　　本：170mm×240mm　1/16	印　　张：14.5
版　　次：2022 年 12 月第 1 版	印　　次：2022 年 12 月第 1 次印刷
书　　号：ISBN 978-7-5761-0322-9	字　　数：230 千字
定　　价：58.00 元	

版权所有 侵权必究
如发生印刷、装订质量问题，读者可与出版社联系调换
联系电话：0335-8387718

目　录

第1章　绪论 1
1.1 缘起 1
1.2 研究内容 2
1.3 本书语料及研究方法 4
1.3.1 语料选取与来源 4
1.3.2 语料标注 5
1.3.3 研究方法 7
1.4 研究意义 8
1.5 创新之处 9
1.6 研究框架 9

第2章　文献综述 11
2.1 语义网络的相关研究 11
2.1.1 静态语义网络资源建设 11
2.1.2 动态语义网络研究 14
2.2 语义关系的相关研究 16
2.2.1 基于格语法的语义关系 17
2.2.2 基于事件语义学的语义关系 18
2.2.3 基于特征结构模型的语义关系 18
2.2.4 基于依存语法的语义关系 19
2.3 语言信息处理的自动文摘相关研究 20

2.3.1 自动文摘的分类与系统模型 20
2.3.2 自动文摘方法 21
2.4 本章小结 29

第3章　理论框架 31
3.1 概念—关系标注的理论基础 31
3.1.1 语篇及语篇性标准 31
3.1.2 知识空间与语篇世界 32
3.1.3 语篇世界中的概念—关系 33
3.1.4 语篇表层语法网络 37
3.2 语篇知识空间标注的理论基础 39
3.2.1 Michael Hoey 等的语篇模式理论 39
3.2.2 新闻评论语篇结构研究 40
3.3 本章小结 42

第4章　现代汉语语篇语义网络中的概念—关系 43
4.1 概念—关系标注结果与讨论 43
4.2 概念—关系类型及其语言学特征分析 47
4.2.1 围绕一级概念的概念—关系 47
4.2.2 关于人类经验的概念—关系 67
4.2.3 定义类属的概念—关系 80
4.2.4 关于符号交际情况的概念—关系 84
4.3 概念—关系类型的统计分析 92
4.4 本章小结 95

第5章　现代汉语语篇语义网络的构建 96
5.1 语篇语义网络构建中的概念微观状态和宏观状态 96
5.2 语篇语义网络中跨越小句的概念—关系构建 98
5.3 语篇语义网络中的层级性知识空间 101
5.4 语篇语义网络中的模型空间 106

5.5 语篇语义网络的概念连接密度与层级性知识空间 110
5.6 语篇语义网络的概念连接密度与控制中心 119
5.7 语篇语义网络与表层语法网络之间的互动构建 122
5.8 面向自然语言处理的语篇语义网络构建步骤 125
5.9 本章小结 129

第6章 新闻评论语篇语义网络分析 131
6.1 新闻评论知识空间结构 131
    6.1.1 新闻事件知识空间 132
    6.1.2 评论知识空间 135
    6.1.3 整体评价知识空间 143
    6.1.4 新闻评论宏观知识空间的组块分布 145
6.2 新闻评论语篇语义网络特点及标识 149
    6.2.1 新闻事件知识空间的语义网络特点及标识 151
    6.2.2 评论知识空间的语义网络特点及标识 154
    6.2.3 整体评价知识空间的语义网络特点及标识 162
6.3 新闻评论语篇标题中的语义网络 164
    6.3.1 新闻评论语篇标题的概念—关系类型 165
    6.3.2 语篇标题与新闻评论主体之间的概念—关系 168
6.4 本章小结 172

第7章 基于现代汉语语篇语义网络的自动文摘方法 174
7.1 新闻评论文摘的构成 174
7.2 基于语篇语义网络的知识空间识别与语篇主题提取 176
    7.2.1 基于语篇语义网络的知识空间识别 176
    7.2.2 新闻评论各知识空间的子主题提取 185
7.3 基于语篇语义网络的新闻评论文摘提取 194
7.4 基于语篇语义网络的自动文摘信息压缩 196
7.5 基于语篇语义网络的自动文摘系统规划 198
7.6 本章小结 199

第 8 章　结论与展望 ... 201
8.1 结论 ... 201
8.2 不足及研究展望 ... 204

参考文献 ... 205

附录 ... 219

图　目　录

图1-1　概念—关系标注示例 6
图2-1　林杏光、鲁川（1997）的现代汉语格系统 17
图2-2　汉语动词的论元角色层级体系（袁毓林，2002） 18
图5-1　概念微观状态向宏观状态的转化 98
图5-2　语篇语义网络中小句之间的概念—关系构建 99
图5-3　语篇语义网络中的层级性知识空间 103
图5-4　《"对志愿者多些理解和包容"——为生态环境部的表态点赞》语篇
　　　 模型空间的概念—关系连接示意图 109
图5-5　《比机器空转更可怕的是环保意识空转》语篇中句子对的概念连接
　　　 情况示意图 116
图5-6　《比机器空转更可怕的是环保意识空转》语篇世界知识空间结构
　　　 示意图 118
图5-7　小句的概念—关系和控制中心示意图 119
图5-8　豚草例句的语篇表层语法网络 123
图5-9　豚草例句的语篇语义网络 124
图6-1　新闻评论宏观知识空间的组块分布 146
图6-2　新闻评论标题与评论正文之间的复现关系 170
图7-1　《"对志愿者多些理解和包容"——为生态环境部的表态点赞》语篇
　　　 模型空间概念—关系连接示意图 184
图7-2　《"对志愿者多些理解和包容"——为生态环境部的表态点赞》语篇
　　　 世界的知识空间结构示意图 185
图7-3　基于汉语语篇语义网络的自动文摘系统规划 198

表 目 录

表2-1 国内外的自动文摘方法 21
表4-1 语篇语义网络中的概念—关系统计表 92
表5-1 语篇中S1与其他句子之间的概念—关系连接 112
表5-2 语篇句子之间的概念—关系连接统计表 114
表5-3 语篇中各句子之间的概念连接次数统计表 115
表5-4 句子对的概念连接数量及占比统计表 116
表5-5 词性与语义、语用功能的关联表 127
表6-1 新闻事件知识空间组成 134
表6-2 评论知识空间组成 143
表6-3 概念—关系的语篇知识空间频率统计表 150
表6-4 概念—关系类型频率统计表 165
表6-5 语篇标题完全复现关系的出现频率 171
表7-1 新闻评论知识空间的识别特征和限制条件 180
表7-2 《"对志愿者多些理解和包容"——为生态环境部的表态点赞》中句子之间概念连接次数统计表 183
表7-3 新闻事件知识空间的强密度概念—关系连接汇总表 187
表7-4 问题知识空间的强密度概念—关系连接汇总表 188
表7-5 分论点1知识空间的强密度概念—关系连接汇总表 190
表7-6 分论点2知识空间的强密度概念—关系连接汇总表 191
表7-7 分论点3知识空间的强密度概念—关系连接汇总表 191
表7-8 整体评价知识空间的强密度概念—关系连接汇总表 192

表7-9 新闻评论知识空间的子主题句分布..193
表7-10 句子的概念—关系连接坐标及连接数量统计表................................195

第1章 绪 论

本书面向语言信息处理研究现代汉语语篇语义网络的构建，并进一步探讨基于汉语语篇语义网络的自动文摘方法。本章首先介绍研究的缘起；其次说明研究问题和研究内容；再次介绍所采用的研究方法，分析研究意义和创新之处；最后交代本书的基本结构。

1.1 缘起

自然语言处理中的篇章级语义分析正处在起步阶段，基于篇章级语义分析的自动文摘有待发展。

语义分析是自然语言处理中的一个基本功能模块（冯志伟，2010）。根据语言单位的不同，语义分析分为词汇级语义分析、句子级语义分析以及篇章级语义分析。语义计算正由词汇语义学、经句法语义学向篇章语义学发展，逐步扩大覆盖范围（俞士汶、穗志方、朱学锋，2011）。相对于词汇级和句子级的语义分析，篇章级的语言计算和语义分析还处于初始阶段（中文信息处理发展报告，2016）。本书认为，自然语言处理领域中的篇章级语义研究可以借鉴话语语言学领域对语篇意义的认知研究。

在话语语言学的研究领域，欧洲大陆的篇章语言学代表人物Beaugrande（1980）认为，语篇是人类活动的载体，可以按照在广泛的活动中利用知识的程序来理解语篇的意义。语篇的意义是人类在各种活动中获取知识、储存知识和利用知识的特殊情况，语篇理解就是人们运用知识利用的程序来构建语篇语义网络的过程（王振华，2009；程琪龙，1998；陈忠华、刘心全、杨春苑，2004）。

自动文摘是运用计算机信息处理技术对大规模的电子文本快速地进行浓缩、提炼，生成反映文章主旨的批量文摘（江铭虎，2006）。在信息化时代，自动文摘能够帮助人们加快信息处理效率，是自然语言处理领域的重要研究课题。1958年，H. P. Luhn发表了第一篇关于文献摘要自动生成的论文《文献摘要的自动生成》(*The Automatic Creation of Literature Abstracts*)。自此，国内外学者开始研究各种文摘技术，以提高文摘的质量。目前，国内的自动文摘研究领域大多采用基于词频和语篇表层特征的统计方法，自动文摘处理的原文本大多为新闻消息、学术论文、科技文献。基于统计的文摘法应用在上述体裁的语篇中，可以产生相对较好的摘要。但是，当语篇的表层特征稀疏或者语篇的核心信息为若干表述不同的命题时，基于表层特征和词频统计的文摘法容易产生文摘句提取不全的问题，或者出现大量冗余信息。《中文信息处理发展报告（2016）》指出，现有的自动文摘方法尚未充分利用文档篇章信息与语义信息。语篇语义通常具有明显的结构性，然而，目前提出的语篇结构预测模型几乎没有考虑到语篇语义单元之间存在的密切联系。

本书基于对自然语言信息处理中的语篇语义分析和自动文摘研究现状的考量，根据Beaugrande的篇章语言学理论，从语篇认知的角度出发，研究面向自动文摘的汉语语篇语义网络，并探讨基于汉语语篇语义网络的自动文摘。

1.2 研究内容

本研究面向自然语言信息处理中的语篇语义分析和自动文摘的实际需求，选取汉语新闻评论语篇作为研究语料，通过具体的语篇语义分析，聚焦于两个互相关联的研究问题：第一，如何构建汉语语篇语义网络？第二，如何基于汉语语篇语义网络提取语篇主题，以生成文摘？本书的研究内容着重于以下四个方面：

第一，汉语语篇语义网络中的概念—关系结构类型及其语言学特征研究。语义网络是由概念之间建立的各种语义关系构建的，以往的语义关系研究大多聚焦于词汇、词组和句子层面，本书的汉语语篇语义网络研究是从句子层面的语义关系扩展到整个语篇。与句子相比，语篇具有复杂的语义关系。如何从句子层面的概念—关系结构扩展到语篇层面来构建语篇语义网络？针对汉语语篇的特点，汉语语篇语义网络的构建需要多少种概念—关系？各种概念—关系具有什么样的语义特点和可能的词汇标识？各种概念—关系在语篇中的分布情况如何？本书以现代汉语新闻评论语篇作为研究语料，基于Beaugrande的语篇世界理论中的概念—关系结构（以下简称：概念—关系），对汉语语篇中的概念—关系进行标注；基于汉语语篇事实，总结出一套构建汉语语篇语义网络的概念—关系集。同时，本书归纳和总结各种概念—关系的语言学特征，为机器学习和计算机自动识别概念—关系提供理论基础。此外，本书对语篇语料中的各种概念—关系出现的频率进行了统计分析。

第二，关于汉语语篇语义网络构建过程和特点的研究。概念—关系是语篇语义网络构建的基本单位，那么，如何基于语篇中的概念—关系构建汉语语篇语义网络？汉语语篇语义网络的构建具有哪些特点？基于语篇中的概念—关系标注和语篇语义网络标注，本书描述小句层面以及跨越小句界限的语篇语义网络的构建过程，分析汉语语篇语义网络的特点，阐释语篇语义网络中概念—关系的连接密度和语篇知识空间结构的关系，并初步提出面向语言信息处理构建汉语语篇语义网络的基本步骤。

第三，汉语新闻评论语篇世界中的语篇语义网络特点研究。对于不同体裁的语篇，其语篇语义网络是否具有该体裁所特有的特征？本书以新闻评论为语料，研究面向自动文摘的汉语语篇语义网络，需要分析该体裁语篇的语义网络特点，根据语篇语义网络特点来提取语篇主题。为了清晰地描写语篇语义网络在新闻评论语篇各部分的特点，本书首先基于语篇知识空间的标注，分析新闻评论语篇世界的知识空间结构；然后探讨各知识空间的语篇语义网络特点，对各种概念—关系的知识空间频率进行统计分析。此外，本书分析和归纳了语篇知识空间的标识以及新闻评论语篇标题的语义网络与语篇各知识空间之间的概念—关系。上述新闻评论语篇知识空间中的语义网络特点研究结果，将为基于汉语语篇语义网络的自动文摘研究提供理论基础。

第四，基于汉语语篇语义网络的自动文摘方法的研究。基于前面三个方面的研究结果，本书探讨如何基于汉语语篇语义网络来提取语篇主题。鉴于我们尚缺乏新闻评论语篇的专家文摘，本研究首先通过新闻评论语篇的人工文摘写作实验，明确新闻评论的文摘构成；其次，基于汉语语篇语义网络的特点，研究面向自动文摘的知识空间识别、语篇主题提取以及自动文摘内容的压缩；最后，本书尝试提出基于汉语语篇语义网络的自动文摘系统规划。

1.3 本书语料及研究方法

本节将说明研究语料的选取原因、来源及标注方法，交代语料的统计处理方法。

1.3.1 语料选取与来源

本书所采用的语篇语料为新闻媒体刊发的新闻评论。新闻评论是新闻媒体对最新发生的有价值的新闻事件和有普遍意义的紧迫问题发议论、讲道理，有着鲜明的针对性和引导性的新闻文体（丁法章，2002）。新闻评论区别于新闻消息、新闻批评或者个人社交媒体上的评论。新闻消息传播信息，提供新闻事实。新闻批评是以理论的眼光和研究的方式对于新闻本身的批评。新闻评论是新闻媒体通过摆事实、讲道理，表达一定的观点，影响新闻受众。新闻评论也不同于个人社交媒体中的新闻评论，前者评论一般比较充分，语言表达规范，比较适宜作为分析语料来研究汉语语篇语义网络中的概念—关系分类和汉语语篇语义网络构建。

在自然语言信息处理领域，新闻评论日益受到自然语言处理研究的重视，相关的研究主要有自动文摘、信息检索、信息分类、新闻评论主题挖掘、情感特征提取、新闻评论修辞结构库的建设以及新闻评论话语可计算性研究（李保国，2016；陶富民、高军、王腾蛟、周凯，2010；乐明，2008；李佐文、李楠，2018）。在自动文摘方面，新闻评论有别于新闻消息，后者在语篇开始或标题处基本提供了主要信息，基于语篇表层特征和词频统计的自动文摘的实现效果相对比较好。新闻评论语篇的主题贯穿在语篇之中，重要信息在语篇的各个部分都有所体现，因此，为自动文摘处理带来一定的难度。新闻评论的计算语言学研究为本书的语篇语义网络研究带来一定的启示。

新闻评论具有不同角度的分类。根据评论内容的重要性进行分类，新闻评论包括编辑部文章、社论、本报评论员文章、本报特约评论员文章、短评、编者按、编后、观察家评论、个人署名评论、杂文十类。根据创作人员的不同进行划分，新闻评论分为专职评论员文章、不署名评论员文章、署评论员文章、短评、编者按、媒体外部新闻评论创作者的专栏评论（杨新敏，2006）。根据新闻评论内容的类别进行划分，新闻评论包括国际新闻评论、农业新闻评论、金融新闻评论、体育新闻评论、环境保护新闻评论等。为了比较全面地分析各个层次的新闻评论语篇，且又能将语料的数量限制在本研究所能驾驭的范围内，我们选取关于"环境保护"主题的新闻评论语篇，不对评论内容的重要性和创作人员的类别进行区分。

"环境保护"是人们关注的重要话题，相关的新闻事件和新闻评论文章很丰富。本书以"人民网"的"观点"频道中的环境保护类新闻评论作为语料来源。"人民网"是《人民日报》创建的以新闻为主的大型网上信息发布平台，"观点"频道是"人民网"（网址：http://www.people.com.cn/）的一个版块，它集纳了全国各地具有影响的报刊评论，覆盖范围广，信息容量大。本书搜集了从2018年3月12日到2018年9月3日的环保新闻评论89篇，进行新闻评论语篇结构标注；随机抽取了其中的30篇，计37000余字，进行汉语语篇语义网络的标注。

1.3.2 语料标注

本书中的语料标注包括两个部分：第一是概念—关系标注，第二是语篇知识空间的标注。

首先，我们对语料进行预处理，包括分词和小句切分。本书采用中国科学院计算技术研究所研发的 ICTCLAS（Institute of Computing Technology, Chinese Lexical Analysis System）分词系统进行研究。该系统的主要功能包括中文分词、词性标注、命名实体识别、新词识别等。通过中文分词，我们可以确定概念的语言单位。胡裕树（1995）把语言系统中的词汇分成实词和虚词，实词包括名词、动词、形容词、数词、量词、副词、代词，虚词包括连词、介词、助词（包括时态助词和结构助词）、语气词、叹词、象声词。实词有比较实在的词汇意义，可以表达概念；虚词没有比较实在的词汇意义，不能表达概念（郭锐，2002）。

本书中的概念—关系标注是在篇章层面进行，也就是说，概念—关系不仅仅局限在小句或者句子层面，可能会跨越小句或者句子的界限，因此，本书需要确定概念—关系的篇章分析单位。

篇章分析一般以小句或子句为基本篇章单位（陈波、姬东鸿、吕晨，

2012；姚双云，2012）。屈承熹、赵世开（1991）认为汉语普通话的篇章是由三个层面组织起来的，这三个层面分别是：小句、话题链和段落。其中，小句是基本单位，若干个小句构成话题链，若干个话题链构成段落。

在自然语言信息处理领域，学者对小句或子句的范围进行了更细致的界定。陈波等（2012）提出子句包括传统单句和复句中的分句。结构上，子句至少包含一个谓语部分，至少表达一个命题；功能上，子句对外不作为其他子句结构的语法成分，子句和子句间发生命题关系；形式上，子句间一定有标点分割，通常是逗号、分号和句号等。梁国杰（2016）把由逗号、句号、分号、叹号、问号、省略号、冒号、破折号等分隔的字符串称为"标点句"，把包含至少一个主谓结构的标点句视为小句。

基于以往对篇章单位的分析，并结合语篇语义网络的构建特点，本书对语篇语料按小句进行切分。这里的小句与梁国杰（2016）的界定相似，需要满足两个条件：一是一个标点句，二是至少包含一个（主）谓结构。对于连动句、兼语句、关系小句、主谓宾语句等特殊句式，只要它们是一个标点句，就不再对其进行进一步的切分，而是将之视为一个小句。另外，虽然有些关联词语或状语成分构成标点句，但是一些做状语的介词结构包含了主谓结构，并不构成独立的小句。

其次，我们对语料进行自下而上的分析，基于Beaugrande的概念—关系分类，结合汉语语篇中的词语语义和语法知识，判断并标注概念—关系。标注示例如图1-1所示。

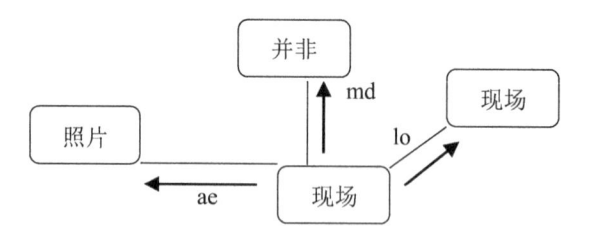

ae：受事关系，lo：位置关系，md：情态关系

图1-1 概念—关系标注示例

词语之间具有连线，表示词语表达的概念之间建立了联系，连线上标注

的字母是关系名称的缩写；连线上的箭头显示从中心点向外的控制流方向，指向的概念节点就是关系标签所描述的关系。在这个例子中，"照片"和"拍摄"之间建立了受事关系，"照片"是"拍摄"动作的受事；"现场"与"拍摄"之间形成位置关系，"现场"是"拍摄"动作的位置；"并非"与"拍摄"建立了情态关系，"并非"是"拍摄"的否定情态。

最后，标注语篇语义网络中的语篇知识空间。语篇中的概念—关系构成了语篇语义网络，并进一步形成了语篇知识空间。为了发现新闻评论语篇各部分知识空间的语篇语义网络特点，我们在Michael Hoey的语篇模式理论框架下，结合对新闻评论语篇结构的相关研究，分析新闻评论语篇世界的知识空间结构，对新闻评论语篇的各知识空间进行标注。

1.3.3 研究方法

本书基于自建的新闻评论语篇语料库，主要采取混合研究方法，并辅以实验法。

1.3.3.1 混合研究方法

本书首先在语篇语义网络研究的理论框架下进行语料标注，提出构建汉语语篇语义网络的概念—关系类型；其次，基于汉语词汇学、语义学和语法学的相关理论，通过真实的新闻评论语篇语料，分析概念—关系的语言学特征；再次，运用统计学方法对各种概念—关系出现的频次进行定量分析；从次，分析汉语语篇语义网络的构建特点和语篇世界中不同程度的概念—关系连接，阐释概念—关系连接密度和语篇语义网络的控制中心及其语篇世界知识空间结构的关系。另外，本书对新闻评论语篇标题和语篇世界中各知识空间的概念—关系连接进行统计分析。在基于汉语语篇语义网络的自动文摘研究中，本书分析语篇知识空间的结构和各知识空间的语义网络特点，并对各种概念—关系的知识空间频率进行统计。最后，本书提出基于汉语语篇语义网络的自动文摘方法与系统规划。此外，为了明确新闻评论语篇的文摘构成，本书进行了新闻评论语篇的人工文摘写作实验。

1.3.3.2 实验法

根据中华人民共和国国家标准《文摘编写规则》，文摘是以提供文献内容梗概为目的，不加评论和补充解释，简明、确切地记述文献重要内容的短文。国家语委有一个专门的文摘专家库，但是，我们能够搜索到的文摘主要是针对消息新闻、科技文献、学术论文等的语篇，关于新闻评论语篇的专家文摘尚缺乏。为了研究新闻评论的自动文摘，本书借鉴以往学者的研究方法（Marcu，1998），采取人工文摘写作实验，分析新闻评论语篇文摘的构成和文摘中的核心概念—关系。

本研究邀请了5名应用语言学专业的研究生参与文摘写作实验，其中，硕士研究生4名，博士研究生1名。鉴于他们的学术背景，本研究认为他们对于新闻评论语篇具有良好的理解能力以及摘要写作能力。我们选取了5篇新闻评论语篇作为文摘的原文本，它们分别是：《新京报》的《"对志愿者多些理解和包容"——为生态环境部的表态点赞》，《人民日报》"生态论苑"的《保护环境要狠抓治本》，"人民网评"的《为老百姓留住鸟语花香田园风光——全国生态环境保护大会系列网评之十一》，《人民日报》的《要让虚假整改者付出代价》，《南方日报》的《不要让野生动物等不起》。根据第4章对新闻评论语篇的分析得出，这些语篇具有不同的结构类型。在开始摘要写作之前，我们告知摘要写作者有关摘要的定义和要求，摘要结果没有对错之分。在摘要写作过程中，写作者可以采取摘录式文摘，或者在摘录式的基础上进行简化，也可以用自己的语言表达文本的主题思想，摘要的字数是原文的10%～30%。当5位摘要写作者对原文本进行了充分的阅读和理解之后，写出并提交了文本摘要。每篇原文本有5篇来自不同写作者的文摘，本写作实验共收到25篇人工文摘。

1.4 研究意义

语义分析是涉及语言学、计算语言学、机器学习、人工智能、认知科学的跨学科研究领域，理论层面上，语义分析研究推动语言学等相关学科的发展；在实践应用层面上，语义分析是自然语言处理的核心问题，有利于自动文摘、机器翻译、信息检索、大数据挖掘和分析等语言处理任务的快速发展。本研究面向自然语言信息处理中的语义分析，研究现代汉语语篇语义网络，探讨基于汉语语篇语义网络的自动文摘方法。

本研究的意义，一方面是基于现代汉语语篇事实，提供一套构建汉语语篇语义网络的概念—关系集，归纳总结各种概念—关系的词汇和语义特征，为概念—关系的计算机自动识别和语篇语义标注语料库的建设提供一定的语言学知识和资源。同时，分析现代汉语语篇语义网络中的概念—关系连接特点和语篇世界知识空间的关系。这一研究将促进自然语言信息处理领域对语篇意义的研究，为计算机进行语义计算、信息检索、自动文摘等提供参考。另一方面，基于汉语语篇语义网络的自动文摘为新闻评论语篇的自动文摘提供了一种方法，同时，基于汉语语篇语义网络特点的知识空间识别和语篇主题的提取方法，为其他体裁语篇的自动文摘提供了思路和借鉴。

1.5 创新之处

本书面向语言信息处理中的语义分析和自动文摘中语篇理解的需要，从语篇中的概念—关系入手，探讨汉语语篇语义网络的构建及其特点。首先，本书采用真实的现代汉语语篇语料的标注方法，在前人相关研究的基础之上，提出一套概念—关系集，为构建汉语语篇语义网络提供参考性框架。其次，本书总结各种概念—关系的词汇和语义特征，为语篇语义的计算研究提供了基于真实语料的语言学知识资源。再次，本书分析语篇语义网络的构建特点，提出面向自然语言信息处理的语篇语义网络构建步骤。最后，本书提出基于汉语语篇语义网络的自动文摘方法和系统规划，从理论层面上为自动文摘提供了另一种方法。

1.6 研究框架

本书共分为8章，主体部分为第4章、第5章、第6章、第7章。

第1章是绪论，主要阐述选题的缘起，交代研究对象，说明研究问题和研究内容，介绍语料选取的原因、来源和研究方法，评估本书的研究意义和创新之处。

第2章是文献综述，梳理和评价国内外学界在语义网络和自动文摘这两个方面已经取得的相关研究成果，从而说明本研究与以往研究的关系和区别以及面向自动文摘研究汉语语篇语义网络的必要性。

第3章阐述现代汉语语篇语义网络研究的理论框架，主要涉及概念—关系标注和语篇知识空间标注的理论基础，包括Beaugrande的语篇理论中的一些相关概念、Michael Hoey的语篇模式理论和新闻评论语篇结构的相关研究成果。

第4章是现代汉语语篇语义网络中的概念—关系研究。这章首先讨论对新闻评论语篇语料进行概念—关系标注的结果；然后提出一套构建现代汉语语篇语义网络的概念—关系集，分析和总结各种概念—关系的词汇、语义和语法特征，并对语篇语料中的概念—关系进行统计分析。

第5章研究现代汉语语篇语义网络的构建过程。这章首先从微观层面入手，探讨汉语语篇语义网络的构建过程，分析汉语语篇语义网络中的概念连接特点，最后初步提出面向自然语言处理构建汉语语篇语义网络的基本步骤和方法。

第6章研究新闻评论语篇知识空间中的语篇语义网络特点，主要分析新闻评论语篇知识空间结构、各知识空间的语篇语义网络特点和词汇标识，并统计各种概念—关系的知识空间频率。另外，分析新闻评论语篇标题的语义网络特点以及新闻评论标题和语篇知识空间的概念—关系连接特点。

第7章探讨基于现代汉语语篇语义网络的自动文摘方法。这章首先分析新闻评论语篇的文摘构成；其次，探讨基于现代汉语语篇语义网络的知识空间识别、语篇主题提取和文摘信息压缩；最后，提出基于现代汉语语篇语义网络的自动文摘系统规划。

第8章是总结和研究展望。这章总结本研究的发现，分析研究的不足和局限性，展望未来需要进一步研究的问题。

第 2 章 文献综述

本章主要对与本研究紧密相关的文献进行梳理,包括国内外的语义网络研究、语义网络中的语义关系研究以及自动文摘研究;总结以往研究的优势与不足,进一步明确语篇语义网络研究的可行性和基于语篇语义网络的自动文摘研究的必要性。

2.1 语义网络的相关研究

自从20世纪60年代美国心理学家柯林斯(A. M. Collins)和奎利恩(J. R. Quillian)(1969)研究人类联想记忆时提出了语义网络概念,学者就开始对语言系统网络进行多方面的研究。20世纪70年代,美国人工智能专家西蒙斯(R. F. Simmons)和斯乐康(J. Slocum)将语义网络用于自然语言处理,以句子中的词为概念节点,以概念节点之间的有向弧表示概念之间的语义关系(Simmons & Slocum, 1972)。在自然语言处理领域,语义网络是语言意义的一种形式化表征,语义网络内各个概念之间的关系主要由ISA、PART-OF、IS等谓词表示(冯志伟,2010)。语义网络为知识表征提供了一种便利的结构,以实现知识的连续性推理(刘伟伟,2015)。计算机能够运用一定的算法对语义网络进行计算,从而实现对语言意义的理解(夏幼明、徐天伟、张春霞、夏幼安,1999)。自然语言处理领域中的语义网络研究主要包括两个方面:静态语义网络资源建设和动态语义网络研究。

2.1.1 静态语义网络资源建设

国外学者创建了词网(WordNet)、动词网(VerbNet)、命题库(PropBank)、

框架网（FrameNet）等语义网络资源。

词网是1985年由美国普林斯顿大学的米勒（Miller）和其研究小组成员基于心理学理论所创建的在线英语词汇知识库。它由名词、动词、形容词和副词四个大的同义词集构成，包含大约15万个词条（Miller，1990）。WordNet中的词语之间或者词语集合之间通过各种语义关系建立联系，形成一个庞大的词语知识网络，例如：同义关系、反义关系、上位/下位关系、整体—组成部分关系、蕴涵关系。名词集合按照主题的等级层次来组织词汇，词语之间通过各种语义关系建立联系。动词集合按照搭配关系组织动词词汇，呈现词汇之间存在的蕴涵关系。形容词集合和副词集合通过词汇之间的同义或者反义关系来组织词汇。WordNet没有在篇章话语层面描述词和概念的语义。

动词网是2005年由美国宾夕法尼亚大学的吉柏（Kipper Karin）和其研究小组成员共同创建的在线英语动词数据库（Kipper，2005）。它基于贝斯·列文（Beth Levin）的动词分类理论进行扩展和细分，建立了一个层级性的动词词库，包括237个大类，大约5200个动词、357个句法框架。VerbNet对动词的句法特征进行了详细的描述。在动词网中，具有相似句法特征、论元角色和选择限制的动词建立联系，出现在同一个集合。

命题库是美国宾夕法尼亚大学的玛莎·帕默（Martha Palmer）在宾州树库（TreeBank）的基础上建立的，对树库中的每个小句都进行了语义角色标注。PropBank由动词词库和语义角色标注语料库构成（Palmer、Gildea、Kingsbury，2005），包括3600个动词、5050个框架集合，每一个框架带有一组语义角色。同一类动词具有一致的语义角色标识。该命题库包含一个中文命题库（简称：中文PropBank），它基于宾州中文树库对汉语动词的论元进行语义角色标注（Xue，2008；杨敏、常宝宝，2011）。

框架网是1997年美国加州大学伯克利分校基于框架语义学理论设计和创建的词语框架知识库（Baker, et al, 1998），包含800个语义框架，大约10000个词汇。框架语义学认为词语的意义与词语的概念结构或者语义框架相关。具有相同认知结构和语义角色的词语组织在同一个语义框架之中。词语和语义框架之间具有成员与类别之间的关系。语义框架之间通过继承关系、透视关系、优先关系、使动关系、总分关系等建立联系。框架网通过词元、框架、框架内的元素、语义类型等语义信息揭示词汇的本质属性，通过逻辑关系使这些概念关联起来，同时构建框架与框架之间的关系，最终形成一个形式化可共享的概念网络体系（肖珊，2013）。

国内静态语义网络资源包括知网（HowNet）、《现代汉语语义词典》（*The Semantic Knowledge-base of Contemporary Chinese*，简称SKCC）、《中文概念词典》（*Chinese Concept Dictionary*，简称CCD）、中文语义词库、《同义词词林》、《同义词词林（扩展版）》、汉语框架网络（Chinese FrameNet，简称CFN）等。

国内学者董振东和董强主持开发的知网是一个词典知识描述系统，包括汉语和英语两种语言，现有汉语词汇33069条（41791个概念），英语词汇38774条（48834个概念）（董振东，1998）。它描述词语所代表的概念，呈现词语的词性、相关概念的类别和属性，是一个以揭示概念与概念和概念与属性之间的关系为基本内容的常识知识库。知网中的概念彼此联系，形成一个网络（冯志伟，2010）。知网描述了16种语义关系，例如：上下位关系、属性—宿主关系、材料—成品关系、施事/经验者/关系主体—事件关系、受事/内容/领属物—事件关系、工具—事件关系、时间—事件关系、场所—事件关系、值—属性关系、实体—值关系、事件—角色关系、相关关系等，它不仅描述了概念的共性和个性，而且也描述了概念之间、概念与属性之间的种种关系。

《现代汉语语义词典》（SKCC）是由北京大学和中科院计算技术研究所联合研制，面向汉英机器翻译，旨在为计算机提供更深入和全面的语义信息。它收录了6.6万余实词，给出每个词的词类、语义类、配价数及各种搭配语义限制（王惠、詹卫东、俞士汶，2006）。

《中文概念词典》（CCD）是由北京大学计算语言学研究所开发与建设，属于WordNet类型的汉英双语语义词典。CCD中的概念通过同义词的集合来定义，概念之间的继承关系、对立关系，名词概念的部分整体关系，动词概念的蕴含关系，名词概念和动词概念间的联想关系使得CCD形成了一个概念网络（于江生、俞士汶，2002）。

中文语义词库包含17万以上的词条，每个词条通过同义关系、反义关系、上下义关系与其他词条建立联系，该词库将词条组织成一个语义网络结构。

《同义词词林》是1986年由梅家驹等学者编纂而成的，根据同义关系和词类，将词语进行编排，分成大类、中类和小类，小类按照同义关系划分成若干词群（梅家驹、竺一鸣、高蕴琦，1983）。之后，为了满足实际应用对词语的需求，哈尔滨工业大学信息检索实验室完成了《同义词词林（扩展版）》，包含7万多个词语，把小类中的词群也进行了分类，形成了五层结构。

汉语框架网络是由山西大学研究团队所建立。它是基于Fillmore的框架语义学理论，参照加州大学伯克利分校的 FrameNet，通过分析汉语真实语料而构建的汉语词汇语义知识库。汉语框架网络工程已经标注2万多条句子，针对3151个词元构建了309个框架。框架所涉及的领域除了通用领域之外，还包括认知语义领域、法律和旅游领域（刘开瑛，2011）。

静态语义网络资源在自然语言处理领域中的语义分析、信息检索、词义消歧、机器翻译、问答系统、电子词典编纂等方面发挥着重要作用。

2.1.2 动态语义网络研究

动态语义网络是语言系统在运用过程中所形成的网络。相关的研究包括三个方面：针对某类特定词或者概念的语义网络研究、句子中的语义网络研究、篇章层面的语义网络研究。

2.1.2.1 词和概念的动态语义网络研究

国内学者以具体的某个词或者某一类词为研究对象，在句子层面分析它们是如何构建其语义网络的。例如：学者基于"词群—词位变体"理论、认知语言学的相关理论或者基于义征分析和语义形式化描写，分别围绕"看"类动词、"吃"类动词、言说动词、心理形容词系统地进行了汉语词汇的语义网络建构和概念语义研究（欧阳晓芳，2015；章婷，2012；肖珊，2013；赵家新，2010）。刘知远、孙茂松（2007）以词为单位构造汉语同现网络。在概念层面上，黄曾阳（1998）认为：自然语言理解是一个从自然语言空间到语言概念空间的映射过程，他基于汉语概念层次网络（HNC）建立了计算机可操作的符号体系。汉语概念层次网络以概念化、层次化、网络化的语义表达为基础，包括基本概念语义网络、基元概念语义网络、逻辑概念语义网络。语义网络是树状的分层结构，每一层有若干个节点，每一个节点代表一个概念基元。

2.1.2.2 句子中的动态语义网络研究

在句子层面上，刘东立等（1991）提出了汉语分析的语义网络表示法，认为计算机能够较好地运用语义网络来表达汉语句子的深层含义，把一个汉语句子形象地用树形或网络形结构描述出来。一个句子由它的组成部分（词）的概念本身和词的概念间二元关系来表示。概念间的关系是由关系AGT（施事）、ANL（喻事）、BAS（依据）、BEL（属事）、CAP（功能）等50个关系组成的（刘东立、唐泓英、王宝库、姚天顺，1991）。另外，学者们在句子层面进行了基于语义角色范畴的语义网络研究。语义角色标注指的是找出一个给定句子中的谓词的相应语义角色或者论元结构，分为核心语义角色和附属语义角色，例如：施事、受事、系事、地点、时间、方式、原因、方向、程度等（林杏光、鲁川，1997；袁毓林，2002）。根据谓词类别的不同，分为动词性谓词语义角色标注和名词性谓词语义角色标注。关润池（2006）提出了包含34类语义依存关系的标记集，例如：施事、经事、起事、系事、致事、感事、受事等，并以中央电视台《新闻联播》为标注语料，进行句子层面的语义依存关系标注。刘海涛（2009）以《新闻联播》的真实文本作为研究语料，进行句子层面的语义角色标注，构建了汉语动态语义网络，并研究其网络特征，认为动态语义网络有利于更好地研究语义处理策略与系统。

2.1.2.3 语篇层面的动态语义网络研究

从语言系统的层级性上来讲，动态语义网络应该也包括交际过程中所使用的篇章或话语的语义网络。目前，有关语义网络的研究大多是关注词和句子意义的静态语义网络，语篇层面上的语义网络研究还不是很多。

在篇章层面上，Beaugrande（1980）认为语篇中的语言意义是人类从各种活动中获取知识、储存知识和利用知识的特殊情况，语篇理解就是人们运用知识利用的程序来构建语篇的语义网络。他分析了英语语篇中的概念—关系结构，构建了面向自然语言处理的语篇语义网络。徐盛桓（2009）从本体论的角度提出，事件是语篇构成的基本要素。语篇反映客观世界中的事件以及事件中的关系。冯志伟（2010）认为语义网络可表示一个事件，事件是由若干个概念组合所反映的客观事实，它可以分为叙述性事件、描述性事件和表述性事件。当用语义网络表示事件时，语义网络中节点之间的关系包括施事、受事、位置、事件等。刘茂福、胡慧君（2013）基于事件语义学理论，分析语篇中的事件语义结构和事件语义关系，形成语篇的事件图。

Michal Hoey基于衔接理论（cohesion theory），通过识别英语语篇中的简单词汇重复（simple lexical repetition）、复杂词汇重复（complex lexical repetition）、简单对应释义（simple mutual paraphrase）、简单部分释义（simple partial paraphrase）、复杂释义（complex paraphrase）、上下义重复和同指重复（superordinate, hyponymic and co-reference repetition）等衔接手段和项目（Hoey，2000），构建语篇中的词汇连接（link）。当语篇中的两个句子具有三个及三个以上的词汇连接时，被认为形成了连接结（bond），具有连接结的句子构成语篇网络（network）（Hoey，2000）。

综上所述，在语言虚拟系统（language virtual system）以及语言虚拟系统的现实化过程中（actualization system）都普遍存在着语言单位之间的各种语义组合关系，构成了语言系统的静态语义网络和语言使用中的动态语义网络。分析和描写语言单位之间的语义关系是自然语言处理领域所关注的一个重要方面。语篇的语义分析和计算也体现为语义实体之间的关系与结构（叶枫，2017）。在2.2中，我们将回顾语言学及自然语言处理领域对于语义关系所进行的相关研究。

2.2 语义关系的相关研究

本书从语篇认知的角度研究语篇世界中的语义网络构建，该语篇语义网络是由语篇中的语义实体所映射的概念—关系而构建的。在回顾语义关系研究之前，需要简要说明概念—关系与语义关系之间的联系。语篇世界中的概念与语篇中的语言单位之间具有密切的关系。世界是由事物和关系构成的，大脑对世界的认知包括两个方面：一是对客观事物进行感知，形成意象、概念和范畴的过程；二是对事物之间的关系进行分析、判断和推理的过程。人对世界进行认知过程的结果作为概念，储存于大脑，形成心理词汇（mental concepts），心理词汇表现为外部的语言符号，概念是词义的基础，词义是概念在语言中的表现形式（赵艳芳，2001）。概念是最小的自然语义单位，一个概念直观上相当于一个词，语义中的任何关系都可通过概念关联和关联种类得以表示（冯文贺，2015）。本书持有与以上相似的观点，认为语言学研究领域中的语义关系与本书要研究的概念—关系相似。

2.2.1 基于格语法的语义关系

菲尔墨（Fillmore）的格语法是关于句子层面的语义关系。根据格语法，句子的主语和宾语是句法概念，属于表层结构，而深层结构中存在着各种格关系；论元在动词所指事件中担任语义角色，它是和动词相关联的名词性成分的语义类别（沈园，2007；丁加勇，2016）。菲尔墨（1968）在《"格"辩》中提出了六种语义格：施事格、工具格、与格、使成格、处所格、客体格等。基于对汉语语言现象的分析，国内学者提出了不同的语义角色类别和数量。孟琮等描述了名词与动词之间的14种语义关系（转引自陈立民，1998）。林杏光、鲁川（1997）提出了一个由22个格组成的汉语格系统，包括角色和情景两大类，并进一步细分为七小类：主体、客体、邻体、系体、凭借、环境、根由。将这七类进一步分类，主体分为施事、当事、领事三个格；客体分为受事、客事、结果三个格；邻体包括与事和同事；系体分系事、分事、数量三个格；凭借分基准、工具、材料、方式四个格；环境分范围、时间、处所、方向四个格；根由分依据、原因、目的三个格，如图2-1所示。

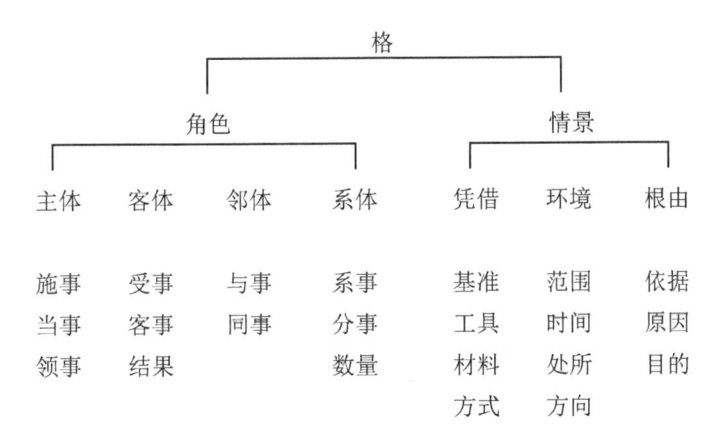

```
                              格
                 ┌────────────┴────────────┐
                角色                      情景
         ┌──────┼──────┬──────┐      ┌────┼────┐
        主体   客体   邻体   系体    凭借  环境  根由

        施事   受事   与事   系事    基准  范围  依据
        当事   客事   同事   分事    工具  时间  原因
        领事   结果          数量    材料  处所  目的
                                    方式  方向
```

图2-1　林杏光、鲁川（1997）的现代汉语格系统

袁毓林（2002）提出了汉语动词的论元角色层级体系，包括17种论元角色，如图2-2所示。

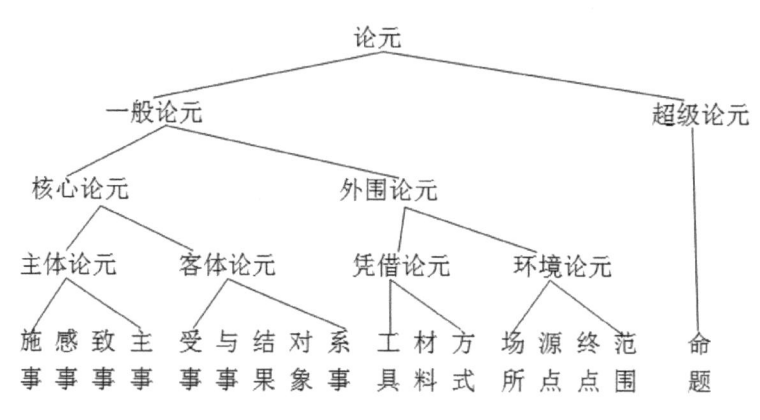

图2-2 汉语动词的论元角色层级体系（袁毓林，2002）

基于格语法的语义关系研究主要面向命题内动词和与其相关的名词之间的关系。由于分类依据和研究目的不同，学者对于语义角色的分类、类别的命名、语义角色的数量、细化程度都存在一定的分歧。除了针对句子中动词和名词之间的语义关系外，学者还对其他语义单位之间的关系进行分析，例如：名词与其修饰语之间的领属关系、属性关系和施受关系等（刘顺，2003）。

2.2.2 基于事件语义学的语义关系

基于事件语义学的事件结构研究同样关注事件中的语义关系。面向自然语言处理的事件语义分析把原子事件作为最基本的信息处理单位。原子事件是一个语言事实概念，它具有事件结构，由事件谓词和事件语义角色构成。事件谓词是事件语义的决定要素，事件语义角色与谓词之间具有各种语义关系，呈现一个层次性结构。事件语义角色包括核心语义角色和附加语义角色，核心语义角色包括主体、客体和时空三类；附加语义角色有工具、方式、材料、原因和范围五个原子语义角色；主体核心语义角色包括施事、致事、主事；客体语义角色包括受事、与事、结果及系事；时空类包括时间、地点以及表示路径的源点与终点。事件之间的语义关系分为七种：并列关系、递进关系、选择关系、转折关系、时序关系、条件关系、因果关系（刘茂福、胡慧君，2013）。

2.2.3 基于特征结构模型的语义关系

特征结构模型是分析汉语句子或短语语义关系的另一种语义分析策略

（陈波，2011）。该理论基于概念关联和关联种类，用特征结构三元组[实体，特征，特征值]来描述句子或短语中词与词之间的语义关联。实体和值是两个概念，特征表现为概念间的关联种类；特征和特征值可以作为实体出现在特征结构中；特征结构允许语义的多重关联、交叉关联、递归和嵌套。特征结构三元组包括五种类型：[实体，特征，特征值][实体，，特征值][，特征，特征值][实体，特征，][实体，，]。当语义关系对中没有出现相应概念时，那么该特征结构中的相应位置为空。

例如：从广州飞到上海

红围巾

第一个短语的三元组表示为：[飞，从，广州][飞，到，上海]。第二个短语的三元组表示为：[围巾，，红]。在第二个短语中，特征词没有出现，因此，在三元组中的相应位置为空。

例如：王明称他是中学校长。

该句的特征三元组表示为：[称，，王明]；[称，，他是中学校长]；[是，，校长]；[校长，，中学]；[是，，他]。"王明"是"称"的特征值。"他是中学校长"是"称"的另一个特征值。"他是中学校长"作为一个整体和"称"产生语义关联。特征值"他是中学校长"本身也是一个特征结构。"是"为一个实体，"中学校长"是特征值，"他"是"是"的另一个特征值。特征值的节点"中学校长"本身也是一个特征结构，"校长"是实体，"中学"是它的特征值。特征结构只关注概念关联，不需判定中心，概念之间的联系是无向图。

2.2.4 基于依存语法的语义关系

法国语言学家特思尼耶尔（Lucien Tesniere）在其所著的《结构句法基础》中提出依存语法，认为语言表达式的成分之间存在支配与被支配的关系，句子的中心是它的主要动词，支配句中的其他成分（转引自刘海涛，1997）。语义依存分析是基于依存语法和依存结构对句子的意义进行描述。语义依存指的是语言表达式中各类修饰词与核心词之间的语义关系。

例如："我昨天在书城买了一本科幻书"的语义依存分析如下（尤昉、李涓子、王作英，2002）："买"是核心成分，"我"是"买"的施事，"昨天"是"买"的时间，"在"和"书城"构成了介词依存，"书城"是"买"的处所,"了"与"买"构成了时态语态依存,"一"和"本"是数量依存关系,"科幻"和"书"是描述关系,"书"是"买"的占有物。

国内学界对汉语句子层面的语法依存关系作了一些研究。哈尔滨工业大学信息技术研究所提出了包含24种依存关系的依存语法标注体系,例如:主谓关系、定中关系、动宾关系、动补关系、定语后置以及汉语句法中的"得字结构DEI""的字结构DE""地字结构DI"(周明、黄昌宁,1993)。尤昉等(2002)基于知网中定义的语义关系,对其进行适当调整,提出了59种修饰词和核心词之间的语义依存关系,例如:施事、描写体、受事、触及部件、内容、类指、部分等。Jiajun Yan(2007)运用知网语义体系中的70种语义关系,手工标注了4000个句子(含有32000个词)的语义依存关系。

2.3 语言信息处理的自动文摘相关研究

前面对语义网络和语义关系的相关研究进行了梳理,各种语义关系构成的语义网络是一种形式化的语义表征。本书是面向语言信息处理的现代汉语语篇语义网络研究。语言信息处理领域包括多个分支领域,例如:机器翻译、信息检索、信息抽取、文本分类、文本数据挖掘、自动摘要、术语抽取和自动索引、知识库构建、文本生成、文本分析(词法、句法、语法)、语音识别与合成等。本书主要关注语言信息处理领域中的自动文摘,在深入研究汉语语篇语义网络的基础之上,尝试探讨汉语语篇语义网络对自动文摘的理论启示。

2.3.1 自动文摘的分类与系统模型

自动文摘是自然语言处理的一个分支领域,它是通过计算机对语篇进行分析和处理,识别并提取语篇的重要信息,生成能表达原语篇思想内容的摘要(谭翀、陈跃新,2008)。

根据不同的分类标准,自动文摘可以被划分为不同的类型。根据生成自动文摘的原文属性,自动文摘可分为单文档自动文摘和多文档自动文摘。单文档自动文摘是针对一篇文档生成一篇摘要,多文档自动文摘是针对多篇话题相关的文档生成一篇摘要。根据摘要合成所采取的不同方法,自动文摘分为抽取式文摘法和生成式文摘法。抽取式文摘法是计算机通过词频、语篇单元的位置特征、提示词等来提取出语篇中的重要信息单元,然后直接组成摘要;生成式文摘法是通过对原文本进行语义分析，利用自然语言生成技术生成新的摘要句子，并合成文摘。相比于生成式文摘法，抽取式文摘法是目前自动文摘领域中经常被采用的方法。针对新闻评论语篇的特点，本书研究单文档、抽取式自动文摘，以下主要对单文档、抽取式自动文摘方法进行回顾。

K. Sparck Jones（1999）提出自动文摘过程的基本模型，包括三个主要步骤：第一，对原文本（source text）进行理解（interpretation，简称I），并进行原文本表征（source representation）；第二，从原表征转换（transformation，简称T）到摘要表征（summary representation）；第三，从摘要表征到摘要生成（generation，简称G）。根据K. Sparck Jones的自动文摘基本模型，不同的自动文摘方法通常采取不同的文本理解方法，从而实施不同的文摘处理过程。

吴岩、刘挺、王开铸、陈彬（1997）提出的自动文摘系统模型是对文本进行结构分析和意义分析，形成机内结构表示和机内意义表示。具体来说，首先对输入的文本进行结构分析，形成机内机构表示；其次，对文本进行意义分析，形成机内意义表示；再次，对文本意义表征进行关键句提取操作，获得摘要句基本集；最后，通过文摘生成操作，得到最终的文摘。

2.3.2 自动文摘方法

20世纪60年代，H. P. Luhn首次进行自动文摘的实验，之后，自然语言处理领域产生了多种自动文摘方法。

根据计算机判别语篇主题所采取的理论基础和方法的不同，本书将自动文摘技术大致分为三类：基于语篇表层特征的统计自动文摘法、基于语篇理解的自动文摘法、语篇表层特征和语篇理解相结合的自动文摘法。这些自动文摘法的理论基础、技术路线和文摘对象如表2-1所示。

表2-1 国内外的自动文摘方法

自动文摘方法	理论基础	技术路线	文摘对象
基于语篇表层特征的统计文摘方法	词频、标题、位置、关键词、指示词与主题之间的关系	统计法、机器学习、语料库	科技文献、学术论文、教学语篇、新闻消息

(续表)

自动文摘方法	理论基础	技术路线	文摘对象
基于语篇理解的文摘方法	语篇衔接理论	知识库、分词标注系统、浅层分析器	科技文献、新闻消息、社论、技术类专业文献
	语篇修辞结构理论	语篇结构分析器、修辞关系算法	
	语篇语用功能	语用框架识别器	
	脚本	脚本适应性程序、脚本适用器	故事、受限领域的新闻消息、受限领域的科技文献
	框架	句子分析器、概念的框架表示	
	一阶谓词逻辑	纲要生成器、分析器、缩写器	
	语篇事件链	词汇链、事件链构建	新闻消息、科技文献
	语篇事件语义分析	事件语义图、相关图算法	新闻消息
语篇表层特征与语篇理解相结合的文摘方法	词频、概念频率与主题之间的关系	统计法、概念向量空间模型	经济类语篇、新闻消息、科技文摘
	语篇表层特征与语篇结构理论	统计法、语篇结构分析器	科技文献、新闻消息、法律文献

2.3.2.1 基于语篇表层特征的统计文摘方法

基于文本表层特征的文摘法是基于文本表层特点与主题之间存在的关系，运用统计的方法来提取语篇的主题，从而形成文本摘要。这些表层特征包括词频、标题、位置、关键词、指示词等。

Luhn（1999）发现，语篇中的词频、分布与所在句子的重要性之间存在联系，贝尔曲线（Bell curve）中的最低值和最高值与词频相关。他通过计算语篇中内容词的频率，来决定句子的重要性。Edmundson（1968）发现，除了词频作为一个弱指标（weak indicator）之外，还有其他的指标，如标题、位置、指示词、关键词。该文摘法根据词频，提取语篇语料库中36%的重要句子；根据标题法，文本的标题和各级小标题经常概述文本主题，标题法能提取41%的重要句子；根据指示词法，语篇中的某些词能够提示某些句子与主题相关；关键词是标明句子重要性的一个有力标识（strong indicator），能够提取40%~50%的重要句子；位置指标指的是处在文本特定位置的句子经常提示着文本主题，根据位置指标，能够提取53%的重要句子（Edmundson，1968；Paice，1981）。

随着人工智能技术的不断发展，自动文摘研究领域的学者尝试采取基于语篇特征并结合语料库和机器学习的方法生成文摘。日本学者Tadashi Nomoto等人提出在自动文摘系统中使用语料库模块。他们将语料库中的特定文献分成测试集和训练集两个部分。根据事先预设的一些特征，将训练集中的所有句子划分为文摘句和非文摘句两类。然后，基于训练集建立一个统计模型，来判定测试集中的哪些句子可以成为文摘句，将判别问题转化为可依赖于决策树的问题，通过对句子进行分类来提取文摘句（转引自王峰，2006）。

Kupiec等研究人员将机器学习方法应用在科技文献的自动文摘领域，在统计学框架下创建了可训练的自动文摘模型。他们首先构建了一个由科技论文和该论文的摘要所组成的语料库，并将其作为训练语料；其次运用机器学习技术，基于五种预设的特征获得文摘句提取特征的最优权重方案；最后，按照权重从科技文本中提取相关的句子来构成文摘（Kupiec, et al，1995）。

20世纪80年代，国内的一些大学院校开始了自动文摘研究与实践，如上海交通大学、哈尔滨工业大学、北京邮电大学、山西大学以及杭州大学等。他们所采取的方法大多是基于语篇表层特征，运用统计法生成文摘，只是在特征词的抽取和语句的加权计算等处理阶段有所不同（孙春葵、李蕾、杨晓兰、钟义信，2000）。上海交通大学通过构建主题词词典选取相关的句子作为文摘候选句（莫燕、王永成，1993）；哈尔滨工业大学通过对词频的加权统计进行特征词抽取，再用某种加权函数计算句子的权值（吴岩等，1997）；上海交通大学研制了采用整合位置法、指示短语法、关键词法和标题法等多种方法的中文文献自动摘要系统。

基于语篇表层特征的自动文摘技术主要面向科技文献。近些年来，学者尝试着运用该方法进行其他体裁语篇的自动文摘，例如教学语篇的文摘（张瑞玲，2014）、新闻语篇的文摘（万国、张桂平、白宇、朱耀辉，2017）等。

由于大部分语篇都具有一些表层的体裁特征，因此，基于表层特征的文摘法适用范围比较广，没有领域受限。基于语篇表层特征的自动文摘法的局限性主要体现在缺乏对语篇意义的理解和深层次语义分析，导致语篇主题提取不全或者文摘内容出现过度冗余现象（王连喜，2014）。

2.3.2.2 基于语篇理解的文摘方法

随着人工智能和自然语言理解技术的发展，从事自动文摘研究的学者运用计算机对语篇结构和意义进行理解，提取语篇中的重要信息。基于不同的篇章结构和语篇意义理论，学者提出了不同的文摘方法，主要有基于词汇链的自动文摘法、基于语篇修辞结构的自动文摘法、基于语篇语用功能的自动文摘法、基于语篇意义理解的自动文摘法。

（1）基于词汇链的自动文摘法

Halliday 和 Hasan（1976）认为：语篇是由句子序列构成的意义单位。衔接（cohesion）是使句子连接为语篇的一系列意义纽带，它跨越语篇的句子界限，在若干句子的语言项目之间建立联系。他们区分了五大类衔接手段：指称（reference）、替代（substitution）、省略（ellipsis）、连词（conjunction）和词汇衔接（lexical cohesion）。

Barzilay和Elhadad（1997）提出基于词汇链的自动文摘法，通过使用WordNet获得语篇中的词汇链，并提出了利用Roget的类义词典构建词汇链的算法。他们根据本体中的概念结构和概念间关系搭建词汇链，将文档表示为一系列具有语义衔接关系的词汇链的集合。文档中要描述的每个概念都能够用一个词汇链表示。基于链的长度和特定因素的数量给每条链进行赋值，进而赋予每个句子权重，提取达到特定权重值的句子，进而产出文本文摘。

基于词汇链的文摘方法不是对语篇进行完全的语义表征，而是通过词汇链发现话题的发展模型。因此，它对语义字典的依赖性很高，直接影响其生成的文摘质量。

（2）基于语篇修辞结构的自动文摘法

Mann和Thompson（1988）的修辞结构理论认为，语篇非重叠部分的语段之间可能是相互联系的，每个语段相对于其他语段来说都有一定的功能，这种关系被称作连贯关系。最常见的连贯关系是非对称性的，叫作核心—卫星关系。核心成分比卫星成分更重要，核心关系独立于卫星关系。Mann和Thompson基于语义和功能提出24种关系，例如：详述、环境、解决、原因、重复、动机、背景、证明等。话语具有层级性结构，基础部分之间构成某种修辞关系，通过结合构成更大的组块，组块之间又建立某种修辞关系，直到形成一个完整的话语。

日本学者Ono等人尝试基于修辞结构的自动文摘法。他们使用Sumita等（1992）提出的语篇结构分析器，首先将修辞关系归纳为34种，包括举例、总结、原因等；依据连接词等将语篇推导出一种类似于句法树的修辞结构树，然后对修辞结构树进行修剪，根据修辞关系将保留下来的内容组织成一篇连贯的文摘（Ono，Sumita & Miike，1994）。针对社论语篇和技术类专业文献进行的自动文摘评估结果显示：该自动文摘法能够覆盖社论语篇中41%~60%的重要句子和专业文献中51%~74%的重要句子。

Marcu（1998）在修辞结构理论框架下，以非受限的自然语篇为研究语料，提出了修辞关系算法，将获得的语篇修辞关系结构作为计算机的自然语言输入；然后，基于这个结构，赋予语篇中每个单位一定的重要值，具有较高重要值的句子被抽取来构成文摘。

国内基于修辞结构理论的研究，主要是语篇修辞关系的识别研究和创建修辞结构语料库（乐明，2008）。基于语篇修辞结构进行自动文摘的研究不是很多，其中，大多数的自动文摘研究是对特定段落进行语篇结构分析，然后与其他方法相结合进行自动文摘（王思翠，2011）。

基于语篇修辞结构自动生成的文摘逻辑比较连贯，阐述中心思想的能力比较强（Marcu，1998）。语篇修辞关系的分析和识别是基于修辞结构的自动文摘过程中的重要环节，它对连接词的依赖程度高，因此，这种方法适用于连接词使用较多的文章，如学术论文、科技类语篇等。如果语篇中的连接词应用得比较少，如小说、散文，那么句子之间的修辞关系比较难以识别，尤其是识别两个信息块之间的修辞关系（Green，1997），因此，会影响自动文摘质量。

（3）基于语篇语用功能的自动文摘法

语篇是为实现特定交际目的而产生的交际话语。对于特定体裁的语篇来说，例如科技文献、产品说明书、操作手册等，它们的语篇结构和分布具有一些特点，不同的组成部分实现特定的语用功能。

国外学者尝试进行基于语篇语用功能的自动文摘研究。日本学者Maeda

发表了一篇关于语用功能在科技文献自动文摘中进行应用的论文，他提出科技文献的结构成分经常实现8种语用功能，即讨论、比较、应用、例子、结果、方法、主题和背景。科技文献文摘的核心构成部分包括主题、研究方法、实验结果以及讨论部分，非核心部分包括列举的例子、具体的应用、不同方法的比较以及研究的背景。科技文献结构中的非核心部分应该在文摘中被排除（Maeda，1981）。他先对这些功能在词汇、句法、语义和篇章层面上的实现特点进行描述，然后基于语用框架来识别文本中所有句子的语用功能，并提取科技文献的主体部分来产生文摘。

基于语用功能的自动文摘方法适用于结构功能清晰的语篇，生成的自动文摘质量比较高，但是该方法对功能结构比较模糊的语篇不太适用。

（4）基于语篇意义理解的自动文摘法

基于语篇意义理解的自动文摘法以语义模型为基础，将预处理后的语篇根据所采用的不同的语义模型，进行语篇语义的形式化表征；然后根据不同体裁语篇的文摘要求，提取文摘候选语句；最终生成可读性和准确性较强的高质量文摘。自动文摘领域主要运用基于脚本理论和框架理论的语义模型。

在人工智能领域，脚本（script）和框架（frame）是概念组织的方式。脚本是表征程序知识的方式，是描写特定语境下的典型事件序列的结构化表征。Schank基于脚本理论研发了SAM（Script Applier Mechanism）系统，能用来分析、理解故事，创建故事中的概念结构因果关系链。SAM先将故事解析为概念结构输入，然后把这些输入交给脚本适应性程序，当与一个脚本相匹配时，脚本应用器就会对故事作出推理。SAM系统的内部表征是庞大的概念依存网络。SAM系统基于对故事的概念化理解，能够提取故事的摘要。自动文摘取决于计算机对脚本中的事件所进行的重要性评估。脚本中的每一个场景都有一个主要的概念结构，被称作主要元素。脚本分析器获得故事中的主要元素和推理/结果对，再把该输出提交给摘要生成器，产生故事文摘（Schank & Abelson，1977）。

DeJong（1979，1982）基于故事脚本理论研制了FRUMP（Fast Reading Understanding and Memory Program）信息抽取系统，用于快速浏览英语新闻资料，理解新闻中的重要信息。新闻语篇为消息类新闻，主题为非受限的，涉及地震、罢工等多个场景。FRUMP由预言器和验证器两部分组成。预言器利用脚本预测当前情形下可能出现的一个或一组事件，验证器处理输入文本去证实这些被预测的事件，并计算出实际信息，将信息填入脚本中的空槽（slot），建立起故事梗概，以生成文摘。Tait 的 Scrable 系统对 FRUMP 系统进行了改进，它将输入的文本先转换成概念依存结构（Conceptual Dependency Structure，简称CD结构），然后再分析预测的信息与待验证的信息之间的关系，通过计算，将获得的信息组织成一篇完整连贯的文摘（Tait，1983）。

Rau等学者基于框架理论，研制了概念信息缩写、组织和检索系统（System for Conceptual Information Summarization, Organization and Retrieval，简称SCISOR）。SCISOR处理的语篇语料是关于"公司合并"的新闻报道。SCISOR首先采用关键词过滤和模式匹配的方法处理文本，判定该报道是否与"公司合并"有关；其次采用TRUMP分析器（Transportable Understanding Mechanism Package）分析和识别每个句子的结构，生成基于框架（Frame）的概念表示；最后运用以预期为驱动的TRUMPET分析器（TRUMP Expectation Tool，简称TRUMPET）从概念表示中提取预期的内容，产生文本书摘（Rau、Brandow & Mitze，1993）。

德国学者Hahn等人研制的TOPIC自动文摘系统面向微处理器领域的科技文本，基于领域框架，结合语法分析、语义分析来生成各种长度的文摘（Hahn & Reimer，1985）。

基于一阶谓词逻辑的SUSY（Summarizing System，简称SUSY）自动文摘系统是由意大利学者Danilo Fum等人研制的。SUSY系统由三部分构成：纲要生成器（schema builder）、分析器（parser）和缩写器（summarizer）。分析器先对原文本进行自底向上的分析，建立起一阶谓词形式的文本表征；纲要生成器收集用户需求，形成摘要纲要（summary schema）和文本纲要（text schema）；缩写器使用文本纲要和加权规则产生加权的内部表示，使用摘要纲要和选择规则修剪加权的内部表示，然后从输入文本中检索出信息单元（词、短语或整句），将它们组成文本摘要（Fum、Guida & Tasso，1985）。

国内基于语篇理解的自动文摘研究主要有钟义信教授的LADIES文本摘要系统、李小滨和徐越的自动文摘系统、基于事件链的自动文摘研究、基于事件语义分析的自动文摘。其中，LADIES文摘系统模型基于"全信息"理论，对文本进行句法、语义和语用方面的全面分析，能够处理计算机病毒相关信息的文本、新闻报道和面向神经网络学习算法领域的自动文摘。

国内基于框架理论对特定领域语篇进行语义分析的研究比较多，但是基于框架理论进行自动文摘的研究不多。李小滨和徐越（1991）研发了基于框架的自动文摘系统，主要面向"就业机会介绍"相关的文章。

张明尧（2013）提出了基于事件链的自动文摘方法，大致包括以下步骤：切分文本、选取文本中的动词及其论元构成事件候选集、标注谓词论元结构、构建论元之间的词汇链、根据词汇链的边数确定强词汇链和强事件链、基于强事件链生成文本摘要、进行指代消解、产生文本摘要。

刘茂福、胡慧君（2013）提出了基于事件语义的自动文摘法，其理论基础与张明尧（2013）的事件链研究相似，不同之处表现在事件语义模式和事件语义关系模式的获取以及事件语义计算方面。该研究中的事件语义模式通过识别事件谓词和相关命名实体，进行语义角色标注来构建，以事件图的形式对语篇语义进行形式化表征。基于事件语义关系图聚类的自动文摘包括以下几个步骤：源文档集预处理、事件语义图创建、事件项聚类、类排序、事件项选择与排序、句子重要性计算、句子抽取并生成文摘。

2.3.2.3 基于语篇表层特征与语篇理解相结合的自动文摘方法

Marcu（1998）认为自动文摘方法必须考虑语篇中的句法和语义特征，不能简单地依赖统计方法。随着自然语言处理能力的提高，研究学者在自动文摘领域将多种方法进行整合，以提高文摘质量，主要采取语篇表层特征和语篇理解相结合的方法，然后再用统计的技术路线来提取文本主题。

SUMMARIST文摘系统不仅进行词语计数，还有概念计数。它将语篇文本特征和语篇结构特点相结合，包括位置模块、各种词频模块、提示词模块和语篇结构模块。当每个模块对文本中的句子进行评分后，主题模块将各模块评定的得分进行结合，得到每个句子的整体评分，然后确定较高评分的重要句子，将它们提取出来产生文摘（Hovy、Eduard & Lin，1999）。

还有一种整合的方法是概念频率统计法。概念频率统计法通过WordNet或者HowNet获取概念，运用概念作为特征来取代词语特征，运用概念统计代替传统的词形频率统计方法，建立概念向量空间模型，进行概念的重要性计算，通过语篇中的主要概念，来计算出文本中所有句子的重要度（王萌、何婷婷、姬东鸿、王晓荣，2005）。该方法在生成经济类和新闻报道类语篇的文摘时效果比较好，生成科技文摘时效果一般，生成文学类语篇的文摘时效果不好（王萌，等，2005）。可以预见的是，新闻评论语篇的主题是对一个命题进行多方面论证，基于概念频率计算的方法对于新闻评论语篇的自动文摘不太适用。

2.4 本章小结

通过对国内外的语义网络研究进行分析和梳理，本书发现，对汉语语篇进行语篇语义网络研究还有比较大的空间。国外学者对英语语篇进行的语篇语义网络研究对汉语语篇语义网络研究具有比较大的启发。

根据理论基础的不同，语义关系大致可以分为：基于格语法的语义关系、基于依存语法的语义关系、基于事件语义学的语义关系、基于特征结构模型的语义关系。国内外学界对语义关系的分类也不尽相同。基于格语法的语义关系研究主要关注句子中与谓词相关的论元角色，不对整个句子的语义进行详细分析，不能容纳更多的语义关系。基于事件语义学的语义关系研究集中在事件谓词和相关事件语义角色之间的关系，缺少对事件中其他概念实体之间的关系研究。基于依存语法的语义关系分析对于完全语法分析有比较大的依赖性（冯文贺、姬东鸿，2010）。基于特征结构模型的语义关系研究，主要以知网提供的语义关系作为参考，关注语料中所有概念之间的语义关系（姬东鸿，2014）。此外，本章提到的语义关系研究大多集中在小句层面，以离散的小句为研究语料，涉及语篇层面的语义关系研究不是很多。

自动文摘主要有三种技术路线：基于语篇表层特征的统计文摘法、基于语篇理解的文摘法、语篇表层特征和语篇理解相结合的文摘法。这些自动文摘法虽然有其优点，能够在一定程度上提取语篇的主题，但是也具有一定的局限性。如果一个语篇包含多个主题，例如：新闻评论语篇经常提出多个观点或者包含多个分主题，该方法生成的自动文摘可能只涵盖某个主题，而不能对文章内容进行全面覆盖。该法生成的自动文摘内容往往不能简明扼要，或者存在漏提取现象。基于语篇理解的文摘法对语篇意义进行深层次的分析，生成的文摘能够准确地覆盖文章内容，语言连贯，文摘质量比较高（龚书、瞿有利、田盛丰，2009）。基于语篇结构的自动文摘往往依赖于句子之间的显性连接，而对于具有较多隐性连接的语篇，其文摘质量不是很理想。基于事件链和事件语义分析的自动文摘方法适用于具有明显事件特征的语篇，如新闻消息、事故报道、记叙文等。对于其他体裁类型的语篇，例如新闻评论语篇，基于事件链的自动文摘方法不太适用。基于脚本和框架理论的自动文摘方法是以预先定制好的文摘模版为基础，通过选择和填充空槽的方式生成文本摘要。自动文摘领域中的SAM、FRUMP、SCISOR系统的应用范围受到内部储存的脚本、框架或者模版的限制。本书研究汉语语篇语义网络，将语篇语义网络作为语篇意义的一种形式化表征，并进一步应用在自动文摘的语篇语义计算中。关于汉语语篇语义网络构建的理论基础，本书在第3章进行阐述。

第3章 理论框架

本章阐述语篇语义网络构建中的概念—关系标注和知识空间标注的理论基础，包括Beaugrande篇章语言学理论中的一些相关概念、Michael Hoey的语篇模式理论和新闻评论语篇结构的相关研究成果。

3.1 概念—关系标注的理论基础

Beaugrande采取操作过程的观点（procedural approach）来研究篇章，关注语言系统在运用时所涉及的心理操作活动，强调操作程序，并以关系网络为主要表述形式（廖秋忠，1987；程琪龙，1998）。本节主要阐释Beaugrande提出的语篇性标准、知识空间与语篇世界、语篇世界中的语义网络、概念—关系结构、语篇表层语法网络。

3.1.1 语篇及语篇性标准

Beaugrande（1980）提出，语言的内在系统是个虚拟系统（virtual system），由具有使用潜势的功能单位元素构成，例如：声音、语法形式、句型、概念名称等。语篇（text）是个真实系统，是通过在虚拟系统的选项中进行选择而产生的功能整体。语篇是连接的，表现在三个方面：表层的序列连接、概念连接和计划连接。语篇性是符合篇章构成的标准。语篇性（textuality）具有七条构成原则（constitutive principles）：衔接（cohesion）、连贯（coherence）、信息度（informativity）、意向性（intentionality）、可接受性（acceptability）、情境性（situationality）、互文性（intertextuality）。衔接是语篇表层形式上的连接，即一个语言序列里的每个成分之间必须互相联系。

衔接表现为语篇表层成分的语法依赖关系和各种连接手段,例如:复现、替代形式、同指、省略、连词。连贯是语篇底层的概念连接。连贯的手段包括各种逻辑关系,有关事件、行为、物体和情景的知识。信息度是语篇中言语发生物的可期待程度。意向性是关于语篇产生者的意图。语篇是一个工具,沿着一定的计划,实现交际目标。可接受性是关于语篇接受者的态度。情境性指的是语篇要和发生的情景相关。互文性是语篇之间的关系。这七条标准是语篇交际的构成性原则。其中,衔接和连贯是涉及语篇的语言层面;信息度着眼于语篇的计算;意向性和可接受性是关于交际者的心理层面;情境性和互文性与语篇产生的社会因素相互映射。语篇性的七条标准之间具有互动性。另外,语篇实现具有三个调控原则(regulative principles):语篇效率(efficiency)、语篇有效性(effectiveness)、语篇得体性(appropriateness)。语篇效率指的是语篇交际过程中以最小的努力获得最大的回报,语篇衔接手段有助于提高语篇效率,例如:复现、同指、省略等。语篇有效性指的是语篇内容和语篇行为计划的关联度,取决于给语篇接受者带来的影响强度。语篇得体性原则指的是语篇交际情景要求和语篇性标准之间保持均衡状态。

3.1.2 知识空间与语篇世界

概念(concept)是知识(knowledge)的实体。语篇世界中,概念和概念之间建立的各种关系,称之为概念—关系结构,概念—关系结构为管理知识提供组织方式。知识空间(knowledge space)是各种概念—关系搭建的心理构型。词或词组单位是语篇底层概念及其关系的表层名称。语言表达式激活概念—关系,概念—关系形成知识空间,多个知识空间构成语篇世界(textual world)。语篇世界是语篇传递的知识与语言使用者心智中储存的知识发生联系,由概念、常识连接而成,是概念—关系形成的抽象网络(程琪龙、高军、韩戈玲,2002)。语篇世界中有两种知识并存:第一是储存在情节记忆(episodic memory)中的、来自人类经验的宏观模型(global patterns);第二是语义记忆(semantic memory)中的知识结构和概念组织。其中,宏观模型包括四类:框架(Frame)、图式(Scheme)、计划(Plan)和脚本(Script)。框架作为一种认知结构方式,是与某种情景相关的常识性知识和观念,是语言知识和概念知识的接口(Borah,2011)。图式是储存在大脑中的、将具有时间序列和因果关系的事件和状态组织起来的知识结构(Beaugrande &

Colby，1979）。计划是将为达到某个目标而采取的事件和状态的相关知识组织起来的认知结构（Allen，1979）。脚本是说明参与者角色及其预期行为的计划（Schank & Abelson，1977）。

语篇操作中的语篇世界构建被看作是一个问题—求解的过程。在认知科学中，问题指的是一种状态不能过渡到后继状态的情况，原因是通路或者后继状态是错误的。问题求解就是搜索并建立状态之间的连接。人工智能有三种常用的求解搜索策略：深度优先（depth-first）搜索、广度优先（breadth-first）搜索、手段—目的（means-end）搜索。深度优先搜索是先选择一条途径，指向目标，如失败则回头重新选择途径。广度优先搜索是先指向最近的次目标，在每一个选择处对一系列的路径进行比较、计算。手段—目的搜索中，所有的操作都旨在减少起始状态和终止状态之间的差异，两种状态之间分解出若干次目标，从起始和终止两个状态同时起步，向次目标搜索。在语篇操作和语篇世界的构建过程中，我们更多地运用手段—目的策略搜索（Beaugrande，1980）。

3.1.3 语篇世界中的概念—关系

Beaugrande（1980）提出的语篇世界模型包括四个部分：概念、关系、算子（operator）、优选规则。关于概念的分类，冯志伟（2004）在日汉机器翻译研究中，基于亚里士多德的范畴系统，设计了知识本体系统，其初始概念包括事物（entity）、时间、空间、数量、行为/状态（action-state）和属性（attribute），在这六个概念之下有不同层次的下位概念。冯志伟在该系统的基础上又进行了修改，建立了新知识本体分类系统，其顶级概念包括16个类别：人、自然物、人造物、工具、抽象物、事、时间、空间、数量、物理行为、心理行为、社会活动、现象、状态、属性、其他。Beaugrande（1980）认为语言系统中的语义范畴应该包含以下四个方面：第一，事件、行为、物体和情景的结构（例如：属性、状态、时间、位置、部分、物质等）；第二，一般的逻辑概念（例如：类别包含、量、情态、因果等）；第三，人类经验（例如：感知、情感、认知等）；第四，作为符号性的中间系统，表征语言交际事件之间的关联性（例如：意义、价值、同等、对立等）。

Beaugrande（1980）将概念分为一级概念（primary concepts）和二级概念（secondary concepts）。一级概念包括四个：对象（objects）、情景

（situations）、事件（events）和行动（actions）。对象是具有稳定构成的概念实体。情景是对象和它们当前状态的构型。事件改变一个情景或情景状态。行动指的是施事者采取某种行动，有意图地引起事件的发生。Beaugrande认为状态和施事这两个概念可以分别从物体、情景和行为概念中获得，因此没有把它们列为主要概念。另外，从认知的角度看，状态概念似乎没有获得和事件概念同样多的认知处理努力。

二级概念包括41个，分为五种类型，它们分别对一级概念、人类经验、类别范围、关系以及符号交际进行定义。

第一类二级概念围绕四个一级概念进行定义，包括：状态（state）、施事（agent）、被影响实体（affected entity）、关系（relation）、属性（attribute）、时间（time）、位置（location）、位移（motion）、工具（instrument）、形式（form）、部分（part）、物质（substance）、容纳（containment）、原因（cause）、使成（enablement）、数量（quantity）。

第二类二级概念定义人类经验，包括：理由（reason）、目的（purpose）、感知（apperception）、认知（cognition）、情感（emotion）、意愿（volition）、交流（communication）、拥有（possession）、情态（modality）。

第三类二级概念定义类属，包括：实例（instance）、细目说明（specification）、纲（superclass）、目（metaclass）。

第四类二级概念定义关系，包括：初始（initiation）、终止（termination）、进入（entry）、退出（exit）、接近（proximity）、投射（projection）。

第五类二级概念定义符号交际情况，包括：意义（significance）、价值（value）、等值（equivalence）、对立（opposition）、同指（co-referentiality）、复现（recurrence）。

这些概念通过结合可以产生更具体的概念，例如："物质"和"数量"可以产生"重量"或"面积"概念；"数量"和"位移"可以产生"速度"概念等。

语篇处理者在语篇利用过程中，需要建立概念之间的联系，构成语篇世界。Beaugrande（1980）提出了33种概念—关系结构类型，作为语篇语义网络构建的概念—关系标注集，即围绕一级概念的14种概念—关系结构类型：状态关系、施事关系、受事关系、相关关系、属性关系、时间关系、位置关系、位移关系、工具关系、形式关系、组成部分关系、物质构成关系、数量关系、容纳关系；关于人类经验的11种概念—关系结构：致使关系、使成关系、原因关系、目的关系、感知关系、认知关系、情感关系、意愿关系、交际关系、拥有关系、情态关系；定义类属的2种概念—关系结构：实例关系、细目说明关系；关于符号交际情况的6种概念—关系结构：意义关系、价值关系、等同关系、对立关系、同指关系、复现关系。

M. L. Marco（1999）基于科学语篇的语料分析，提出了9类21种概念关系（conceptual relation），并总结了不同概念关系的词汇标记（lexical signaling）。

第一类同一关系（identity relation），包括相似关系（similarity）、对应关系（correspondence），固定等效关系（equivalence）、临时等效关系（temporary equivalence）和主观等效关系（subjective equivalence）。相似关系的词汇标记有be like, look like, resemble, approximate, approach, be similar to, be identical to/with, be analogous to, be the same as, be comparable to, share, be akin to, a kind of；对应关系的词汇标记有be a counterpart of, correspond to, corresponding, match, be proportional to；等效关系的词汇标记有be an equivalence of, be equivalent to, be equal to, be indistinguishable from, be synonymous with; consist of, represent, constitute, be。临时等效关系的词汇标记和固定等效关系的词汇标记相似，但是临时等效关系所在句子的语法往往为过去时态；主观等效关系的词汇标记有be considered as, be thought as, be interpreted as, be regarded as。

第二类差异关系（difference relation），词汇标记有as opposed to, be different from, be dissimilar, be distinct from, be distinguished from, be opposite, be unlike, differ from。

第三类包含关系（inclusion relation），包括类属关系（class membership relation）和组分关系（composition relation）。类属关系的词汇标记有be a kind of, be a member of, be a class of, be a form of, be a variant of, include, including, fall into, contain, encompass, be a family of 等。类属关系有两种特殊的类型：例子关系（example）和范围关系（scale）。例子关系的词汇标记有be exemplified by, be represented by, be prototype of, be representative of, be an example of。范围关系的词汇标记有occur as X to Y, range from…to…，vary from…to。组分关系的词汇标记有be a component of，be an ingredient of，be an element of，be part of，be composed of，be comprised of，be subdivided into，be equipped with，be filled with，be formed by，be made from，be made up of，be provided with，comprise，consist of，contain，encompass。组分关系再分为整体—部分关系（whole-piece relation）和特征关系（feature relation）。整体—部分关系的词汇标记有be a fragment of，be a piece of，be a portion of。特征关系的词汇标记有 appear in，be characteristic of，be a part of。

第四类排除关系（exclusion），词汇标记有be absent from，be excluded from，to the exclusion of。

第五类过程关系（process relation），包括起源或产生关系（origin）、因果关系（cause-result）、改变关系（change）。起源或产生关系的词汇标记有arise from，be a product of，come from，derive from，develop from 等；因果关系的词汇标记有be due to，be the result of，result from等；改变关系的词汇标记有be converted to，become，transform into，evolve into，branch into等。

第六类功能关系（function），包括固有功能关系（inherent function）和用途关系（use）。固有关系的词汇标记有act as，act to，function as，play a role into，play a part in，provide，serve as。用途关系的词汇标记有be useful for，be used for，be chosen as，employ as 等。

第七类空间关系（spatial relation），词汇标记有be adjacent，be contained within，be parallel to，be surrounded with，be arranged + prep.，be coated with，be covered with，be distributed + prep.，be embedded in，be equidistant，be inserted into，be positioned at，be separated，face，opposite，reside，surround 等。

第八类概念及其物理特征关系（relations between the concept and its physical characteristics），包括大小与量纲关系（size and dimension）和外观关系（appearance）。大小与量纲关系词汇标记有have，be；外观（appearance）的词汇标记有have a form of，look，in shades of 等。

第九类数量修饰关系（quantity modification），词汇标记有a high percentage of，a variety of，number of， part of等。

上面提到的词汇标记被称为是程序词汇（procedural vocabulary），它们不属于任何图式，具有高度语境依赖性，能够标示话语中的概念关系（M. L. Marco，1999）。程序词汇的研究为本书分析和归纳语篇语义网络中各种概念—关系的语言学标记手段提供借鉴。

3.1.4 语篇表层语法网络

语篇表层按照句法依赖关系和小句之间的其他语法手段形成连接，构成了语篇表层语法网络。语篇处理器通过问题—求解方式建立语篇表层结构中语法发生物（grammatical occurrences）的连接。语篇表层成分的语法依存关系表现为：一个语法微观状态是控制中心（control centre），吸引其他的语法微观状态，形成一个宏观状态，宏观状态和宏观状态在更高的层次结合形成更大的宏观状态，最终形成语篇表层的语法网络。语篇处理器从一个节点到另一个节点，搜索控制中心，试图确定表层元素之间的语法关系。Beaugrande（1980）提出了11种语法依赖关系（grammatical dependency），如下面所示，方括号里是语法关系的图示符号，第一个符号是关系中的控制中心。

（1）动词—主语[v-s]：小句或句子的最小要求。

（2）动词—直接宾语[v-o]：及物动词和一个能够受到事件或动作直接影响的名词。

（3）动词—间接宾语[v-i]：动词和能够受到事件或动作间接影响的名词。

（4）动词—修饰语[v-m]：非及物动词（如系动词be）将主语和表示状态、属性、时间、位置等的表达连接。

（5）动词—助词[v-a]：动词和助动词或情态动词连接；动词指的是开放类动词，在现实化过程中具有词性转变的潜势；标示时态的助动词，如"have，had，will"；或者情态助动词，如"must，might，should"。

（6）动词—形式表达[v-d]：动词和填充结构槽的占位表达；如"there is a unicorn in my garden"中的"there"。

（7）中心语—修饰语[h-m]：一个成分元素与修饰它的成分表达之间的关系，例如：形容词和名词，副词和动词；这种依存关系与动词—修饰语的不同在于后者的中间有系动词，而前者没有中间的系动词。

（8）修饰语—修饰语[m-m]：修饰语之间的关系，如副词和形容词的组合。

（9）中心语—限定词[h-d]：冠词、指示词、数词和中心语之间的关系。

（10）成分—成分[m-m]：属于同一词类的成分元素之间的关系，例如：两个名词（computer science）或两个动词（trick or treat）。

（11）小句之间的依存连接包括并列[cj]、析取[dj]、转折[oj]、从属[sb]。并列指的是两个成分出现的语境相同或相似，两者之间的关系是添加式的，关系标识词为"and, also, too, moreover, in addition"等。析取关系指的是两个成分出现的语境相同或相似，两者之间的关系是替代式的，关系标识词为"or, else, either...or"等。转折关系指的是两个成分出现的语境相同或相似，两者之间的关系是相反的，关系标识词为"however, yet, but, nonetheless"。从属关系指的是一个成分不能独立成为一个句子，必须要依赖于另一个成分，关系标识词为"because, since, that, which"等。

语篇的表层和底层存在互动。语篇世界是语篇底层的概念依存关系，向上映射到语篇表层，表现为语言项目之间的语法依存关系。当人们构建语篇世界时，会并行使用语法依存关系和概念依存关系。两种依存类型的互动是不对称的，会存在优选的情况。在语言虚拟系统的可选项目中，一种选择优于其他选择与概念—关系发生比对，叫作优先选择（Beaugrande & Dressler, 1981）。

Beaugrand（1980）提出12个优先选择规则（preferential correlations），如下所示。（可能还存在其他假设，需要通过测试来验证。）

（1）主语—动词结构同施事—行动、对象—状态优先发生比对等。

（2）动词—宾语结构同行动—受事关系优先发生比对等。

（3）动词—间接宾语结构同行动—被影响实体—进入状态关系、行动—被影响实体—开始拥有关系优先发生比对等。

（4）动词—修饰语结构同状态—状态、状态—属性关系、状态—位置关系发生比对等。

（5）动词—助动词结构同行动—时间、行动—情态关系优先发生比对等。

（6）动词—形式动词结构会保留预测，继续向前搜索可能的联系。

（7）对于修饰语—中心语结构来说，如果修饰语是形容词，修饰语—名词结构同状态—对象关系、属性—对象关系、属性—施事关系、属性—受事关系发生比对；如果修饰语是副词，修饰语—动词结构同修饰语—动作关系、位置—动作关系、时间—动作关系、工具—动作关系优先发生比对等。

（8）修饰语—修饰语结构同属性—属性关系、属性—位置关系优先发生比对等。

（9）限制语—中心语结构同数量—对象关系发生比对或者测试已知、有定信息的假设。

（10）成分—成分结构同所有者—对象关系、纲—目关系、类—示例关系、对象—组成部分关系、物质—对象关系、形式—对象关系优先发生比对等。

（11）并列、析取和对立关系把适合联合构型中第一部分的假设重新应用到了第二部分。

（12）从属结构同原因关系、致使关系、能使关系、时间接近关系优先发生比对等。

使用优选是语言系统自控调节的一个主要方面，它会提高语篇现实化过程中的效率。

3.2 语篇知识空间标注的理论基础

语篇语义网络构成了语篇中的知识空间。本书以新闻评论语篇作为研究语料。新闻评论作为典型的语篇交际体裁，它的语篇语义网络具有哪些特点，是本书所研究的一个方面。另一方面，为了研究基于语篇语义网络的自动文摘方法，本书需要分析语篇知识空间中的语篇语义网络特点，并基于语篇语义网络进行知识空间的识别和子主题的提取。语篇知识空间标注是该研究过程中的一个环节。本书对语篇知识空间进行标注的理论基础主要有Michael Hoey等的语篇模式理论和针对新闻评论的语篇结构研究。

3.2.1 Michael Hoey 等的语篇模式理论

语篇模式是构成语篇或部分语篇的关系组合，这种组合是由意义内容决定的，而语篇的内容又是通过人的逻辑思维组织起来的（Hoey，1983）。在语篇交际过程中，语篇生产者根据自己的交际目的选择相应的语篇模式来实现其交际意图。

Michael Hoey（1994）和Eugene Winter（1977）提出了英语语篇中的常见模式：问题—解决模式（Problem-Solution pattern）、主张—反应模式（Claim-

Response pattern)、目标—实现（Goal-Achievement pattern）、机会—获取模式（Opportunity-Taking pattern）、概括—具体模式（General-Particular pattern）等。其中，问题—解决模式包括四个部分：背景（situation）、问题（problem）、反应（response）和评价（evaluation）；评价是对之前反应的有效性进行评估（Hoey，1994）。学者发现不同类型的语篇中普遍存在着问题—解决模式。Winter（1976）提出科学报告中的过程：介绍—问题—解决—总结。科学语篇中的问题是理解或者解释某个事物的智力需求，解决是提出的解释、模型或者方案（Hutchins，1977）。在工程类语篇中，问题是设计某个事物的实践需求，解决是完成后的成品（Jordan，2001）。Scott（2001）将问题—解决模式应用在计算机生成摘要中，并取得了比较好的效果。主张—反应模式是论辩、评论、政治新闻、社论等语篇类型中的典型模式。主张—反应模式包括三个组成部分：情景、主张、反应。主张与反应是模式的核心成分，情景部分是可选择性的（Hoey，1994）。在主张部分，语篇作者提出自己或者他人的某些观点，观点的真实性尚未得到证实；在反应部分，作者具体阐述自己的观点来支持、肯定、反驳、否定主张部分提出的观点。主张—反应模式又被称作假设—真实模式（Hypothetical-Real pattern）或者报告—评价模式（Report-Evaluation pattern）。读者给报纸或刊物的来信往往是对其中某些新闻或者信息的反应，因此，读者来信通常使用主张—反应模式。目标—实现模式经常出现在叙事文、广告、科学语篇中，其构成部件包括情景、目标、实现方法和评价或者结果。目标—实现模式与问题—解决模式的不同在于前者的目标为情景中期待发生的变化。

3.2.2 新闻评论语篇结构研究

巴赫金（Bakhtin，1998）指出，我们通过一定的言语体裁来说话，我们所有的话语都有相对固定的、典型的整体建构形式，言语体裁几乎就同句法形式一样组织我们的言语。

目前，新闻语篇结构研究大多集中在消息新闻语篇。Van Dijk（1988）提出了新闻图式结构，新闻图式范畴包括：概述（标题和导语）、情节（事件和背景）、后果、口头反应、评论。其中，标题和主要事件是必要范畴。规则和策略决定图式范畴的线性和层级顺序（linear and hierarchical ordering）。娄开阳（2008）通过标注现代汉语新闻语篇文本语料和语言学分析，提出新闻语篇结构自底至顶的四个层次，分别是简单变式、复杂变式、单核双核与主线副线。新闻语篇的常用图式结构包括：纯事件、事件＋背景、事件＋背景＋评析。新闻叙述结构和新闻论证结构处在一个连续的系统中，表现为："纯事件"—"事件+背景"—"事件＋背景+评析"—"事件+评析"—"评析"（娄开阳，2008）。乐明（2006）通过对汉语财经评论语篇进行修辞结构标注和分析，提出在汉语财经评论的篇章结构树中，以后段对第一段展开分说的头并卫结构为最多，其次是后段对第一段展开并逐步增加其他阐释的头降卫结构、先述后评的中降卫结构和逐步展开最后得出结论的尾升卫结构。在评论语篇总体关系中，论证和评价关系最多，其次是阐述和解释关系。廖秋忠（1988）以新闻语篇为例探讨语篇中的论证结构，提出论证结构包括核心和外围部分，核心部分由论题和论据构成；外围部分由引论和结尾构成，引论是关于论题产生的背景和缘由，结尾是重述论题或者引申论题。

国内有些学者专门着眼于汉语新闻评论语篇结构，杨新敏（2013）提出新闻评论的结构安排遵循两个原则，一是事物自身的逻辑顺序和层次，二是人们对事物认识过程的逻辑顺序和层次。根据事物自身的逻辑顺序，其语篇表层的形式结构是"提出问题—分析问题—解决问题"。提出问题部分包括两种情况，一是直接提出问题，二是先叙述新闻事实，然后提出问题。如果按照事物认识过程的逻辑顺序，新闻评论就会对新闻事件展开分析、推理，逐步揭示出事物的含义。新闻评论常用的结构形式包括：纵向结构、横向结构和点评式结构。董育宁（2007）提出，新闻评论语篇的主体结构是对新闻事实的叙述和对新闻事实的评论，新闻评论语篇一般是由四个部分组成：新闻背景、话题引入、专题评说和问题解决。其中，新闻背景主要是说明话题产生的背景和缘由，话题引入是一个连接成分，问题解决部分为语篇的可选成分。

通过对新闻评论语篇结构的相关研究进行梳理，本书认为，以往的研究对本书的研究有一定的启发；以往大部分研究是对新闻消息的语篇结构研究，对新闻评论语篇结构的研究尚不充分；有些聚焦于小句之间的语义关系，缺少对小句内意义的研究；有些研究结论比较概括，尚不能完全满足自然语言处理领域的实际需求。本书以Michael Hoey的问题—解决、主张—反应的语篇模式为理论基础，并辅以上面提到的新闻评论结构研究成果，进行面向语言信息处理的新闻评论语篇结构研究和新闻评论知识空间的标注。

3.3 本章小结

本章主要阐述了面向自动文摘的汉语语篇语义网络研究的理论基础，包括两部分：一是语篇语义网络中概念—关系标注的理论基础；二是语篇知识空间标注的理论基础。在第4章和第5章，本书基于Beaugrande的概念—关系类型对汉语新闻评论语篇中的概念—关系进行标注，借鉴M. L. Marco（1999）的研究思路分析和总结标示各种概念—关系的程序性词汇，并基于语篇世界理论进一步分析汉语语篇语义网络的特点。语篇知识空间标注的理论基础是Michael Hoey的问题—解决、主张—反应语篇模式，新闻评论语篇结构的相关研究成果。第6章讨论新闻评论语篇知识空间的标注结果，分析新闻评论语篇知识空间中的语篇语义网络特点。

第4章 现代汉语语篇语义网络中的概念—关系

本章探讨现代汉语语篇语义网络构建中的概念—关系。首先，讨论基于新闻评论语料库的概念—关系标注结果，提出一套构建现代汉语语篇语义网络的概念—关系类型；其次基于汉语词汇、语义和语法理论，分析各种概念—关系的语言学特征，标示概念—关系类型的程序性词汇，为机器学习和计算机自动构建语篇语义网络提供语言学知识；最后，本章对标注语料中的概念—关系进行统计分析。

4.1 概念—关系标注结果与讨论

通过对新闻评论语料进行概念—关系标注，我们发现，Beaugrande提出的概念—关系集不能完全适用于汉语新闻评论语篇的概念—关系标注。Beaugrande认为，自己提出的概念分类不是穷尽性的或者权威性的，而是基于对大量真实语料的分析，将概念的分类控制在能够满足人工智能领域的实际需要。

在对汉语新闻评论语篇的概念—关系进行标注的过程中，本书发现存在一些概念—关系的确定问题，主要包括两种情况：一是有些概念—关系的区分并不是很明显，二是有一些概念—关系在Beaugrande的概念—关系集中没有得到满意的标注。

首先是Beaugrande提出的致使关系、使成关系和原因关系之间的区分不明显。关于致使关系、使成关系和原因关系这三种关系，Beaugrande给出的定义和标注语料中的示例如下，方括号里的字母缩写分别代表致使关系（ca）、使成关系（en）、原因关系。

致使关系（CAUSE-OF）：如果事件一（E1）是事件二（E2）的必要条件，那么事件一和事件二构成了致使关系，例如：伤害—疼痛、盗窃—丢失之间的致使关系。

例4.1

要想取得新突破，[ca]就必须荡涤不实之风，就必须优胜劣汰。

[ca]前面的一个行为与后面的两个行为动作构成了致使关系，"荡涤不实之风""优胜劣汰"是"取得新突破"的必要条件。

使成关系（ENABLEMENT-OF）：事件一（E1）是事件二（E2）的使成因素，也就是说，事件一为事件二创造了充分但不是必要的条件，例如：疏忽—伤害、主人不在家—偷盗事件之间的可能性关系。

例4.2

如果这套考核体系能够迅速运转，[en]局面当有改观。

[en]前后的两个事件构成了使成关系，"这套考核体系能够迅速运转"是"局面当有改观"的充分条件。

原因关系（REASON-OF）：如果事件二（E2）的施事对事件一（E1）作出合理反应，那么事件一是事件二的原因，例如：伤害—焦虑、幸运—幸福之间的原因关系。

例4.3

也正是对于环保的爱之深，正是因出于内心的焦虑和急切，加之知识壁垒、信息获取也不够完全，[re]导致有些人在与污染的抗争中有时会出现瑕疵甚至错误。

[re]前的三个事件状态与后面的一个事件构成了原因关系。

本书认为，这三种关系是因果关系在不同程度上的体现，都是关于一个情景或事件对另一个情景或者事件具有因果性质的影响。本研究在语料标注过程中，把这三种关系都统一归为因果关系。

其次，在汉语新闻评论语篇语料中，根据Beaugrande的概念—关系集，有些概念—关系尚不能确定。[?]表示画线部分的概念—关系不能确定。

例4.4

（1）更意想不到的是，当地政府还<u>公然</u>[?]<u>进行环评造假</u>——在政府公布的治理名单上，3家根本没有工商注册的企业，6家早已注销的企业，竟然能通过环评审批验收。

（2）全场向<u>这位老板</u> [?]投去赞许目光。

例4.4（1）中的"公然"是"进行环评造假"行为的一种手段和方式。这与Beaugrande定义的工具关系存在一定的区别。工具关系是非意向的物体与事件或者与动作之间的关系（Beaugrande，1980），因此，我们不倾向于把它归为Beaugrande所定义的工具关系。刘茂福、胡慧君（2013）提出事件结构的附加语义角色，包括工具、材料、方式、原因和范围。工具角色指工作时使用的器具，后来引申为达到、完成或者促进某一事件的手段。在汉语语义关系研究中，鲁川、林杏光（1989）提出句子中的方式语义成分，包括工具格、凭借格和样式格，并给出了下面的例句。

例4.5

（1）他"用／拿"生刀劈木柴。("刀"是工具格)

（2）他"以／凭"丰富的经验赢得大家的尊重。("丰富的经验"是凭借格)

（3）人群"像／似"潮水一样涌向大操场。("潮水"是样式格)

方式角色是事件采取的方式、方法和途径。本书采取鲁川、林杏光（1989）的方式语义角色，将工具格、凭借格和样式格都归为方式语义角色，不作内部的区分。本书认为例4.4（1）中的"公然"和"进行环评造假"之间建立了方式关系。

按照Beaugrande的施事关系和受事关系定义，例4.4（2）中的"这位老板"不是"投去"动作的施事或者受事。在汉语语义关系研究中，鲁川、林杏光（1989）提出句子中的邻体语义成分，包括与事格、伴随格、关涉格，并给出下面的例句。

例4.6

（1）他送煤给老师。("老师"是与事格)

（2）你跟他坐一辆车。("他"是伴随格)

（3）关于这个问题，可以参考下列文献。("这个问题"是关涉格)

在汉语事件语义结构研究中，刘茂福、胡慧君（2013）提出与事语义角色，与事指的是动作或者行为的非主动参与者。本书与鲁川、林杏光（1989），刘茂福、胡慧君（2013）的观点一致，提出与事概念—关系，认为例4.4（2）中的"这位老板"与"投去"建立了与事关系。

类似例4.4的概念—关系在新闻评论语篇中出现的频率比较高。本研究结合汉语新闻评论语篇的特点，在Beaugrande概念—关系集的基础上，又借鉴了其他语义关系分类，对某些概念—关系进行调整、合并或者增删，将致使关系、使成关系、原因关系合并为因果关系，增添了与事关系和方式关系，将工具关系归为方式关系，不再对内部进一步细分。

最后，在Beaugrand的概念—关系标注集中，形式关系（FORM-OF）指的是连接实体和表示形式、形状或者轮廓的概念。但是，在现代汉语新闻评论语篇的标注语料中，尚没有出现明显的形式关系，这可能因为本研究语料的主题是"环境保护"，对事物形状方面的明确描述很少。因此，基于对真实语篇语料的标注结果，本书提出的概念—关系标注集将不列出形式关系。另外，能够建立形式关系的实体一般具有形状、轮廓的属性。事物的形状和形式属于事物特征的一个方面，如果出现了类似的概念，本书倾向于把它归于事物及其属性、特征之间建立的属性关系。

基于新闻评论语篇中的概念—关系标注，本书提出一套构建现代汉语语篇语义网络的概念—关系集，共包括31种概念—关系。它们分为四大类：第一类是围绕一级概念的14种概念—关系，包括状态关系、施事关系、受事关系、与事关系、位移关系、时间关系、位置关系、方式关系、相关关系、属性关系、物质构成关系、数量关系、组成部分关系、容纳关系；第二类是关于人类经验的9种概念—关系，包括因果关系、目的关系、感知关系、认知关系、交际关系、情感关系、意愿关系、拥有关系、情态关系；第三类是定义类属的2种概念—关系，包括实例关系、细目说明关系；第四类是关于符号交际情况的6种概念—关系，包括意义关系、价值关系、等同关系、对立关系、同指关系、复现关系。下面，本书将结合语料对这些概念—关系进行具体阐释。

4.2 概念—关系类型及其语言学特征分析

下面首先定义语篇语义网络构建中的概念—关系，并辅以例句进行阐释；其次，根据语义角色的原型理论，分析各种概念—关系中概念实体的语义特征，并基于汉语词汇理论分析各种概念—关系在词汇、语法层面的若干特点。在各种概念—关系的定义部分，方括号内是以概念—关系的英语名称缩写字母表示的概念—关系标识。在例句中，画线部分的词语是建立了特定关系的概念，方括号以及内部的英语小写字母表示该组概念之间的关系。有些例子中的词语用括号圈出，表示该词语在这个例子中是作为一个概念整体与其他概念建立联系的，例如：(生态[at]语境)。有些例句中的词语表达用小括号标出，表明该词语在原语料中是被省略的。但是，为了清晰地说明语篇中所涉及的概念—关系，本书把这些省略的词语概念进行填补，呈现出来。有些例句中的词语加粗，说明该词语是相关概念—关系的显性词语标记。

4.2.1 围绕一级概念的概念—关系

4.2.1.1 状态关系

状态关系（STATE-OF，标识为[st]）：某一认知实体（conceptual entity）与其当前所处的状态，而不是其典型的特征，形成的关系结构。

例4.7

（1）该公司在2016年7月第一轮中央环保督察期间也因环境污染问题被群众举报，但北海市核查后回复督察组：该公司手续[st]齐全，各项污染物排放达标，群众举报[st]不实。

（2）环保意识空转的地方干部还不少，对生态环保要求有选择、搞变通、打折扣的现象一再发生，生态环保领域中慢作为、不作为、乱作为的问题依然[st]严重。

（3）但过去很长一段时间，超标排污企业与监管执法部门往往是玩着猫抓老鼠的游戏——排污企业自知理亏，在迎接执法检查时[st]规规矩矩，检查一过却容易死灰复燃。

（4）民众真正所想、所需的是环境质量的明显改善与长期保持，从这个角度看，地方政府整改方案字数多与少[st]不重要，落实才是当务之急。

（5）你要是以为敢这么做的只有北海一地，那[st]就大错特错了。

（6）长期以来，不少人对"地球一小时"意义的认知，是[st]浅显甚至功利的。

（7）如广西钦州市一批本应淘汰的"散乱污"小冶炼企业目前仍违法生产，环境污染[st]严重。

（8）就环保领域而言，欺上瞒下的情况有所抬头，核心原因除了唯GDP考核仍有市场外，也和欺上瞒下的成本[st]不高有关。

（9）在这个考核框架内，官员的能上能下，应该成为[st]常态。

（10）各地领导干部环保责任考核机制[st]不健全，没有真正成为干部晋升、去留、进退的重要因素，考核办法[st]不科学，考核失之于宽失之于软，导致党政领导责任压力传导层层递减。

本书中的"实体"基于Lyons的《语义学》专著对实体的定义与分类。Lyons将客观世界分为三级实体。第一级实体指的是存在于一定时间、空间的有形实体，如人、事物、动物等；第二级实体指的是事件、过程、状态等；第三级实体指的是命题、说话行为，它们是位于时间和空间之外的抽象实体（Lyons，1977）。在上例中，[st] 前面的是表达认知实体的语言表达式，后面的是表达该实体状态的语言表达式，两类实体之间构成状态关系。"手续""企业"是第一级实体，大多为名词；"落实"和"举报"属于第二级实体，大多为名动词；"字数多与少"和"你要是以为敢这么做的只有北海一地"是以命题的形式呈现，为第三级实体。"状态"概念的语言表达式大多是状态形容词或者名词，如"齐全""不实""规规矩矩""重要""大错特错""当务之急""常态""健全""科学""严重"。从句法层面上看，概念之间的状态关系多为形容词谓语语句或名词谓语语句。实体概念与状态概念之间往往没有词汇标记，有时候会出现词汇标记有"……是……的""……成为……"等。关于论元角色，Dowty（1991）提出了原型施事和原型受事两种原型角色。原型施事的特征包括自主性、感知性、使动性、移位性、自立性；原型受事的特征包括变化性、渐成性、受动性、静态性、附庸性。基于Dowty的原型角色概念，袁毓林（2002）通过对汉语真实语料的分析，提出主体论元具有五个语义特征：自立、使动、感知、述谓、变化；客体论元具有六个特征：受动、变化、自立、渐成、关涉、类属。本书主要参考袁毓林的论元角色的语义特征来分析语义网络中概念的语义特征。在状态关系中，认知实体一般具有自立性、变化性或类属性的特征，如例句中的"手续""方案""企业""落实""举报""字数多与少""考核机制""考核办法""官员的能上能下""环境污染"具有自立性和变化性；"当务之急""大错特错""认知""问题""超标污染企业"具有类属性。

4.2.1.2 施事关系

施事关系（AGENT-OF，标识为[ag]）：某一实体具有作用力，能够执行一种行动来改变情景，该实体和行动之间便建立了施事关系结构。

例4.8

（1）中央环保督察中还有<u>人</u>[ag]胆敢瞒上欺下，当地相关监管部门不作为甚至是乱作为的因素不容忽视。

（2）<u>镀锌厂</u>[ag]搭几块塑料布，（镀锌厂）就算<u>完成</u>[ag]了对刺鼻废气排放的环保整改；<u>饲料厂</u>[ag]将生产时间由夜里<u>改</u>为白天，其粉尘、废气污染就算"整改到位"了；<u>制药厂</u>[ag]觉得除臭装置碍事就把管道<u>切断</u>，污染依旧却说"基本完成整改"……要不是出自中央环保督察组[ag]的<u>通报批评</u>，很难想象这样的事情，是发生在环保督察利剑所向披靡的今天。

（3）<u>地方政府</u>[ag]<u>治理</u>环境污染的主动性、能力与中央要求还有差距。

（4）<u>民间环保力量</u>[ag]<u>推动</u>污染治理，不仅要靠一腔热血，更需实事求是的态度和严谨的专业素质，如此才能有效规避法律和道德的风险，更好地推动污染问题的解决。

（5）（地方政府）只靠<u>上级</u>[ag]<u>倒逼</u>而（地方政府）[ag]<u>采取</u>的<u>行动</u>[ag]只能治标，不能治本。

（6）关键还是在于地方政府的责任心和能动性，不仅要能主动履职，而且还要能履好职，如此，（地方政府）[ag]<u>方能争取</u>民意，（地方政府）[ag]<u>赢得</u>民心。

（7）<u>他</u>离开文明的城市，来到瓦尔登湖畔，[ag]<u>住</u>进了自己建造的小木屋，独自体味荒野的野性之美。

（8）本例这家<u>企业</u><u>主动</u>[ag]<u>升级</u>生产工艺，离不开地方政府、环保、金融等部门的积极服务，<u>后者</u>[ag]<u>打</u>出了服务"组合拳"。

（9）对于各级地方政府而言，当前的环境治理任务不可谓小，（各级地方政府）[ag]既要<u>守护</u>好前期已经取得的成绩，（各级地方政府）[ag]不折不扣地完成整改，(各级地方政府)[ag]也要避免出现边治理边污染的陋习，(各级地方政府)[ag]真正推动地方的发展方式和产业转型。

（10）实践表明，推行共享快递盒，除了[ag]遏制过度包装、节约树木等资源之外，更重要的是，(推行共享快递盒)[ag]加快了绿色物流的发展，(推行共享快递盒)[ag]推进了城乡环境保护。

（11）中央环保督察组[ag]近日突击检查北方某县垃圾处理场看到，污染防治设施正在运转，运行记录工整齐全，但在控制设备间发现，虽然机器[ag]不停运转，但流量计始终显示为0，既没有出水也没有进水。

（12）2017年4月，中央环保督察组[ag]对洞庭湖违法违规建设矮围问题进行了重点督察，中央环保督察组并于2017年7月向湖南省进行了反馈，一年时间过去了，相关地方和部门整改工作长期滞后，拆除工作一拖再拖。

[ag]标识前面的实体概念与其后面的行动概念构成施事关系。在语义特征方面，施事关系的实体具有自立性和使动性。自立性（independent）指的是实体先于动词所表示的事件独立存在；使动性（causation）指的是实体具有某种力的特性，能够施行某个动作（袁毓林，2002）。上例中的"人""地方政府""中央环保督察组""环保力量""机器""推行共享快递盒"都具有自立性和使动性，具有实质的力或抽象的力，能够采取行动而改变情景。施事关系中的实体概念大多为名词或者命题，动作概念大多为动作动词。在句法层面上，施事关系大多出现在动词谓语句中。施事者实体概念和行动概念之间往往没有词汇标记，有时会出现词汇标记"进行"，如例4.8（12）。按照汉语动词的分类，"进行"被称作是形式动词。形式动词本身没有实在意义，后面接动名词。类似的形式动词还有"加以""予以""着手"等。在句子出现的位置来看，施事实体一般在动作实体的前面，做句子的主语。在语篇语义网络中，动作动词表达都应该具有显性的或者隐性的施事实体，隐性的施事实体大多为省略的情况。也就是说，一个施事实体和多个动作概念建立了施事关系，这些动作概念在不同的小句中。第一个小句一般会出现显性的施事实体概念，而其他小句的施事实体概念就省略了，如例4.8（9）中的"各级地方政府"。语篇处理器在理解语篇时，需要根据上下文填补省略的实体，以便建立概念和实体之间的施事关系。

4.2.1.3 受事关系

受事关系（AFFECTED ENTITY，标识为 [ae]）：一种实体所处的情境被一个事件或行动所改变；这个实体既不充当施事角色也不是工具。这里所说的受事关系是一个相对宽泛的概念，只要一个行动或事件的发生导致了某个实体的情境发生变化，那么就建立了受事关系。

例4.9

（1）8省（区）环保督察发现问题整改方案成"大作"，表面看，地方政府的态度值得肯定，往里追究，折射出的深层次问题[ae]不能忽视：一是目前环保形势依然严峻，环境治理依旧任重道远；二是地方政府治理环境污染的主动性、能力与中央要求还有差距。

（2）近年来，不管是随手拍[ae]黑烟囱，随手拍[ae]排污口，还是部分重大环境污染事件[ae]的举报以及环保公益诉讼[ae]的发起，都离不开他们活跃的身影。

（3）从江西南昌市被通报的几家[ae]企业看，这几家企业刺激性废气的防治，技术上不难实现，也不需要花费很长时间。

（4）正所谓瑕不掩瑜，对于有些错误[ae]，地方政府不该无限放大，将他们视为"找茬者"甚至是"违法者"，而应善待[ae]他们，"多些理解和包容"，用沟通对话，去解决[ae]误解和分歧。

（5）唯有保护好[ae]他们，才能保护好公众的[ae]知情权；唯有保护好[ae]他们，才能激发更多[ae]民间力量成为强大的生态环境同盟军，给政府[ae]以支持，给污染企业[ae]以威慑。

（6）她不过是因为举报[ae]污染心切而犯下[ae]过失，并无扰乱[ae]公共秩序的故意。

（7）重大环境污染事件[ae]的举报，以及环保公益诉讼[ae]的发起都离不开环保志愿者。

（8）必须指出的是，公信力是民间环保生命，民间环保力量推动[ae]污染治理，不仅要靠一腔热血，更需实事求是的态度和严谨的专业素质。

（9）雷萍事件原本比较简单，（雷萍事件）却一度掀起[ae]轩然大波。

（10）遍布城市大街小巷的垃圾桶一般都会分成两类：一个专收[ae]可回收垃圾，一个专收[ae]不可回收垃圾。

（11）此次政策调整一方面<u>取消</u>了续航里程150公里以内的[ae]<u>补贴</u>，又<u>降低</u>了300公里以内的[ae]<u>补贴</u>，另一方面又提高了续航里程300～400公里及400公里以上车型的[ae]<u>补贴</u>，分别上调2%～14%不等，充分说明了政策的导向作用。

（12）此后，经过13天的连续攻坚，到6月中旬，<u>矮围和节制闸全部</u>被[ae]<u>拆除</u>，结束了其对洞庭湖长达17年的[ae]<u>侵占</u>，已基本<u>恢复</u>湖、洲[ae]<u>原貌</u>。

（13）**加强**对<u>生态文明宣传教育开展情况</u>[ae]**的**<u>监督检查</u>，及时解决问题，确保责任落实。

[ae]标识前后的实体概念与划线的动作概念建立了受事关系。从语义特征来看，受事实体具有自立性、变化性、受动性、关涉性或者渐成性。例4.9（1）至例4.9（7）中的"问题""企业""错误""民间力量""政府""污染""公共秩序""污染事件"都具有自立性和受动性。受动性指的是实体受到某个动作、行为的影响。例4.9（6）至例4.9（9）中的"过失""诉讼""污染治理""轩然大波"具有受动性和渐成性（incremental）。例4.9（2）中的"烟囱""排污口"具有自立性、关涉性（concerned），虽然它们没有在动作或行为的影响下发生变化，但它们是动作或行为的关注目标或对象。

从句法层面上看，表示动作或行为概念的词大多为及物动词，如上例中的"忽视""拍""通报""放大""激发""举报""犯下""扰乱""推动""掀起"，或者是从及物动词转化过来的名动词，如"举报""发起""支持""威慑"。从受事实体的词语在句子中出现的位置来看，有一些表示受事实体的词语作为宾语出现在谓语动词的后面，如"拍[ae]黑烟囱""拍[ae]排污口""激发更多[ae]民间力量""举报[ae]污染""犯下[ae]过失""扰乱[ae]公共秩序""推动[ae]污染治理"；有些表示受事实体的词语作为话题，出现在行为动作概念的前面，如例4.9（1）、例4.9（4）中的"问题""错误"；有些表示受事实体的词语以名词短语的形式（N的V结构）出现，如"污染事件[ae]的举报""公益诉讼[ae]的发起""被通报的几家[ae]企业"。在被动句中，标记词汇"被"前面的实体概念和后面的动作概念形成受事关系。有些表示受事实体的词语以名词的形式作为宾语出现在特殊句式中，如"给政府[ae]以支持，给污染企业[ae]以威慑"，"加强对生态文明宣传教育开展情况[ae]的监督检查"，其词汇标记为"给N以V，对N的V"。虽然在句法层面上，这些词语表达式发生了动名转化，但是它们的语义并没有发生变化（吕叔湘，1984；胡裕树、范晓，1994）。根据认知语法，它们只是发生了概念物化（Langacker，1999），如"举报[ae]污染"把"举报"作为一个过程，而"污染事件[ae]的举报"把"举报"作为一个抽象区域。

4.2.1.4 与事关系

与事关系（DATIVE-OF，标识为[da]）：基于国内学者关于与事语义角色的观点（鲁川、林杏光，1989；袁毓林，2002），本书认为与事指的是与施事或受事一起参与到动作、事态或事件中的实体。该实体与事件动作或者事态之间形成了与事关系结构。

例4.10

（1）地方政府治理环境污染的主动性、能力<u>与中央要求[da]还有</u>差距。

（2）<u>在"大账"方面[da]</u>，由于生产方式变得绿色环保，企业<u>赢得</u>了更多世界500强、行业前十强等高端客户的尊重。

（3）<u>据生态环境部网站消息[da]</u>，中央第五环保督察组进驻广西<u>开展</u>"回头看"不久即收到群众举报。

（4）<u>针对环保人士雷萍因曝光污染被广东信宜有关方面拘留一事[da]</u>，生态环境部新闻发言人<u>表示</u>中国的环保社会组织还处在培育、发展阶段，专业化水平还不太高，力量还不够强大。

（5）应<u>按照国家制定的垃圾分类标准[da]</u>，向<u>民众[da]宣传</u>普及各类垃圾知识，让民众在家中就可以<u>对产生的垃圾[da]进行分类</u>，最终方便回收。

（6）<u>雷萍事件</u>其实也<u>给[da]中国环保志愿者和环保组织，上了</u>宝贵的一课。

（7）<u>在美丽乡村建设方面[da]</u>，习近平总书记亲自谋划、亲手推动、亲自示范，<u>为广大干部[da]树起</u>标杆。造就万千美丽乡村，是党中央<u>对亿万人民[da],做出</u>的庄严承诺。

（8）特别是一些窗口单位,窗口工作人员更应模范地遵守。领导要<u>给下属[da]做好</u>示范；家长要<u>给子女[da]做出</u>示范；老师要<u>给学生[da]做好</u>示范。

（9）规范基础教育、高等教育阶段的教育，规范面向社会的培训；<u>对被依法处罚的环境违法人员[da]</u>，可强制进行生态文明宣传教育培训。

（10）它用严酷的事实再次证明，没有科学发展，即使在经济上做成了

"巨无霸",将来还要为环境、资源[da]付出代价。

(11) 对这家企业[da]而言,无论是算"小账"还是算"大账",环保的结果都是赚。

(12) 根据新规[da],纯电动车续航150～300公里车型补贴下调约20%～50%不等,低于150公里续航的车型将不再享有补贴。

从语义特征来看,与事包括三种情况。第一种与事是动作交接、传递、指向的对象,和针对类动词相联系,常用标记词汇"给、向、为、对"等介词引出,它们大多为名词或名词词组,如例4.10(5)至例4.10(11);从句法位置来看,与事概念出现在这些标记词汇的后面、动作概念的前面。第二种与事是与状态或动作主体相关的参与者,大多是名词或名词词组,如例4.10(1),标记词汇是"与";从句法位置来看,与事概念出现在标记词汇的后面。第三种与事概念是对事件概念整体进行限制或说明的实体,常用标记词汇"据、根据、针对、在……方面、向……、对……、对……而言、按照……"来引出,位于表达事件小句的前面,作为动作、行为的非主动的参与者,如例4.10(2)至例4.10(5)。这三种与事都具有自立性、受动性、参与性。

4.2.1.5 位移关系

位移关系(MOTION-OF,标识为[mo]):一般出现在实体改变位置的情境之中。位移的起点和终点不一定显示,如英语中的"run"或者"rise",到达或离开是常见的关系算子。实体与位移动作形成了位移关系结构。

例4.11

(1) 中央第五环保督察组[mo]进驻广西开展"回头看",不久即收到群众举报,反映北海市北海诚德镍业有限公司200万吨冶炼废渣堆填铁山港,占用海滩面积超400亩,严重污染环境。

(2) 借助中央环保督察,这些年社会监督也积极[mo]跟进,不断彰显环保法规钢牙利齿的威力,让违法排污成了人人喊打的过街老鼠。

(3) 他们[mo]冲锋在环境保护的第一线。

(4) 中央环保督察组[mo]到各地进行重点督察,各地纷纷重拳出击治理环境污染,一道道限期整改令给治污戴上"紧箍咒",迫使污染企业必须加速转变生产方式,追求高质量发展。

（5）督察组专[mo]赴北海市检查发现：环境状况触目惊心，群众反映的问题不仅未得到整改，反而愈演愈烈。

（6）业务大厅外货车排成长龙，"黑中介"[mo]进进出出招揽生意，两个大车查验通道只开放一个……眼前景象令人震惊。

（7）在没有补贴的情况下，预计一大批新能源汽车将不得不[mo]退出市场。

（8）像央视记者一样到现场[mo]走一圈，或者查询工商信息，核实一下环评验收名单，都可揭开造假的盖子。

（9）我们必须咬紧牙关，[mo]爬过治理生态环境问题这个坡，[mo]迈过高质量发展这道坎，通过扭转生态环境恶化、提高生态环境质量，不断满足人民群众日益增长的优美生态环境需要，争取早日建成蓝天常在、青山常在、绿水常在的美丽中国。

（10）展望2049年，武汉的人口数量[mo]将大大增加，经济总量将成倍[mo]增长，可以预测，我们对自然的介入、对生态的介入、对江河湖泊的介入，会越来越深，城市面临的生态问题会越来越严重。

在位移事件中，事件总是发生在特定的空间范围之内，事件的发展可能会出现位置移动。一个位移事件一般由四个概念要素组成：图形、背景、位移、路径（Talmy，2012）。图形是位移的实体；背景是位移的参照点，即起点和终点；位移是图形的移动；路径是移动的方向。上例均表述了位移事件，例4.11（2）中的位移事件背景是隐性的。从语义特征来看，位移关系中的实体具有自立性和变化性。"变化性"指的是实体具有位置改变的潜在性，即"位移"。根据行为主体或客体是否发生位置移动，张斌、方绪军（2000）将动词分为"位移"和"非位移"两大类。位移动词有走、飞、跑、逃等；非位移动词有坐、躺、放、摆、进行、停止等。表示"位移"概念的语言表达式大多为位移动词。位移动词是一个动词小类，具有[位置移动]的语义特征。根据是否具有[±施动体][±动体可控][±共同位移]的语义特征（本书将语义特征统一放在方括号里面，如果语义特征前面有加号"+"，表明具有该语义特征；如果语义特征前面有减号"-"，表明不具有该语义特征；如果语义特征前面有加减号"±"，表明该语义特征可能存在或者缺失），位移动词分为三类：自主位移动词（如蹦、冲、闯、登、爬、跑）、共移位移动词（如搬、送、运、追、拖、担）、他移位移动词（如倒、掉、升）。例4.11（1）至例4.11（3）中的位移动词是"进驻""跟进""冲锋"。其中，例4.11（3）中的位移动词通过加上介词"在"，表达了位移动作的背景；例4.11（1）中的处所名词"广西"表达了位移的终点。因此，在句子层面，位移动词一般标志着实体和位移动词概念建立了位移关系。对于"提高""增加""降低"这样的具有隐喻性质的位移概念，本书也将它归于位移关系，如例4.11（10）。

4.2.1.6 时间关系

时间关系（TIME-OF，标识为[ti]）：事件和其发生时间概念之间的关系结构。

例4.12

（1）<u>近日</u>[ti]，一位企业老板<u>在讨论时</u>[ti]动情地说，"就在<u>去年年底</u>[ti]，公司主动拆除了4条喷漆生产线和电镀生产线，并在<u>4个月前</u>[ti]拆除了产品前处理酸洗、磷化两条工艺生产线"。

（2）该公司在（<u>2016年7月</u>[ti]第一轮中央环保督察）<u>期间</u>[ti]也因环境污染问题被群众举报。

（3）<u>目前</u>[ti]环保形势依然严峻。

（4）<u>4月27日到30日</u>[ti]，河南等8省（区）政府<u>先后</u>[ti]公开了第一批中央环保督察发现问题的整改方案。

（5）很难想象这样的事情，是<u>发生在环保督察利剑所向披靡的</u>[ti]今天。

（6）<u>这些年</u>[ti]社会监督也积极跟进，不断彰显环保法规钢牙利齿的威力，让违法排污成了人人喊打的过街老鼠。

（7）（企业）<u>在迎接执法检查时</u>[ti]规规矩矩；<u>检查一过</u>[ti]却容易死灰复燃。

（8）但北海市<u>核查后</u>[ti]回复督察组：该公司手续齐全，各项污染物排放达标。

（9）中央第五环保督察组进驻广西开展"回头看"<u>不久</u>[ti]，即收到群众举报。

（10）能动性有差距，才总会<u>事后</u>[ti]补救。

（11）<u>伴随</u>着快递外卖行业的迅猛发展[ti]，在环保、企业社会责任方面正面临更多的要求。与此同时，[ti]原纸价格上涨、舆论压力等均倒逼快递企业采用更为绿色可循环的物流方式，最终形成一个多赢的局面。

（12）沙尘天气发生时，[ti]会给海洋浮游生物提供丰富营养物质，使浮游生物增加，消耗大量大气中的二氧化碳。

在时间关系中，与时间概念建立关系的实体大多为事件或情境。事件或情境具有时间或空间的属性，如事件概念"公司拆除生产线""中央环保督察""迎接执法检查"和情境概念"环保形势严峻"。时间概念的言语表达式大多为时间名词、时间副词和事件代体时点（袁莉容、郭淑伟、王静，2010）。时间词包括时点时间词和时段时间词（陆俭明，1991），如近日、去年底、目前、这些年、今天、夜里、白天。事件代体时点指的是"事件"结构表示的时点，如例中的"（企业）迎接执法检查时""北海市核查后""保督察组进驻广西开展'回头看'不久"。事件结构大多采用主谓结构，它们加上时、（的）时候、前、后、中、不久、在……过程中、在……期间等时间构件，获得表示时间的功能。有些事件概念的言语表达则是指代事件的有定名词或无定名词，如例4.12（10）中的"事后"，"事"回指上文中的事件，后面加上"后"，来表示时间概念，与"补救"构成时间关系。时间关系具有递归性。如"（该公司2016年7月[ti]第一轮中央环保督察）期间[ti]也因环境污染问题被群众举报"，"2016年7月"这个时段概念与"第一轮中央环保督察"事件构成时间关系；"2016年7月第一轮中央环保督查环保督察"后加上时间标记"期间"，与"被群众举报"构成时间关系。

4.2.1.7 位置关系

位置关系（LOCATION –OF，标识为[lo]）：实体与其空间位置概念之间的关系结构。

例4.13

（1）一些地方[lo]的欺上瞒下就没消停过。

（2）从江西南昌市被通报的[lo]几家企业看，这几家企业刺激性废气的防治，技术上不难实现，也不需要花费很长时间。

（3）她反映当地[lo]采石场石场污染和破坏环境的问题确实存在，但只因所发一张"牛奶河"的图片并非现场[lo]拍摄，导致出现失实。

（4）坚决摒弃以牺牲生态环境换取一时一地[lo]经济增长的做法。

（5）活跃于环保战线上[lo]的志愿者，他们犹如公众的"眼睛"，时刻盯紧着环境污染。

（6）就环保领域[lo]而言，欺上瞒下的情况有所抬头。

（7）普通民众的关注点从来不在[lo]形式，而在[lo]实质。

（8）整改方案放在[lo]文学创作领域，尚不稀罕，但置于[lo]政府文件，亦属罕见。

（9）如广西钦州市[lo]一批本应淘汰的"散乱污"小冶炼企业目前仍违法生产，环境污染严重。

（10）河南郑州[lo]一养鸡场藏身[lo]闹市，地方虚假整改在环保督察过程中现了原形。

在位置关系中，空间概念指的是具体或者抽象的空间，例4.13（1）至例4.13（4）中的"一些地方""江西南昌市""当地""现场""一地"是客观的、具体的或者泛指的空间位置。例4.13（6）至例4.13（9）中的"环保战线""环保领域""形式""物质""实质""文学创作领域""政府文件"表达抽象的空间位置。位置关系中的实体可以是物体、发生的动作、事件，"企业""采石场、整改方案"是客观的实体；"关注点"是抽象的、具有隐喻性质的实体；"欺上瞒下""拍摄""经济增长"是发生的动作或事件；例4.13（7）、例4.13（9）中的"活跃""放""置"是抽象的动作。从词性上来看，空间概念的语言表达式一般为处所名词，如"一些地方""江西南昌市""当地""现场""一地""环保领域"。处所名词作为修饰语限定实体概念或者事件，如"一些地方[lo]的欺上瞒下""当地[lo]采石场"；或者作为状语描写事件或动作，如"活跃[lo]于环保战线上""照片并非现场[lo]拍摄"。位置关系的词汇标识一般有于……上，在……，放在，置于等。另外，位置概念可以作为话题出现在句首，如例4.13（6）中的"就环保领域[lo]而言"。

4.2.1.8 方式关系

方式关系（MANNER-OF，标识为[ma]）：是将实体的动作概念与动作的方式概念联系起来的关系结构。方式是人们对动作行为、事物性质变化形式的抽象与感知，是为某个事件或行动提供方式。方式关系与因果关系的不同在于因果关系表达事件之间的因果逻辑关系，方式关系说明事件或者动作实施的方法、方式和途径。

例4.14

（1）本书开头这位企业老板向大家算了"两笔账"，用亲身经历[ma]分析了"小账"与"大账"的关系。

（2）（政府）不仅要能主动[ma]履职，（政府）而且还要能履好职；诚意再满也得用行动[ma]说话、用效果[ma]答复。

（3）近年来，不管是随手[ma]拍黑烟囱、随手[ma]拍排污口，还是部分重大环境污染事件的举报，以及环保公益诉讼的发起，都离不开他们活跃的身影。

（4）有的地方自然保护区有名无实，并没有得到有效[ma]保护。

（5）通过生态文明宣传教育，让人们认识到掠夺式地[ma]向自然界索取、无节制[ma]地排放废弃物，自然界承受不了，必然带来生态危机，最终危及人类生存发展。

（6）从微观层面看，排污权交易制度是引导企业通过自主行为选择来[ma]实现大气污染治理的长效机制。

（7）近期，第一轮中央环境保护督察整改情况"回头看"陆续启动，生态环境部制定了《禁止环保"一刀切"工作意见》，防止一些地方在督察进驻期间不分青红皂白[ma]地实施集中停工停业停产行为。

（8）应积极[ma]打造排污权交易制度有效发挥作用的外部环境，创新激励机制。

（9）借助中央环保督察，这些年社会监督也积极[ma]跟进，不断彰显环保法规钢牙利齿的威力，让违法排污成了人人喊打的过街老鼠。

（10）在这种情况下，临汾市环保局原局长铤而走险，打起了歪主意，有组织、有预谋地[ma]干扰监测数据，性质恶劣。

（11）补贴是为了推动技术进步，给予吃螃蟹者以勇气，以让社会分摊成本的方式[ma]鼓励创新创业，培育新兴行业。

（12）各地纷纷重拳[ma]出击治理环境污染。

（13）国家建立重点野生动物/植物保护名录，就是为了通过法律手段[ma]，加强对珍贵、濒危的野生动植物的重点保护。

（14）人们应当选择低碳[ma]出行，优先步行、骑行或公共交通[ma]出行。

（15）盲目希望**依托**长江"黄金水道"[ma]搞开发。

（16）提出"**用**最严格制度最严密法治[ma]保护生态环境"。

（17）除了发现具体问题外，对相关负责人进行约谈，其实也是**以**实际行动[ma]提升各级政府在环保治理上的认识和重视程度，倒逼环保观念的进步。

（18）除了在快递盒上做文章外，有电商推出了循环包装袋，这种包装袋**以**抽拉绳[ma]密封，包装袋由配送员回收，返回仓储再次打包使用。

（19）**通过**排污权抵押贷款、创新交易方式等**手段**，[ma]激发企业主动治污减排。

（20）以中华优秀传统文化[ma]涵养家风，以良好家风[ma]助力作风建设。

（21）治标不治本的措施，是不会长久有效的，**靠**这些措施，[ma]显然打不好污染防治攻坚战。

上述例句中，方式关系中方式概念的语义特征包括"自足""动态""关系"。当方式概念指的是动作或者事件进行的工具时，该方式概念指称的事物是独立存在的，具有位移性，其语义特征是自足的。当方式概念指动作或者事件进行的方式时，方式概念总是相对于某个行为或动作，自身没有表述性，其语义特征是不自足的。方式概念指向某个动作，方式义与动作紧密联系，具有动态性。从句法上看，方式概念表达式经常做句子的方式状语，通常为副词和介词引导的名词短语。如果是副词做方式状语时，通常有词语标记"地"，或者是缺省了"地"，但是能够添加"地"，而不改变原意。引导名词短语做方式状语的词汇标记主要有以、以……的方式、通过、通过……手段、靠、靠……的方式、用、依托。

4.2.1.9 相关关系

相关关系（RELATION-OF，标识为[re]）：包括一系列明显、具体、不必建立分离连线的概念之间形成的关系结构，例如：某某的父亲、某某的丈夫、某某的老板。这种关系标识在语义网络的早期研究中（Brachman，1979）被过度使用。在本研究的分析语料中，我们发现相关关系主要出现在领属结构中。

例4.15

（1）公信力是民间环保[re]生命、民间环保[re]力量。

（2）中央环保督察成为破解环保领域阳奉阴违问题的利器，不断彰显环保法规<u>钢牙利齿</u>[re]<u>的</u><u>威力</u>，让违法排污成了人人喊打的过街老鼠。

（3）针对环保人士雷萍因曝光污染被广东信宜有关方面拘留一事，<u>生态环境部</u>[re]<u>新闻发言人</u>刘友宾在新闻发布会上表示，中国的环保社会组织还处在培育、发展阶段，专业化水平还不太高，力量还不够强大。

（4）本书开头这位<u>企业</u>[re]<u>老板</u>向大家算了"两笔账"。

（5）据<u>生态环境部</u>[re]<u>网站</u>[re]<u>消息</u>，中央第五环保督察组进驻广西开展"回头看"不久即收到<u>群众</u>[re]<u>举报</u>。

（6）我们必须拿出"啃硬骨头"的决心和韧劲，激发"久久为功"的责任心和使命感，以政府主导、企业担责、公众参与、社会监督<u>的</u>[re]<u>土壤污染防治体系</u>，严控新增污染、逐步减少存量，争取如期实现全国土壤污染防治目标。

（7）应看到，当前的土壤污染形势，是<u>多年积累</u><u>的</u>[re]<u>结果</u>，同时也是<u>粗放式发展的</u>[re]<u>恶果</u>。

（8）保护生态环境是重大政治问题，也是关系<u>民生</u>[re]<u>的</u>重大社会[re]<u>问题</u>。

（9）也正因此，2020年湖体水质达到Ⅲ类水质标准，全面推进农业面源污染防治、深入开展城乡生活污染治理、集中整治工业污染，<u>这些重点任务能不能完成</u>，不仅决定了<u>这方水土的</u>[re]<u>发展质量</u>，也<u>关系着</u>[re]<u>长江之病能否得到尽快缓解</u>。

（10）自觉不触碰生态环境保护高压线，处理好生态环境保护与经济发展的关系，才能迎来<u>人与自然和谐共生</u><u>的</u>崭新[re]<u>局面</u>。

（11）<u>环保系统的</u>[re]<u>领导干部</u>一定要正确认识管好自己与带好队伍的[re]<u>关系</u>，自觉从我做起，用实际行动让干部群众感受到<u>理想信念和高尚人格的</u>[re]<u>强大力量</u>，发挥好"头雁效应"。

（12）<u>秸秆</u>[re]<u>焚烧</u>是<u>大气</u>[re]<u>污染</u>的重要来源，也是不少（<u>地方</u>[re]<u>环保</u>[re]<u>整治</u>）[re]<u>工作</u>的重点。

（13）<u>生态环境部的</u>[re]<u>表态</u>正呼应了<u>民众</u>[re]<u>关切</u>。

（14）无论是经济发展过程中的环境保护，还是以督察风暴为<u>标志</u>[re]<u>环保执法</u>，都是一场持久战、攻坚战，也都需要咬紧牙关、爬过坡迈过坎。

[re]标识前后画线部分的两个名词所表达的概念之间具有相关关系。在语义方面，有些相关关系表示概念之间的领有关系，如上例中的"<u>环保</u>[re]<u>生命</u>""<u>环保</u>[re]<u>力量</u>""<u>钢牙利齿</u>[re]<u>的威力</u>""<u>信宜</u>[re]<u>有关方面</u>""<u>环境部</u>[re]<u>新闻发言人</u>""<u>企业</u>[re]<u>老板</u>""<u>生态环境部</u>[re]<u>网站</u>"。有些相关关系表示一个概念实体是另一个概念实体的某个方面，例如：<u>生态</u>[re]<u>环境</u>。具有相关关系的言语表达式大多为名词或名词词组，句法结构多为"名词+名词"的并列结构，两个名词或者名词词组之间没有连接的标记词汇，或者名词之间有助词"的"作为词汇标记，如例4.15（2）中"<u>钢牙利齿</u>[re]<u>的威力</u>"。当语篇直接表达两个事物之间具有某种关系时，本书也把这两个事物概念之间的关系确定为相关关系，如例4.15（8）和例4.15（9）。词汇标记常为：关系着、……和……的关系、以……为标志的。本书认为，当两个概念之间具有相关关系时，不论是否有词汇标记，都能够把它们阐释为"一个概念与另一个概念是相关的"。例如："环保生命"可以阐释为"生命是和环保相关的"。

4.2.1.10 属性关系

属性关系（ATTRIBUTE-OF，标识为[at]）：某一实体具有的特征性的、内在的、固有的条件，该实体与这些特征和条件之间形成属性关系结构。本书把在特定条件下事物及其所具有的明显外部特征概念之间建立的关系也归为属性关系。

例4.16

（1）这给更多企业带来<u>重要</u>[at]<u>启示</u>。

（2）<u>实事求是</u>[at]<u>的态度</u>和<u>严谨</u>[at]<u>的专业素质</u>。

（3）<u>宝贵</u>[at]<u>的一课</u>。

（4）<u>强大</u>[at]<u>的生态环境同盟军</u>。

（5）<u>普通</u>[at]<u>民众</u>的关注点从来不在形式。

（6）<u>创新绿色</u>[at]<u>发展</u>。

（7）这几家企业<u>刺激性</u>[at]<u>废气</u>的防治。

（8）可另一方面也要看到，补贴政策对公共财政形成了比较大的压力，这种强度和<u>普惠式</u>[at]<u>的补贴方式</u>本身就难以为继，调整是<u>迟早的</u>[at]<u>事</u>。

（9）本该是<u>技术密集型</u>[at]<u>的行业</u>却成了<u>低技术含量</u>[at]<u>的行业</u>，拼凑一个车型就能拿补贴，看起来市场百花齐放，车型多得让人眼花缭乱，但较起真来，盘点一下技术进步、国际竞争力，恐怕很多企业连门槛都没摸着。

（10）补贴扭曲了市场，造成了<u>虚假</u>[at]的<u>繁荣</u>，也一定程度上导致了投资过热。

（11）对各地的环保治理进行"回头看"重点督察，既能巩固已经取得的成绩，也能有效传递<u>持之以恒</u>[at]的<u>治理决心</u>，为前期的治理势头再加把火，让那些"缓一缓""松松劲"的念头趁早死心，将环保工作推向一个<u>新</u>[at]<u>阶段</u>。

（12）这些绿色仓库，使用的都是<u>免胶带</u>[at]的<u>快递箱</u>和<u>100%可降解</u>[at]<u>的快递袋</u>。

（13）习近平总书记深刻指出："如果经济发展了，但生态破坏了、环境恶化了，大家整天生活在雾霾中，吃不到<u>安全</u>[at]的<u>食品</u>，喝不到<u>洁净</u>[at]的<u>水</u>，呼吸不到<u>新鲜</u>[at]的<u>空气</u>，居住不到<u>宜居</u>[at]的<u>环境</u>，那样的小康、那样的现代化不是人民希望的。"

（14）党的十八大以来，我们开展了一系列<u>根本性、开创性、长远性</u>[at]<u>工作</u>，推动生态环境保护发生<u>历史性、转折性、全局性</u>[at]<u>变化</u>。

（15）习近平总书记在全国生态环境保护大会上强调，"让制度成为<u>刚性</u>[at]的<u>约束</u>和<u>不可触碰</u>[at]的<u>高压线</u>"。

（16）既有<u>严格</u>[at]<u>制度</u>、<u>严密</u>[at]<u>法治</u>，又有<u>刚性</u>[at]<u>执行</u>、<u>有力</u>[at]<u>实施</u>，真正让破坏生态环境的行为无处藏身，为生态文明建设提供<u>良好</u>[at]的<u>制度环境</u>。

（17）灰褐色的工地与周边山水形成鲜明对比，如同一块<u>巨大</u>[at]的<u>伤疤</u>。

[at]标识前面的表示特征的概念与后面的实体概念构成属性关系。具有属性关系的语言表达式多为名词词组，表示属性的词语多为修饰概念实体的性质形容词或者区别词。性质形容词大多可以受程度副词"很""太"等修饰，如例4.16（1）至例4.16（5）中的"重要""实事求是""严谨""宝贵""强大""普通"。例4.16（4）至例4.16（11）中的"绿色""刺激性""生态""环保"是区别词，作为定语，修饰后面的名词。它们一般直接修饰名词，是无标记的，不受副词修饰，前面不能用"不"来否定，也不能加"很""非常"之类的程度副词（刘庆伟，2009；齐沪扬，1990）。属性关系的词语标记一般为"的"。在缺省词语标记的属性关系中，往往可以加上"的"，而不会改变

表达式的意义。如例4.16（1）中的"重要[at]启示"，可以加上"的"，变成"重要的启示"。从句法形式上来看，属性关系的结构与相关关系的结构比较相似，但是对于属性关系来说，我们不能把一个概念阐释为与另一个概念相关，例如"洁净的水"，不能被阐释为水与洁净相关，在句子语境下，应该理解为洁净是水的一个特征。

4.2.1.11 物质构成关系

物质构成关系（SUBSTANCE-OF，标识为[su]）：实体和组成成分之间形成的关系结构。实体一般是由特定的物质所构成，实体本身与其物质构成形成了物质构成关系，如汽车—钢铁、弗雷德—组织、玉米面—窝头等。

例4.17

（1）共享快递盒产品也将持续升级，除了标准款和方便携带的可折叠款两种型号，采用<u>新型**材质**[su]</u>，更轻便、环保、耐摔**的**<u>共享快递盒</u>也在加紧研发中。

（2）如购物自带环保袋少用<u>塑料</u>[su]<u>包装袋</u>，不买**含**<u>聚乙烯</u>等<u>成分</u>[su]的<u>洗化品</u>等。

在例4.15中，"新型材质"与"共享快递盒"，"塑料"与"包装袋"，"含聚乙烯"与"洗化品"之间建立了物质构成关系。构成成分概念的语义特征是自立性、位移性和变化性。变化性指的是物质经过某种过程能够构成另一种实体。物质构成关系中，实体和构成成分的言语表达式大多为名词，其词汇标记为：……材质的……、含……成分的……。在有些物质构成关系中，并没有明显的词汇标记；在句法形式上，与相关关系和属性关系比较接近，表示物质成分的名词在前，随后是实体名词。在本书的研究语料中，语篇世界中的物质构成关系比较少。

4.2.1.12 数量关系

数量关系（QUANTITY-OF，标识为[qu]）：实体与数量、范围、规模、计量单位之间的关系结构。

例4.18

（1）31万字，单就字数而言，已是<u>一部</u>[qu]<u>长篇小说</u>。

（2）此番<u>31万字</u>[qu]的<u>整改方案</u>切勿成为<u>一张张</u>[qu]"<u>空头支票</u>"。

（3）类似雷萍这样的<u>环保志愿者</u>**有**[qu]<u>很多</u>。

（4）地方政府整改方案字数[qu]多与少不重要。

（5）不需一一[qu]举例了。

（6）各地纷纷[qu]重拳出击治理环境污染，一道道[qu]限期整改令给治污戴上"紧箍咒"。

（7）反映北海市北海诚德镍业有限公司200万吨[qu]冶炼废渣堆填铁山港，占用海滩面积[qu]超400亩，严重污染环境。

（8）从江西南昌市被通报的几家[qu]企业看，这几家[qu]企业刺激性废气的防治，技术上不难实现，也不需要花费很长[qu]时间。

（9）某些[qu]地方两次[qu]被约谈。

（10）湖南省花垣县素有"东方锰都""有色金属之乡"的美誉，分布着数十座[qu]大大小小的尾矿库。

（11）此次政策调整一方面取消了续航里程[qu]150公里以内的补贴，又降低了300公里以内的补贴，另一方面又提高了续航里程[qu]300～400公里及400公里以上车型的补贴，分别上调[qu]2%～14%不等，充分说明了政策的导向作用。

（12）要积极回应人民群众所急、所想、所盼，提供更多[qu]优质生态产品，不断满足人民群众日益增长[qu]的优美生态环境需要。

（13）这不仅可以有效降低污染治理的社会成本、激励企业技术创新，还可以大幅[qu]提高资源配置效率与污染防治效果，实现经济与环境可持续发展。

（14）今后决定子孙命运的，肯定不是我们现在为后人建了多少[qu]工程，架了多少[qu]桥梁，盖了多少[qu]房屋，留下了多少[qu]物质财富，而是能否为后人留下足够[qu]的生态养育的空间。

（15）应加快[qu]完善排污权交易主体资格、初始分配制度、价格形成机制，不断[qu]拓宽排污权交易主体范围，提高排污权初始分配的效率与公平性，完善排污权交易价格市场形成机制，推进排污权交易二级市场制度建设。

当实体是物体的时候，与其建立数量关系的大多是数量或者计量单位概念，用数词、量词、数词+量词、不定量词、数量叠词、表示数量的形容词来表示，如：一道道、200万吨、一部、一段、多与少、足够、多少、日益增长的、更多、某些、一部、一张张、31万字、几家、很多、300～400公里、

2%～14%、更多等。从句法层面上看，表示数量关系的句子结构为数词/数量词/数量词叠用+名词、名词+数量词/表示数量的形容词。当实体为动作概念的时候，与其建立数量关系的是动作的频度或程度，用数量词、程度副词来表示，做谓语动词的状语或补语，例如：纷纷、重点、加速、一一、频繁、完全、不断、时刻、无限、往往等。数量关系通常没有程序词汇标记，少数数量关系中有程序词汇标记"的"，如例4.18（12）。

4.2.1.13 组成部分关系

组成部分关系（PART-OF，标识为[pa]）：实体与其构成部分或片段之间形成的关系结构，如桌子和桌腿、树和树枝之间的关系。

例4.19

（1）这种简单粗暴"一刀切"的做法，不仅会给企业造成不必要的损失，也会影响<u>产业链</u>上下游的协同发展。比如在建材业，如果[pa]<u>中游</u>的石材企业突然被关停，就可能殃及[pa]<u>上游</u>的刀具企业稳定接单，[pa]<u>下游</u>的建筑业采购也会遭遇价格异动。

（2）从<u>江西</u>[pa]<u>南昌市</u>，这几家企业刺激性废气的防治，技术上不难实现，也不需要花费很长时间。

（3）<u>环境保护</u>的[pa]<u>第一线</u>。

（4）让<u>环保</u>的[pa]<u>利齿</u>更锋利些。

（5）<u>湖州</u>[pa]的生动实践，是<u>中国</u>坚持绿色发展、建设生态文明的一个缩影。<u>陕西</u>[pa]<u>延安</u>持续退耕还林，创造了山川大地由黄变绿的奇迹；<u>山西</u>[pa]<u>右玉</u>不懈造林治沙，探索出北方生态脆弱地区和贫困落后地区的绿色发展之路；<u>新疆</u>[pa]<u>阿克苏</u>在昔日亘古荒原上建成一道绿色长城；<u>内蒙古</u>[pa]<u>库布其</u>把千年荒芜、寸草不生的沙漠变成无垠的绿洲。

（6）此次国务院督查组在<u>贵州省</u>[pa]<u>遵义</u>的暗访表明，当地"放管服"改革的落实工作不容乐观。

能够形成组成部分关系的实体一般具有整体性和结构性。如例4.19（1）中的产业链分为上游、中游和下游；例4.19（2）中的"江西"和"南昌"之间建立了组成部分关系；例4.19（3）中的"环境保护"作为了一个整体，"第一线"是其中的一个部分；例4.19（4）中的"环保"被隐喻成"人"，"利齿"是"人"的一部分；例4.19（5）中各省及其地区之间的关系。在语篇世界中，当实体构成部分的概念被激活，就会同时激活该部分与其整体之间的组成部分关系。从语义特征来看，有些组成部分关系为领属关系，如例4.19（3）、例4.19（4）中的"环境保护的[pa]第一线""环保的[pa]利齿"，句法上使用的"N+的+N"结构，其程序性词汇标记为"的"。例4.19（2）表示处所、位置，运用了"N+N"的并列结构。

4.2.1.14 容纳关系

容纳关系（CONTAINMENT-OF，标识为[co]）：一个实体容纳另一个实体，两个实体之间便建立了容纳关系结构，例如：坐在汽车里的Fred、Fred喝了啤酒。例句中汽车和Fred、Fred和啤酒分别构成容纳关系。

例4.20

（1）快递包装中[co]的填充物、胶带等塑料成分，其回收率几乎为零。

（2）各地环保工作中[co]的"假装整改"、不作为的现象，并非个案。

（3）根据公安部的要求，各地纷纷对所辖车管所工作中[co]的不足进行梳理和改进。

在例4.18中，"快递包装"与"塑料成分"、"各地环保工作"与"假装整改、不作为的现象"构成容纳关系。在容纳关系中，实体概念的语义特征主要是自立性，实体概念的言语表达式大多为名词。表达容纳概念的名词一般会加上"中"等程序性词汇标记。容纳关系和位置关系在句法表现形式上比较类似，一般都为"……中的……"结构。但是，容纳关系是建立在实体之间的关系，一个实体被包含在另一个实体之间，形成容纳关系；位置关系是建立在位置概念和事件、行为之间的关系。在本书的研究语料中，语篇世界中的容纳关系并不多见。

4.2.2 关于人类经验的概念—关系

4.2.2.1 因果关系

因果关系（CAUSE-OF，标识为[ca]）：如果事件一（E1）是事件二（E2）的必要条件或者充分条件，或者事件二（E2）的施事对事件一（E1）作出合理反应，那么事件一是事件二的原因，两个事件之间形成了因果关系结构，例如：伤害和疼痛、盗窃和丢失、伤害和焦虑、幸运和幸福之间的因果关系。

例4.21

（1）（E1）生态环境的破坏导致了[ca]（E2）人们生活质量的下降。

（2）（E1）唯有保护好他们，[ca]才能（E2）保护好公众的知情权。

（3）（E1）正确理解产业转型与经济增长的关系，[ca]才能（E2）获得可持续发展空间。

（4）（E1）（政府）不仅要能主动履职，（政府）而且还要（E1）能履好职，如此，[ca]（E2）（政府）方能争取民意，（E2）（政府）赢得民心。

（5）正是因出于（E1）内心的焦虑和急切，加之（E1）知识壁垒、（E1）信息获取也不够完全，[ca]导致（E2）有些人在与污染的抗争中有时会出现瑕疵甚至错误。

（6）（E1）考核办法不科学，（E1）考核失之于宽失之于软，[ca]导致（E2）党政领导责任压力传导层层递减。

（7）只有（E1）对这些问题给予及时治理、有效治理，[ca]（E2）"垃圾围城""污染下乡"才不会成为困扰城乡发展的痛点。

（8）（E2）两年过去了仍未有效整改，唯一说得通的理由，[ca]（E1）就是相关监管部门的不作为。

（9）一些企业误认为，"除旧布新"会增加生产成本（E1），[ca]（企业）怕拆拒改（E2），瞻前顾后（E2），顾虑重重（E2），不愿割掉自己身上的"肉"（E2）。

（10）（E1）只有坚持全面从严治党，把党建设好、建设强，[ca]（E2）我们党才能带领人民有效应对重大挑战、抵御重大风险、克服重大阻力、解决重大矛盾，不断从胜利走向新的更大的胜利。

（11）（E1）有了共识才[ca]（E2）有共同行动的基础，[ca]（E2）才有推动行动的合力。

（12）（E1）政府不仅要担负起自身责任，（E1）更为重要的是促进民众形成垃圾分类的意识，养成不乱扔垃圾的良好生活习惯。[ca]因此，（E2）应该来一场垃圾分类的全民教育，（E2）培养民众垃圾分类的意识。

（13）（E1）但由于空气质量监测站上收之前数据存在水分等问题，[ca]（E2）2017年上半年临汾空气质量监测数据显示，污染物浓度出现了不降反升的现象。

（14）（E1）保护好土壤环境[ca]才能（E2）有效维护国家生态安全。

（15）党的十八大以来，生态环境保护的顶层设计不少，制度安排很多，

（E2）能不能真见效，关键**在于**[ca]（E1）真抓、严管。

（16）（E2）打破"唯GDP考核"[pu]，（E1）就必须推行绿色绩效考核。

处于因果关系的两个事件构成了致使情境，一个事件是致使事件，另一个是被使事件，两个事件具有作用和效应一致性。因果关系既可以出现在单句中，如例4.21（1）、4.21（14），又可以出现在复句中，如例4.21（2）至例4.21（13），因果关系在复句中的出现频率要高于单句。在上例中，[ca]标识前面和后面的事件构成了因果关系。前面的事件多为致使事件，后面的事件多为被使事件。因果关系的语言表达式结构和程序性词汇标记有才……、……方能……、正是因……，导致……、唯有……才能……、只有……才……、……一定、因……、由于……、就……、所以……、因为……而……、如果……就……、因此、……和……有关、唯一说得通的理由是……、……在于……，等等。大多数的因果关系有词汇标识，但是也有一些隐含的因果关系，如例4.21（9）中的事件一和事件二之间的因果关系。但是和具有词语标识的因果关系相比，这种隐性因果关系并不明确。本书在构建语篇语义网络的过程中，只标注具有明显的词汇标识的因果关系。出现在复句中的因果关系，大多为多个事件一（E1）或者事件二（E2）并列出现，如例4.21（12）中，并列出现两个E1，同时并列出现了两个E2。通过语料分析，本书发现新闻评论语篇中出现的因果关系比较多，这与新闻评论语篇的体裁特征有关。

4.2.2.2 目的关系

目的关系（PURPOSE-OF，标识为[pu]）：如果事件一（E1）的施事者有一个计划，期待事件一能够促成事件二（E2）的实现，那么，事件二是事件一的目的，两个事件之间形成了目的关系结构。

例4.22

（1）习近平总书记**为**（E2）改善农村环境、建设美丽乡村 [pu]（E1）（习近平总书记）提出了新要求，（习近平总书记）**为**（E2）留住美景和乡愁、（E2）建成美丽中国[pu]（E1）（习近平总书记）描绘了新愿景。

（2）（E2）**为**老百姓留住鸟语花香田园风光 [pu]，（E1）必须以问题为聚焦，（E1）切实解决影响农村生态环境的突出问题。

（3）**要想**（E2）取得新突破，[pu]**就必须**（E1）荡涤不实之风，就必须

（E1）优胜劣汰。

（4）（E2）培养垃圾分类的意识，[pu]（E1）应该鼓励民众积极参与到垃圾分类实践中。

（5）（E1）进行一场垃圾分类的全民教育，[pu]目的是（E2）在全社会取得支持垃圾分类的共识。

（6）我们必须坚持弘扬"两山论"，牢固树立社会主义生态文明观，像保护眼睛一样保护生态环境，像对待生命一样对待生态环境，着力解决突出环境问题，加快形成绿色发展方式和生活方式，推动形成人与自然和谐发展现代化建设新格局，（E1）为保护生态环境[pu]（E2）作出我们这代人的努力。

（7）要想（E1）使行为规范变成每个公民的自觉行动，在机关单位，[pu]（E2）各级公务人员要带头依照规范去做。

[pu]标识前后的事件一和事件二构成了目的关系，事件一的施事者采取了某种行为，行为的动机和意图在于实现事件二。一般情况下，表示目的的事件二放在事件一的前面，凸显事件的目的性。在研究语料中，概念间的目的关系存在着多种情况：一个事件一与一个事件二的目的关系，如例4.22（4）至例4.22（7）；多个事件二与多个事件一之间的目的关系，如例4.22（1）；一个事件二与多个事件一之间的目的关系，如例4.22（2）、例4.22（3）。目的关系的词汇标识有为了……；……，就必须……；为……，必须……；要想……，就……等；事件一中通常出现情态助动词。对于具有程序性标记词汇"要想……，就……"的句子，虽然两个事件之间也具有一定程度的因果关系，但是考虑到"要想"强调的是目的，因此本书将其归为目的关系。

4.2.2.3 感知关系

感知关系（APPERCEPTION-OF，标识为[ap]）：具有感知能力的实体与通过感觉器官获得知识的操作之间建立的感知关系结构。人体的感觉器官包括眼、耳、鼻、舌、皮肤等。人们运用感觉器官来感知外部世界，获得知识。在感知关系中，表达感知操作的言语表达式主要是感知动词。感知动词根据所依赖的感觉器官分为五类：一是依靠视觉器官，如看着、看到、看见、瞅到、观察等；二是依靠听觉器官，如听到、听出、听者、耳闻等；三是依靠嗅觉器官，如闻出、嗅出、闻见、嗅到等；四是依靠味觉器官，如尝出、尝一尝、品尝等；五是一般感觉和察觉，如觉着、觉得、感觉、感到、注意到、觉察到、察觉、发觉、发现等。感知动词具有当下性和亲证性。当下性指的是感知主体与对象当下面对，亲证性指的是感知行为与外部事态同时发生（张新华，2015）。

例4.23

（1）（我们）[ap]放眼广阔大地，跨越千山万水，美丽乡村建设一定会成为不断满足人民对美好生活向往的新诠释。

（2）（我们）应该[ap]看到，这种挂钩，本已初见"大模样"。

（3）制药厂[ap]觉得除臭装置碍事就把管道切断。

（4）对（我们）[ap]发现的生态环境问题，"整改"必须是"真改"。

（5）近期的中央环保督察组回头看，就[ap]发现了大量"假装整改"的问题。

（6）督察组专赴北海市检查[ap]发现：环境状况触目惊心。

（7）弘扬"两山论"，走向生态文明新时代，让老百姓呼吸上新鲜的空气、喝上干净的水、吃上放心的食物、生活在宜居的环境中、切实[ap]感受到经济发展带来的实实在在的环境效益。

（8）（我们）同时也应[ap]看到，试点阶段形成的排污权交易制度还存在一些缺陷：政府决定的交易价格不一定能及时反映市场供需与竞争状况，排污权无法在省际进行交易导致缺乏统一有效的全国市场，中介公司、环保组织和个人投资者不能参与排污权交易等。

（9）笔者曾不止一次[ap]听到企业吐槽，能上的环保设备企业都上了，可是只要环保督察一来，就会遭遇突然停电停产，对于停产的经济损失和信誉损失却没人过问，这种做法让企业缺乏生产经营的安全感。

（10）短短几天之内，派往各地的督查组就[ap]发现了诸多民生问题，并已着手大力推动一些老大难问题的解决。

（11）中央环保督察组近日突击检查北方某县垃圾处理场[ap]看到，污染防治设施正在运转，运行记录工整齐全，但在控制设备间[ap]发现，虽然机器不停运转，但流量计始终显示为0，既没有出水也没有进水。

在感知关系中，感知的主体具有独立性，动作具有感知性，由感知动词来体现。感知行为触发被感知的物体、事物，或者状况（如例中的"广阔大地""生态环境问题"）、情景（如例中的"除臭装置碍事""环境状况触目惊心"）、事件（如例中的"假装整改"）。在句子层面上，感知关系一般由动词谓语句来表达，感知实体在句子中做主语，被感知的对象做宾语或宾语从句。例4.23（4）中的"生态环境问题"是被感知的对象，作为中心语，由"发现的"来修饰。例4.23（1）和例4.23（3）中的感知实体语言表达式被省略。

4.2.2.4 认知关系

认知关系（COGNITION-OF，标识为[cg]）：具有认知能力的实体与认知操作之间建立的关系结构，例如：爱因斯坦—想象、Schank—认为。模拟的认知行为同样属于此类认知关系，例如：机器人"小冰"—计算。认知是人脑中的有意识的心智活动，是通过思维、理解、记忆、学习、推理等方式获取、加工并使用知识的信息处理过程。认知关系中的认知操作主要指的是对所获得的信息进行推理、判断、记忆、提取。

例4.24

（1）对<u>地方管理者</u>来说，正确[cg]<u>理解</u>产业转型与经济增长的关系，才能获得可持续发展空间。

（2）<u>排污企业</u>自[cg]<u>知</u>理亏。

（3）<u>你</u>要是[cg]<u>以为</u>敢这么做的只有北海一地，那就大错特错了。

（4）<u>我们</u>[cg]<u>认为</u>，对环保社会组织和志愿者要多一些理解和包容。

（5）（<u>我们</u>）很难[cg]<u>想象</u>这样的事情，是发生在环保督察利剑所向披靡的今天。

（6）在近日召开的江苏省太湖水污染治理工作会议上，省委书记<u>李源潮</u>如此[cg]<u>评断</u>太湖蓝藻事件："无论经济怎样繁荣发达，如果不能让老百姓饮用干净的水，人民群众就不会认可我们的全面小康模式，江苏全面小康的成果就会被颠覆。"

（7）<u>有人</u>[cg]<u>认为</u>，用不用一次性物品、骑不骑自行车出行、空调开多少度，都是个人的私事，与别人无关。

（8）展望2049年，武汉的人口数量将大大增加，经济总量将成倍增长，（<u>我们</u>）可以[cg]<u>预测</u>，我们对自然的介入、对生态的介入、对江河湖泊的介入，会越来越深，城市面临的生态问题会越来越严重。

（9）有<u>专家</u>[cg]<u>估算</u>，平均到每一个中国人，每年会分摊到2.67公斤农药。也有资料说明，农药仅有0.1%左右可以作用于目标病虫，99.9%的农药则进入生态系统，通过食物链，有些农药最终进入人类身体。

（10）根据权威机构[cg]测算，农村污水治理市场是一片"蓝海"，以达到60%处理率的目标计算，后"十三五"时期预计市场空间也有1200亿元。

（11）培养垃圾分类的意识，首先应该让民众学会[cg]辨别垃圾。培养垃圾分类的意识，应该让民众[cg]认识并享受到垃圾分类的好处。

（12）但仅靠摄像头无法监控所有区域，一些难以顾及的盲区，还得依靠干部实地[cg]巡查。

例4.24中，认知主体"地方管理者""排污企业""你""我们"与认知操作"理解""知""以为""认为""认识""测算""想象"建立了认知关系。汉语新闻评论语篇中的认知主体往往省略，或者以其他概念来替代认知主体，如例4.24（5）中的认知主体被省略。表示认知操作概念的言语表达式大多是认知动词，如理解、以为、认为、证明、说明、估算、预测、测算。认知动词的语义特征是[+认知]和[+反映视域]。反映视域指的是认知反映的内容或范围。从句法层面上来看，包含认知关系的句子结构为"S1+V+(N)+S2+VP+N"，S1表示全句主语，V是由认知动词担任的全句谓语，S2表示V后面小句的主语，VP表示S2的谓语，N表示V后的体词性成分（张明辉，2011）。根据语料分析，本书认为除了"S1+V+(N)+S2+VP+N"结构外，认知关系也出现在"S1+VP+N"结构中，N是由名词担当的宾语，做认知行为的反映视域。认知关系是否存在关键在，于是否使用了认知动词。

4.2.2.5 交际关系

交际关系（COMMUNICATION-OF，标识为[cm]）：交际实体与表达或传递信息的行为之间的关系结构，例如：弗雷德和说，诺姆和宣称。

例4.25

（1）诚意再满（政府）也得用行动[cm]说话、（政府）用效果[cm]答复。

（2）该群众[cm]反映北海市北海诚德镍业有限公司200万吨冶炼废渣堆填铁山港；公司在2016年7月第一轮中央环保督察期间也因环境污染问题被群众[cm]举报。

（3）政府部门也高调[cm]宣称要大力整治。

（4）但北海市核查后[cm]回复督察组：该公司手续齐全。

（5）名录可以常常[cm]提醒民众如何去做。

（6）习近平同志[cm]指出：要加强生态文明宣传教育，增强全民节约意识、环保意识、生态意识，营造爱护生态环境的良好风气。

（7）最新的报道[cm]称，就单个家庭而言，关灯一小时节约的电能占一年耗电量的比例非常有限。

（8）据新华社[cm]报道，全国人大环资委副主任委员袁驷12日在十三届全国人大一次会议记者会上[cm]表示，全国人大常委会开展对大气污染防治的监督工作，一个突出特点就是坚持发扬钉钉子精神，一直钉到底。

（9）无论是全面从严治党还是部署各项工作，习近平同志一再[cm]强调"关键少数"的示范带动作用。

（10）习近平同志[cm]指出，监督的出发点是爱护，是对干部负责，防止干部从小错到大错、从量变到质变，在错误的道路上越滑越远。

（11）环卫工苦恼地[cm]说，前一秒刚打扫完，下一秒就有人往地上随手扔烟头，真是防不胜防。

（12）最近，一些基层环保工作人员[cm]反映，当前人手紧张，工作艰苦，"压力山大"，经常超负荷运转。

（13）近期，住房和城乡建设部召开新闻发布会，重点[cm]介绍了城市生活垃圾分类工作进展情况。

（14）去年，无锡市副市长麻建国就曾[cm]坦承，作为"苏南模式"开创者之一的无锡，其未来的5年规划，都"建立在对过去发展所导致的严重污染痛定思痛的基础上"，而"自然环境的恶化是我们发展导致的后遗症"。

包含交际关系的交际事件一般由交际主体、交际对象、交际行为和交际内容构成。其中，交际主体和交际行为为必要部分，而交际对象和交际内容显性或隐性地存在于上下文语境中。例句4.25（1）包括交际主体和交际行为，例句4.25（2）、例句4.25（3）包括交际主体、交际行为和交际内容，例4.25（4）和例4.25（5）包括交际主体、交际行为、交际对象和交际内容。从语义特征来看，交际主体是"人"，或者[+人]特征隐含在主语中，由指人的名词或代词做句子的主语，如例4.25中的人物、组织或机构名称："政府""中央环保督察组""刘友宾"等；例4.25（5）中的"名录"隐含着制定"名录"的人或机构。交际行为由言语动词来表示，言语动词描写的是一种动作行为，而不是变化或属性（王莹，2005）。言语动词的语义特征包括[+行为][+述人][+自主][+言语]，如例4.25中的言语动词：说话、答复、宣称、提醒、指出、表示、举报、反映。王莹（2005）提出了言语动词格式："V道/说"和"V+O +道/说"。能够进入此格式中的动词为言语动词，如：说、嚷、骂、念、读、教、嘱咐、反驳、建议、请示、交代、批评、保证等。在句子中，言语动词可以是零宾语，可以带名词或小句做受事宾语、可以带对象宾语或者谓词性宾语。另外，语篇中有一些话语标记语，如：必须[cm]指出的是、从这意义上[cm]说、用事实[cm]说明，它们通过使用言语动词，也包含了交际关系。

4.2.2.6 拥有关系

拥有关系（POSSESSION-OF，标识为[po]）：当感知实体被认为拥有其他实体的时候，那么感知实体和这个实体之间建立了拥有关系。例如：弗雷德—有。拥有关系包括四类算子：起始（initiation）、进入（entry）、结束（termination）和退出（exit）。例如："给予"是拥有关系的开始，"购买"是进入拥有关系，"拿走"是结束拥有关系，"出售"是拥有关系的退出。下面的例子中，如果涉及拥有关系的算子，本书用相应的英文字母表示。

例4.26

（1）企业[po]**有**问题当作没问题。

（2）地方管理者也要[po]**具备**远见卓识，积极淘汰落后产能与夕阳产业。

（3）企业[po]**赢**得了更多世界500强、行业前十强等高端客户的尊重。

（4）"地球一小时"带来的电网负荷影响非常有限，加之电网**具备**[po]一定的调节能力，"地球一小时"的影响基本可以忽略不计。

（5）乡村振兴的过程让群众参与、效果让群众检验、成效让群众受益，让广大农民[po]在乡村振兴中**有**更多获得感、幸福感。

（6）生态环境没**有**[po]替代品，损害容易，恢复困难。

（7）我们应该[po]**有**消除沙患的信念和信心，但也要牢固树立尊重自然、顺应自然、保护自然的生态文明理念，讲科学，不蛮干。

（8）保护土壤生态环境，促进土壤资源永续利用，[po]**有**且仅有一条路，就是推动形成绿色发展方式和生活方式，从根本上减少工矿、农业、生活污染。

（9）应看到，土壤污染处于"末端污染"，相较大气和水污染，[po]**具有**累积性、不均匀性等特点，容易污染却又不易发现，长期存在却又不易治理。

（10）<u>我们</u>必须深刻**把握**[po]<u>山水林田湖草</u>是<u>生命共同体</u>的系统思想，全面贯彻生态优先、绿色发展的重要理念，以发展观的深刻革命，提高生态环境保护工作的科学性、有效性，推动形成包括土壤在内的生态环境休养生息的良性循环。

（11）<u>中国电动车市场</u>[po]**能有**<u>如今的规模和成就</u>，<u>电池行业</u>[po]**有**<u>宁德时代这一类具备国际竞争力的企业</u>，得归功于实施多年的补贴政策。这一<u>政策</u>[po]至今仍然**具有**<u>生命力</u>，在新能源汽车的发展过程中，仍将起到不可或缺的作用。

（12）洞庭湖上建设矮围发展生产的<u>问题</u>，**有着**复杂的[po]<u>历史背景和矛盾纠葛</u>。

（13）那种将小康生活仅停留于"经济增长"层面的<u>发展理念</u>，不仅忽视了人与自然的和谐，[po-termination]**缺少**<u>开阔的民生视野</u>，最终还将伤及社会和经济的全面发展与进步。

（14）笔者曾不止一次听到企业吐槽，能上的环保设备企业都上了，可是只要环保督察一来，就会遭遇突然停电停产，对于停产的经济损失和信誉损失却没人过问，这种做法让<u>企业</u>[po- termination]**缺乏**<u>生产经营的安全感</u>。

（15）这样一支铁军，要打好污染防治这一场攻坚战，要[po]**打赢**<u>蓝天保卫战</u>，[po-entry]**打出**<u>一片蓝天白云、繁星闪烁</u>；要深入实施水污染防治行动计划，[po-entry]**打出**<u>一派河水清清、鱼翔浅底的景色</u>；要全面落实土壤污染防治行动计划，让大家吃得放心、住得安心。另外，还要[po-entry]**打造**<u>美丽乡村</u>，[po]**留住**<u>鸟语花香田园风光</u>。

（16）很多<u>志愿者</u>对于环境保护[po]**怀着**<u>一腔热血</u>，对于家乡、对于自然生态，[po]**充满**<u>了热爱</u>。

表达拥有关系的动词谓语句中，谓语动词具有[+所有]的语义特征，如：有、需、具备、获得、赢得、具有、把握、怀着、充满等，这些词可以被看作是拥有关系的词汇标记。谓语后的宾语是所拥有的实体，大多为名词或者名词词组。例4.26（13）、例4.26（14）中的"缺少""缺乏"标识拥有关系的终止。例4.26（15）中的"打出""打造"标识拥有关系的进入。

4.2.2.7 情感关系

情感关系（EMOTION-OF，标识为[em]）：感知实体与体验性的、评价性的、非中性的兴奋或者压抑的情感状态之间的关系，例如：弗雷德—生气、玛丽—兴奋。本书发现新闻评论语篇中的情感关系比较少。

例4.27

（1）（我们）对环保志愿者要[em]理解和[em]包容。

（2）阳奉阴违的环保整改报告居然还能以一级政府的名义对外公开，着实让人[em]惊诧。

（3）使用一次性餐具、过度包装等已让人[em]生厌。

（4）如同一块巨大的伤疤，让人[em]痛心。

（5）但事实与书面的差距之大令人[em]瞠目。

（6）不少人[em]担心，"地球一小时"集体关灯的行为，是否会造成瞬时电压波动导致供电线路瘫痪，给电网造成过重的负担？

（7）面对今天的洞庭水，登楼者未必[em]乐得起来。

（8）业务大厅外货车排成长龙，"黑中介"进进出出招揽生意，两个大车查验通道只开放一个……眼前景象令人[em]震惊。

（9）以往，在北方一些地方，肆虐的"黑风暴"曾经造成严重财产损失甚至人员伤亡，许多人对"沙魔"[em]深恶痛绝。

（10）"私家湖泊"终于还给了洞庭湖，让人[em]欣慰。

表达情感概念的词语主要是形容词和动词。情感词语具有三个语义特征：[+状态][+弱自主性][+述人]（宋成方，2012）。在上例中，大多数的情感关系都出现在被动的情境下，如"让人/令人＋情感状态"，情感状态的体验者均为"人"。除了本书语篇中出现的情感动词，如惊讶、生厌、痛心、瞠目等之外，国内学者根据语法特征，将情感动词分为三类：第一类有痛心、气愤、生气、害怕、惭愧、担忧、兴奋、欢喜、惊异、惊讶、忧虑、惋惜、顾虑等；第二类有喜爱、爱惜、爱、爱慕、妒忌、恨、憎恨、怨恨、崇拜、疼爱、感激等；第三类有振奋、打动、伤害等。以上是原型性情感动词，扩展的情感动词有发脾气、惊喜交集、敬仰、不忍、意犹未尽、懊悔、期盼、吃惊、不屑、同情、委屈、发怒、动情、难割难舍、怜悯、不服、鄙弃、痛恨、庆幸、嫉妒、恶心、绝望、羡慕、不平、着迷、怜惜、满意、怀念等（宋成方，2012）。因此，情感动词和形容词是情感关系的标记词汇。

4.2.2.8 意愿关系

意愿关系（VOLITION-OF，标识为[vo]）：感知实体与意志或期望活动之间建立的关系结构，例如：人们—想、卡特—希望。

例4.28

（1）民众真正所[vo]想、所需的是环境质量的明显改善与长期保持。

（2）在"坚决摒弃以牺牲生态环境换取一时一地经济增长的做法"已成为全社会共识的今天，还有人[vo]敢不顾群众举报虚假应对。

（3）地方治污，何以[vo]敢频频"欺上"。

（4）（我们）[vo]希望这次"回头看"能够在发现问题的基础上，助力环保事业打开新局面。

（5）（企业）不[vo]愿割掉自己身上的"肉"。

（6）中国[vo]要美，农村必须美；中国[vo]要富，农民必须富。

（7）我们[vo]要正确把握生态环境保护事业发展与全面从严治党的关系，清醒认识责任，加强党内监督，以坚强政治纪律作风打好污染防治攻坚战。

（8）环保系统的领导干部[vo]一定要正确认识管好自己与带好队伍的关系，自觉从我做起，用实际行动让干部群众感受到理想信念和高尚人格的强大力量，发挥好"头雁效应"。

（9）（我们）[vo]希望这一次的"污水直排湘江"事件，能够为各级政府与环保部门的环保担当敲响警钟。

意愿关系一般出现在意愿事件中。意愿事件指的是在特定的情境下，感知实体表达或表现出自己的意愿，这个意愿通过自己或他们已经实现，或者可能在未来能够实现。意愿事件是一个由4个语块所构成的意愿语块链，包括意愿来源、意愿发出者、意愿传递、意愿目标，这些语块之间具有致使关系，即意愿来源致使意愿发出者产生意愿，进而将该意愿传递给意愿承受者使意愿目标达成（高亮，2015）。在上例的意愿事件中，例4.28（2）和例4.28（3）包含了意愿语块链的所有四个语块；其他例句中的意愿事件都包含了意愿主体、意愿传递和意愿目标，而意愿来源隐含在上下文中。王力（1989）将能愿动词分为"可能式"和"意志式"两类。能愿动词表示主观意愿、想法和态度。例4.28中的能愿动词有"想""敢""愿""希望""要"。其中，关于"要"，丁声树、吕叔湘、李荣、孙德宣等（1999）认为有三种含义：第一，表示意志上的要求；第二，表示事实上的需要；第三，表示必然。朱德熙（1982）提出"要"的含义包括表示愿望和"事实上需要如此或是情理上应该如此"。本书认为表达意愿关系的意愿动词"要"表示的是意志上的要求或者愿望，其他的意愿动词有但愿、情愿、愿意、肯、爱、乐意、喜欢、高兴、盼望、指望、将、欲、待、拟、打算、敢等。在句子层面，鲁川（2001）提出了意愿类句子模型：[施事]+[V]+[意图]，表示"某人'愿意'做某事"。高亮（2015）将句模符号化为"S+VM+VP"构式，S代表主语，VM代表意愿情态动词，VP代表动词短语。通过对真实语料的分析，本书认为除了"S+VM+VP"构式外，还有"S+VM+Adj"，如例4.28（6），"美"是形容词，作意图的状态。

4.2.2.9 情态关系

情态关系（MODALITY-OF，标识为[md]）：表达实体概念和情态概念（如可能、也许）之间建立的关系结构，例如："离开"和"不可能"之间具有情态关系。Beaugrande（1980）认为情态概念包括否定（negation），并且经常通过情态助动词（例如should，can't，must）来表达。

情态与人类的认知活动有密切的关系，它是语言中比较突出的主观化范畴。Lyons（1977）认为情态是说话人对句子所表达的命题或命题所描写的情境的观点或态度。Palmer（1990）把情态分为认识情态、道义情态与动力情态。认识情态是说话人对有关情境的事实性信念的确定性，如可能、一定等。道义情态表达说话人对事件成真的可能性与必然性的观点或态度，涉及许可与必要等概念，关注的是有道义责任的施事实体施行某些行为的必要性与可行性，如可以、必须等。动力情态与能力或者意愿相关，如能够、愿意等。动力情态对应前面阐述的意愿概念，认识情态、道义情态对应情态关系。情态是句子表达事件的背景成分。汉语中的情态表现形式有情态动词和情态副词。

例4.29

（1）诚意再满（政府）也[md]得用行动说话、用效果答复。

（2）广大党员干部凝心聚力、真抓实干，才[md]能绘好鸟语花香田园风光新图景。

（3）这些都[md]要让国家有关部门制定行为规范来约束。

（4）有些人在与污染的抗争中有时[md]会出现瑕疵甚至错误。

（5）（我们）不仅[md]要对相关官员进行问责，对治污造假背后[md]可能存在的渎职腐败，有关部门同样[md]要展开深入调查，[md]可以常常提醒民众如何去做。

（6）另一方面，（我们）[md]应积极打造排污权交易制度有效发挥作用的外部环境，创新激励机制。

（7）为老百姓留住鸟语花香田园风光，（我们）[md]必须以效果为导向，不断满足人民日益增长的优美生态环境需要。

（8）以农村垃圾、污水治理和村容村貌提升为主攻方向，推进乡村环境综合整治，（我们）[md]一定可以创造更多美丽乡村、美丽中国的生动范例。

（9）牵动亿万人心的生态环境问题首先是政治问题，（我们）[md]必须站在统筹推进"五位一体"总体布局、协调推进"四个全面"战略布局的高度，从人心向背、厚植党的执政基础的高度，来认识我们肩负的历史使命。

（10）打好污染防治攻坚战需要一支信念、政治、责任、能力、作风过硬的环保铁军，[md]必须坚持全面从严治党。

（11）坚持人与自然和谐共生的基本方略，科学防沙治沙，自然修复与人工治理相结合，[md]一定能让大地的绿色增多、黄沙消退，以优质生态产品提升人民的生态环境幸福感。

在上例中，与相应的实体建立情态关系的词语有"能""要""会""可以""得""应""可能""必须""一定能""一定可以"。情态关系的实体可以是人、机构、组织、物体或事件，一般由名词、名词词组、代词、小句来表达。有的语篇中，相关的实体概念被省略，如：例4.29（5）至例4.29（9）中的"我们"。本书发现，当相关的实体概念是小句时，如：例4.29（10）和例4.29（11），情态词语前后的实体概念同时构建了因果关系。如例4.29（10）中的"打好污染防治攻坚战需要一支信念、政治、责任、能力、作风过硬的环保铁军"与"坚持全面从严治党"之间建立了因果关系。

4.2.3 定义类属的概念—关系

4.2.3.1 实例关系

实例关系（INSTANCE-OF，标识为[in]）：类和成员之间建立的关系结构。成员继承了类的所有特征，如汽车—弗雷德的汽车。

例4.30

（1）<u>中央环保督察</u>**中**还有[in]<u>人</u>胆敢瞒上欺下。

（2）<u>生态环境部、中央文明办、教育部、共青团中央、全国妇联</u>**等**五[in]<u>部门</u>联合发布《公民生态环境行为规范（试行）》。

（3）企业赢得了更多<u>世界500强</u>、<u>行业前十强</u>**等**[in]<u>高端客户</u>的尊重，订单量大大增加。

（4）74%的<u>农户厕所污水、厨房污水、洗涤污水</u>[in]得到有效治理，生活垃圾集中收集、有效处理的建制村全覆盖，41%的建制村实施生活垃圾分类处理。浙江的示范，正是全国行动的有益参照。以农村垃圾、<u>污水</u>治理和村容村貌提升为主攻方向。

（5）但也有个别地方，采取的措施治标不治本，存在<u>形式主义现象</u>[in]。**例如**，在<u>黑臭水体治理攻坚战中，有的地区调水冲污，美其名曰生态调水；有的地区把污水放进河道里并应急加药，把河道当成污水处理厂。再如，前一段时间中央环保督察"回头看"，发现一些地方存在"虚假整改""表面整改""敷衍整改"等问题</u>。治标不治本的措施，是不会长久有效的，靠这些措施，显然打不好污染防治攻坚战。

（6）这个参与，不仅仅是让民众成为垃圾分类的执行者，也要<u>吸引民众成为垃圾分类的传播者</u>。[in]**比如**<u>可以邀请民众参观垃圾回收厂，邀请民众对垃圾分类建言献策</u>……让民众培养主人翁意识，真正把垃圾分类当成自己的事，这样垃圾分类才能长期坚持下去。

（7）事实上，这样的环保行为艺术，与当前我们所对应的"最严环保时代"是非常契合的。**以**[in]<u>今年的活动主题</u>**为例**，它聚焦于公众生活密切相关、能呼应当代严峻环境问题的议题，提出<u>5个领域</u>、<u>20种具体行为方式</u>，倡导公众积极转变，**如**[in]<u>购物自带环保袋少用塑料包装袋，不买含聚乙烯等成分的洗化品等</u>。

（8）休养生息，是为了给自然留下修复的时间空间，是一个由失衡走向平衡的过程。**一方面**，**有的**<u>地区生态系统非常脆弱，一旦破坏，自我修复极其缓慢</u>。[in]**以**<u>生活中常见的塑料袋</u>**为例**，据测算，一个塑料袋的平均使用时间是25分钟，但大自然的降解至少需要470年，环境修复之难可见一斑。**另一方面**，有的地方将生态环境当作"一次性资源"，只求经济增长，不顾其他各项事业发展；**有的**地方超过自然生态和环境的承载力，不顾一切、不计后果，最后得不偿失。

（9）生态文明意识较低，主要表现在以下几个方面。[in]一是生态知识知晓率低。相关部门曾发布一份调查报告，受访者对14个生态文明知识的平均知晓数量是9.7项，全部了解的仅1.8%。[in]二是生态保护践行度差。不少人即使有一定的生态文明意识，也经常出现"知行不一"的情况。[in]三是生态保护的义务感弱。"你认为环保谁应该负主要责任"，大多数受访者认为是政府部门，只有极少数人认为自己做得不够。

（10）加强生态文明教育，关键是要充分发挥学校教育的基础性作用。[in]**首先**，要重视学校教育的系统性优势，优化学校生态课程的内容和教学方法。中小学阶段，应以渗透生态环境保护意识和行为习惯训练为主；高等院校的课程教育中，应把生态文明意识教育纳入必修课程之中；高等院校还应担负起生态文明研究的任务，确保生态文明意识培育的先进性和时代性。[in]**其次**，加强生态教育的师资队伍建设，把生态文明纳入生命教育等课程内容，聘请生态领域的专家对授课教师进行岗前培训，夯实教师的生态理论基础，提升其知识扩展能力，保证教学效果。

（11）如果大量的土壤被污染、被破坏，还会直接威胁着国家的粮食安全，**尤其**[in]是作为我国重要商品粮基地的东北平原，黑土地质量的下降显然会影响粮食的产量。

（12）从2013年的湖南"镉大米"到2016年再次触痛公众神经的常州"毒地"事件，每一次**类似**[in]公共事件，都在提醒着我们土壤污染的严峻现实。

（13）但是由于缺乏管理和规划，大部分农村地区都是随意排放，[in]**有的**直接排入江河湖泊，[in]**有的**排出室外空地后渗入地下，[in]**少部分**经化粪池简单处理后渗入地下，既污染地表水，也是引发农业面源污染的重要原因。

实例关系既可以出现在单句中，也可出现在句群中。在单句中，实例关系运用的句子结构有"……中有……""……等……"，如例4.30（1）至例4.30（3）。例4.30（4）中，"厕所污水、厨房污水、洗涤污水"是"污水"这个类概念的成员。句群中的实例关系往往出现在对一个事物进行多方面阐述的语篇中，例4.30（5）至例4.30（7）中，通过使用"例如""再如""如"

等，构建了形式主义现象和具体的案例表现之间的实例关系。例4.30（8）至例4.30（13）中"以……为例""一……二……三……""首先……，其次……""尤其""有的……有的……"等是词汇标记，表征了实例关系。

4.2.3.2 细目说明关系

细目说明关系（SPECIFICATION-OF，标识为[sp]）：纲与目之间的关系，又被称作父类和子类关系（赵波、解敏、夏幼明，2008）或者概念体系中的上下位关系。

例4.31

（1）《国家重点保护野生动物名录》和《国家重点保护野生植物名录（第一批）》……除将发菜[sp]调为一级保护植物、将麝[sp]调为一级保护动物外，几乎没有做大的调整。

（2）中国包装垃圾的总体回收率小于20%，其中[sp]纸盒只有不到一半被回收。

（3）快递垃圾的回收利用以及推进快递绿色包装，都是复杂的系统工程，需要社会各方协同发力……各大知名电商纷纷各显神通，推出[sp]共享快递盒、[sp]循环快递袋或推出快递纸箱回收服务等。

（4）共享快递盒产品也将持续升级，除了[sp]标准款和方便携带的[sp]可折叠款两种型号，……也在加紧研发中。

（5）地方层面，一些省市已然有了行动，比如北京早在2007年就调整了市级保护野生动物名录，画眉、八哥等过去人们眼中的[sp]"宠物"被列为二级保护动物，真正被法律"宠"了起来；2016年，浙江也调整过该省保护名录，禾花雀、果子狸等过去经常上餐桌的[sp]动物被列入重点保护对象。

（6）这些区域，遍布湿地、农田、林地等[sp]生态资源，我们要遵循生态文明发展理念，坚决杜绝商业开发的蚕食，加大保护修复力度，加大国土整理的力度，真正发挥好生态屏障作用，持续增加城市的生态总量。

（7）近年来，中央推出一系列重大决策部署，包括[sp]防范化解重大风险、精准脱贫、污染防治三大攻坚战和实施乡村振兴战略，持续扩大内需和推进高水平开放，保障和改善民生特别是就业、医疗、养老政策落实，治理拖欠农民工工资等。

（8）有过农村生活经历的人都知道，农村污水[sp]主要包括生活污水

（如粪尿水、洗衣水、厨房水等）和生产废水（由散户畜禽养殖、小作坊等排放）。

细目说明关系出现在单句或句群中，例4.31（1）中，发菜和一级保护植物、麋和一级保护动物为细目说明关系，例4.31（2）至例4.31（4）中的细目说明关系将多个小句联系起来。细目说明关系的词汇标记有"包括""……等"有些句子中的细目说明关系没有明显的词汇标记。语篇中的事物概念之间具有上下位关系，例如：动物和禾花雀、果子狸，生态资源和湿地、农田、林地之间分别具有上下位关系。

4.2.4 关于符号交际情况的概念—关系
4.2.4.1 意义关系

意义关系（SIGNIFICANCE-OF，标识为[si]）：两个概念之间具有象征的关系（symbolic relation），这两个概念便形成了意义关系结构。例如：手势和表明。本书认为，这里的象征关系包括对符号的解释说明、隐喻（metaphor）的使用。对符号进行解释说明的概念关系结构在语言的元语言（metalanguage）功能使用中常见。元语言功能指的是语言能够用来解释语言。在语篇使用中，一个概念表达式用来解释另一个概念表达式，从而在概念表达式之间建立了意义关系。根据认知语言学的观点，隐喻是人类的认知方式，是用具体的概念来理解抽象的概念，隐喻的源域和目标域之间互相映射。在语言使用的层面，本体和喻体之间是象征的关系。

例4.32

（1）绿水青山就是[si]金山银山。

（2）志愿者犹如公众的[si]"眼睛"。

（3）还有电商启用"绿仓"[si]，这些绿色仓库，使用的都是免胶带的快递箱和100%可降解的快递袋。

（4）此番31万字的整改方案切勿成为一张张[si]"空头支票"。

（5）对有"环保钦差"[si]之称的中央督察组都敢欺骗。

（6）全场向这位老板投去赞许[si]目光。

（7）要保护好湖泊，湖泊是大地的[si]眼睛，是大自然赐予城市的莫大[si]恩惠。我们要像爱护自己的眼睛一样，爱护我们的166个湖泊。

（8）近年来，环保整治督查行动取得了显著效果，"按日计罚"等惩治重拳也对环境违法形成了强大震慑，对环保数据弄虚作假更是采取"零容忍"，<u>这些措施</u>充分**表明**了狠抓环境整治的[si]<u>态度和决心</u>。

（9）所谓的<u>争议和质疑</u>，也**非**对活动本身的[si]<u>否认</u>，而**是**对活动究竟有多少效果的一种[si]<u>疑惑</u>。

（10）<u>"地球一小时"</u>从一开始的定位就**是**，[si]<u>引起人们对气候变化等环境问题的思考，倡导绿色环保的生活方式，并激发人们保护地球环境的责任感</u>。也就是说，[si]<u>熄灯一小时</u>只**是**[si]<u>形式和手段</u>，<u>普及环保观念、激励环保行动</u>才**是**[si]<u>目的</u>。

（11）<u>这</u>给更多企业带来重要<u>启示</u>[si]——<u>不要以为搞环保就是"赔本买卖"</u>。

（12）有人形容得好，<u>土地</u>**是**中国人脚下的[si]<u>"根"</u>。

（13）<u>保护土壤生态环境，促进土壤资源永续利用</u>，有且仅有<u>一条路</u>，[si]**就是**<u>推动形成绿色发展方式和生活方式，从根本上减少工矿、农业、生活污染</u>。

（14）31万字，单就字数而言，已是一部长篇小说。放在文学创作领域，尚不稀罕，但置于政府文件，即便平均下来4万字左右篇幅，亦属罕见，也无怪媒体称<u>其</u>**为**[si]<u>"大作"</u>。

（15）牢固树立绿水青山就是金山银山的理念，让<u>良好生态环境</u>**成为**人民幸福生活的[si]<u>增长点</u>、**成为**<u>经济社会持续健康发展</u>的[si]<u>支撑点</u>。

（16）当前，<u>重污染天气、黑臭水体、垃圾围城、生态破坏等</u>，仍然**是**重要的[si]<u>民生之患、民心之痛</u>，**是**<u>经济社会可持续发展</u>的[si]<u>瓶颈制约</u>，**是**<u>全面建成小康社会</u>的[si]<u>明显短板</u>。<u>加大力度、加快治理、加紧攻坚，提供更多优质生态产品以满足人民日益增长的优美生态环境需要</u>，**是**党和国家的[si]<u>重大决策部署</u>，**是**人民群众的[si]<u>强烈呼声</u>。

在句子层面上，象征概念的表达式经常用引号来标示，如例4.32（2）至例4.32（5）所示。两个概念表达式之间有时用助词"的"连接，如例4.32（5）。例4.32（4）运用"……成为……"的句式来表达概念之间的意义关系。在运用隐喻的意义关系中，例4.32（1）使用了"……是……"的结构，例4.32（2）使用了比喻词"犹如"。体态语作为一种符号式表达，在交际过程中表达某种意义，从而在体态语和其意义之间建立了意义关系；例4.32（6）中的"目光"表达"赞许",两者之间具有意义关系。在语篇中,体态语的言语表达式都有可能和其使用的意图建立意义关系。诸如"也就是说"这样的话语标记语通常表征了意义关系。例4.32(11)中破折号的使用,标记了"启示"和后面小句之间的意义关系。意义关系的词语标记通常为……是……、有……之称的……、成为、表明、称其为……。意义关系中的两个概念实体可以是事物或者事件。语言表达式是名词、名词词组、小句等。

4.2.4.2 价值关系

价值关系(VALUE-OF,标识为[va]):实体和其价值之间的关系,例如:珠宝和珍贵。价值关系也可以是比较性的,例如:X比Y好。

例4.33

(1)加强对珍贵[va]、濒危的野生动植物的重点保护。

(2)雷萍事件其实也给中国环保志愿者和环保组织,上了宝贵[va]的一课。

(3)他们冲锋在环境保护的第一线,为中国的环保事业做出宝贵[va]而无私的贡献。

(4)还要承担生态环境破坏的沉重[va]代价。

(5)在付出沉重的[va]代价之后,苏南人直观地领悟了党中央科学发展观的深意,不能因为环境问题"颠覆"全面小康成果的反思,或许会成为苏南模式走向崭新境界的先声。

(6)电动车行业门槛过低也不利于公共政策的制定,一些城市对新能源汽车采取了相当优厚的[va]政策,比如限牌的城市,上一辆传统能源的汽车车牌要付出高昂[va]的牌照代价,可是上绿牌,基本上零门槛;过于丰厚的[va]补贴政策也造成低水平竞争、重复投资无效投资,

(7)还有一些企业,付出巨大[va]代价购买安装了环保设备,但在检查期间却遭到与污染企业同样的关停待遇。

在汉语中,对实体进行价值赋值的言语表达式有"表达价值的形容词+表征实体概念的名词"和"表达价值赋值的形容词+表达价值概念的名词"。表达价值的形容词有宝贵、名贵、贵重、珍奇、珍稀、昂贵、廉价、便宜等,它们做修饰语修饰、限制名词,与名词表达的实体建立价值关系。表达价值概念的名词有价值、代价等。"代价"前面有修饰语"沉重""巨大"

等，也被看作是一种价值赋值。

4.2.4.3 等同关系

等同关系（EQUIVALENCE-OF，标识为[eq]）：具有相等、相似、相对应的关系的两个概念之间形成的关系结构，如high-lofty，dark-somber。本书认为这里的等同关系类似于语篇中概念之间的同义关系、近义关系。在语篇世界中，概念之间的等同关系有助于知识世界的建构、衔接和连贯。

例4.34

（1）生态环境保护方面的制度日益严格[eq]，法治日益严密。

（2）流行音乐出劲歌[eq]，某些地方官员出"劲词"。

（3）一些企业误认为，"除旧布新"会增加生产成本，怕拆拒改，瞻前顾后[eq]，顾虑重重。

（4）企业注重环境保护获得[eq]了社会赞誉，赢得了长远发展的一片"蓝海"。

（5）大力支持[eq]科技创新，扶持发展新兴业态。

（6）犯下这样的错误[eq]，雷萍当然不应该，但主观上讲，她并无扰乱公共秩序的故意，不过是因为举报污染心切而犯下过失。

（7）上个月，中共中央办公厅印发了《关于进一步激励广大干部新时代新担当新作为的意见》，其中提出，要大力选拔敢于[eq]负责、勇于担当、善于作为、实绩突出的干部，鲜明树立重实干[eq]重实绩的用人导向，并强调各级干部应有守土有责、[eq]守土负责、[eq]守土尽责的责任担当，追求在其位、谋其政、干其事、求其效。

（8）公共部门如此为一家违规排放的企业背书，既挫伤[eq]了民众参与环境治理的积极性，也是对政府公信力的自伤。

等同关系经常出现在句子的并列结构中，等同概念的语言表达式可以是名词、动词、形容词或者小句。在自然语言处理领域，同义词或近义词的识别和提取是语义处理和进行文本挖掘的重要方面。汉语同义词的语言资源主要有《同义词词林》和哈工大信息检索研究室的《同义词词林（扩展版）》。针对汉语同义词或近义词的提取，国内学者提出了多种方法，例如：根据汉语构词的特点和基本假设进行提取（宋明亮，1996）；基于 HowNet 计算词汇语义的相似度（刘群、李素建，2002），利用《同义词词林》计算词语间的相似度（田久乐、赵蔚，2010）。

4.2.4.4 对立关系

对立关系（OPPOSITION-OF，标识为[op]）：与等同关系相反。在语篇世界中，运用概念之间的对比关系能够更加凸显和强调目标概念。

例4.35

（1）说到底，只靠上级倒逼而采取的行动<u>只能</u> <u>治标</u>[op]，<u>不能</u> <u>治本</u>。

（2）用亲身经历分析了"<u>小账</u>[op]"与"<u>大账</u>"的关系。

（3）就算"小账"一时有所<u>亏损</u>[op]，但在社会效益这笔"大账"上<u>赚了</u>。

（4）"绿水青山就是金山银山"，<u>不能</u>只停留在<u>口号</u>[op]中，<u>而要</u>落实到每一次的环保治理与整改的<u>行动</u>中。

（5）<u>上述争议或疑问的澄清说明，"地球一小时"的节能效果其实非常有限，也不会造成对电网的损害。</u>[op]<u>不过</u>，厘清了这些，才能真正利于我们认识到这项活动的实质意义所在。

（6）<u>2008年，国务院办公厅就印发了《国务院办公厅关于限制生产销售使用塑料购物袋的通知》，限制和减少塑料袋的使用，遏制"白色污染"。</u>[op]<u>然而</u>，"限塑令"实施10年，<u>收效</u>却<u>甚微</u>，"白色污染"仍然随处可见。

（7）今后决定子孙命运的，肯定不是我们现在为后人建了<u>多少工程，架了多少桥梁，盖了多少房屋，留下了多少物质财富</u>，[op]而是<u>能否为后人留下足够的生态养育的空间</u>。

（8）永续发展的城市，必须注意<u>经济系统小于社会系统，社会系统小于生态系统</u>，[op]而不是倒过来。

（9）就经济水平而言，<u>太湖流域富甲天下，是全球第十九大经济区域，人均GDP相当于中国平均水平的近5倍，社会发展和人民生活水平都有了长足进步</u>。[op]<u>但</u>"久治仍污"的太湖与愈演愈烈的污染，却从另一个角度，暴露了苏南的"发展之痛"。

（10）楼兰古城曾是[op]<u>水草茂盛</u>[op]的地方，由于生态的急剧恶化，<u>如今已是荒漠一片</u>。

（11）有些电动车与其说是<u>新能源汽车</u>，不如称是[op]<u>玩具车</u>更合适，不见<u>高精尖身影</u>，反倒是[op]大家一窝蜂上低端货。

（12）与其他政策工具相比，环保督察最大的特征是具有"强制性"，对相关地区及部门构成了较大工作压力。**然而，**[op]这种环保压力在一些地方并没有转化为打赢污染防治攻坚战、蓝天保卫战的动力。

如上例所示，对立关系一般出现在具有转折关系的小句之间。这种转折关系往往具有语言标记，如"只能……不能……""……但……""不能……而要……""不是……而是……""不能……只能……""然而""与其说……不如称""不见……反倒……""然而"。但是，对立关系也会出现在具有反义关系的表达之间，例如：大帐和小账，水草茂盛和荒漠一片，它们之间没有明显的词汇标记。

4.2.4.5 同指关系

同指关系（CO-REFERENTIAL-OF，标识为[cr]）：具有不同固有（inherent）内容的概念被用来指称语篇世界中的同一个实体，那么这两个概念之间形成了同指关系结构。例如：morning star（晨星）和evening star（夜星）。

例4.36

（1）其实（这）是一种"捡了芝麻，丢了西瓜"的狭隘[cr]思维。

（2）生态环境部通报的一个谎报治污成果的[cr]典型案例，令人瞠目结舌。

（3）在"坚决摒弃以牺牲生态环境换取一时一地经济增长的[cr]做法"已成为全社会共识的今天。

（4）针对环保人士雷萍因（雷萍）曝光污染（雷萍）被广东信宜有关方面拘留[cr]一事。

（5）没有洞庭水，就没有岳阳楼，也没有了"先天下之忧而忧，后天下之乐而乐"的[cr]忧乐精神，三湘大地就少了重要的精神基石。

（6）饲料厂将生产时间由夜里改为白天，其粉尘、废气污染就算"整改到位"了；制药厂觉得除臭装置碍事就把管道切断，污染依旧却说"基本完成整改"……很难想象[cr]这样的事情，是发生在环保督察利剑所向披靡的今天。

（7）（政府）而且还要能履好职，如[cr]此，（政府）方能争取民意，（政府）赢得民心。

（8）（政府）不仅要能主动履职，你要是以为敢这么做的只有北海一地，[cr]**那**就大错特错了。

（9）翻阅过往新闻，更新保护名录的呼声近年越来越强烈，甚至早前有人发出"野生动物等不起啊"的调侃。[cr]**这话**听起来像玩笑，但让人笑得尴尬。

（10）据了解，<u>全国46个重点城市均已开展生活垃圾分类投放、收集、运输和处理设施体系建设</u>，多个城市生活垃圾分类工作已初见成效。但[cr]**这**远远不够，伴随着中国城市化进程的进行，会有更多的人口进入城市，解决好垃圾分类问题刻不容缓。

（11）<u>一手抓自然修复，另一手也要抓人工治理</u>，[cr]**两者**不可偏废。

（12）对**有**"**环保钦差**"**之称的**[cr]**中央督察组**都敢欺骗，可见一些地方干部的胆子有多大。

表达同指关系的言语表达式主要有三种情况：第一，对同一实体的两种指称形式，如例4.36（12）中的环保钦差和中央环保督察组，其句法结构为：有……之称的……；第二，包装名词（packet nouns，PN）的使用，包装名词将前面或后面的语篇片段中的信息块进行打包（唐青叶，2006），如例4.36（1）至例4.36（4）中的"思维""案例""做法""事"，分别是对前面语篇片段中的事件（包括行为、过程、状态）、抽象关系（包括事实、观点、言语）以及这些事件和抽象关系隐含的言外之意等进行打包，包装名词和前面被打包的信息组块形成同指关系；第三，代词的使用，代词表达式与它所指代的对象形成同指关系，如例4.36（6）至例4.36（8）中的"这样""此""那"与前面的事件和状态形成同指。从句子层面上看，同指包括句内同指和超句同指（杨玉玲，2010）。当同指关系出现在一个小句中时，构成了句内同指，如例4.36（1）至例4.36（5），句子结构大多为 "……的PN"。超句回指是指称词语和指称对象不在同一个小句，例4.36（6）至例4.36（7）中的代词回指上文陈述或所述事件，与前面的小句形成同指。

4.2.4.6 复现关系

复现关系（RECURRENCE-OF，标识为[rc]）：语篇世界中同一个概念的两次出现，但是不必指称同一个实体，这两个概念形成了复现关系结构。在下面的语料中，有的例句中只有一个概念出现了复现，书中在这个概念后标注了[rc]，如例4.37（1）；有的例句中，有两个以上的概念出现了复现，本书按照不同概念出现的先后顺序，分别标注为[rc]1、[rc]2等，如例4.37（3）。

例4.37

（1）长期以来，一些地方的欺上瞒下[rc]就没消停过。就环保领域而言，欺上瞒下[rc]的情况有所抬头，核心原因除了唯GDP考核仍有市场外，也和欺上瞒下[rc]的成本不高有关。

（2）整改方案字数多少一定程度上体现出政府[rc]诚意，但只靠[rc]诚意并不能完全赢得民意，特别是此种在上级督察倒逼情况下的[rc]诚意。

（3）中国要美[rc]，农村必须美[rc]；中国要富[rc]2，农民必须富[rc]2。

（4）这些都要让国家有关部门制定行为规范[rc]1来约束，是不是管得太宽，有点强人所难？不过，这个行为规范[rc]1不是强制的，只是一个提醒。有了规范[rc]1，民众[rc]2知道该怎么做，可以常常提醒民众[rc]2如何去做，可以使民众[rc]2之间相互提醒、相互约束。特别是一些机关企业事业单位，可以根据这个行为规范[rc]1去制定单位的内部规定。时间长了，这些规范[rc]1就可以变成民众[rc]2的自觉行动。

（5）唯有保护好[rc]他们，才能保护好[rc]公众的知情权；唯有保护好[rc]他们，才能激发更多民间力量成为强大的生态环境同盟军，给政府以支持，给污染企业以威慑。

（6）领导要给下属做好示范[rc]；家长要给子女做出示范；老师要给学生做好示范。

（7）要保护好湖泊，[rc]湖泊是大地的眼睛[rc]，是大自然赐予城市的莫大恩惠。我们要像爱护[rc]自己的眼睛一样，爱护我们的166个湖泊。

（8）这条防线决定城市的安全与命脉，我们要本着对子孙后代负责的态度，死守这条生态红线：一寸[rc]水面也不减少，一寸山体也不[rc]蚕食，一滴污水也不排放，一棵树也不砍伐！

（9）人的命脉[rc]在田，田的命脉在水，水的命脉[rc]在山，山的命脉在土，土的命脉在树。

（10）培养垃圾分类的意识，应该鼓励[rc]民众积极参与到垃圾分类实践中。这个参与，不仅仅是让民众成为垃圾分类的执行者，也要吸引民众成为垃圾分类的传播者。

（11）加强[rc]生态文明教育，还需要构建[rc]政府主导、全[rc]社会参与的[rc]宣教格局。政府部门要切实承担主要职责，做好生态文明教育的内容设计、规划制定和导向把握，大力提供相关公共产品和基本服务，增强主流渠道传播影响的能力，利用新兴媒体为生态文明建设服务。社会力量要积极参与其中，发挥自身优势，丰富[rc]宣传教育的多样性，构筑与网络、动漫、影视、新媒体相结合的创新宣传模式，最终形成制度化、多元化、系列化、全方位、持久性宣传教育，提升宣教效果。

（12）党的十八大以来，从多次强调"[rc]空气、水、土壤、蓝天等自然资源用之不觉、失之难续"，到部署实施大气、水、土壤污染防治三大行动计划，以习近平同志为核心的党中央开展一系列根本性、开创性、长远性工作，把大气、水、土壤污染防治和推进生态文明建设作为重中之重，推动生态环境保护发生历史性、转折性、全局性变化。

如上例所示，复现的概念可以是物体、动作、状态或事件。从词性上来看，复现的言语表达式可以是名词、动词、形容词以及小句，复现的次数在两次及以上。复现可以发生在句内、句间、句群间、段落内或者段落间。从语篇的表层系统来看，复现具有衔接的功能。从认知的角度看，复现概念在语篇世界中具有清晰的连接点，认知处理更省力。同时，概念的复现也是信息的焦点，提示了语篇的主旨。在新闻评论语篇中，复现关系出现的频率比较高。

4.3 概念—关系类型的统计分析

对标注语料中的概念—关系类型的数量和比例进行统计，如表4-1所示。

表4-1 语篇语义网络中的概念—关系统计表

概念—关系分类	概念—关系类型	数量	比例
围绕一级概念的概念—关系	状态关系	493	6.63%
	施事关系	767	10.31%
	受事关系	913	12.28%
	与事关系	118	1.59%
	位移关系	126	1.69%
	时间关系	196	2.64%

(续表)

概念—关系分类	概念—关系类型	数量	比例
围绕一级概念的概念—关系	位置关系	183	2.46%
	方式关系	237	3.19%
	相关关系	428	5.76%
	属性关系	432	5.81%
	物质构成关系	8	0.11%
	数量关系	386	5.19%
	组成部分关系	105	1.41%
	容纳关系	11	0.15%
关于人类经验的概念—关系	因果关系	257	3.46%
	目的关系	165	2.22%
	感知关系	126	1.69%
	认知关系	156	2.10%
	交际关系	162	2.18%
	拥有关系	82	1.10%
	情感关系	105	1.41%
	意愿关系	175	2.35%
	情态关系	189	2.54%
定义类属的概念—关系	实例关系	167	2.25%
	细目说明关系	156	2.10%
关于符号交际的概念—关系	意义关系	136	1.83%
	价值关系	14	0.19%
	等同关系	113	1.52%
	对立关系	206	2.77%
	同指关系	408	5.49%
	复现关系	417	5.61%

由表4-1可知，我们标注的概念—关系共计7437个，共包括四个大类下的31种概念—关系。这些概念—关系出现的次数具有比较大的差异，所占比例最大的是受事关系，所占比例最小的是物质构成关系。除了受事关系外，所占比例为10%以上的还有施事关系。

所占比例为5%以上的概念—关系有状态关系、属性关系、相关关系、复现关系、同指关系、数量关系。

所占比例为2%～5%区间的概念—关系有因果关系、方式关系、对立关系、时间关系、情态关系、位置关系、意愿关系、目的关系、实例关系、交际关系、细目说明关系、认知关系。

所占比例为1%～2%区间的概念—关系有意义关系、感知关系、位移关系、与事关系、等同关系、组成部分关系、情感关系、拥有关系、价值关系。

所占比例为1%以下的概念—关系有价值关系、容纳关系、物质构成关系。

在标注的语篇中，各种概念—关系所占比例的不同在一定程度上与语篇的体裁和主题相关。本书的标注语料是关于"环境保护"的新闻评论。新闻评论关注事件发生的状况、情景的状态，明确事物或者对象的情况以及相关事物之间的关系，因此，受事关系、施事关系、状态关系、相关关系等的数量比较多。新闻评论阐述事件之间的因果关系，运用具体的事例作为论据，反驳一种看法、支持一种观点或者提出一个建议，因此，其中出现的因果关系、对立关系、时间关系、位置关系、交际关系、认知关系、情态关系等的数量比较多。新闻评论不太强调对物体的形状、物质构成、容纳情况等特征的描述，因此，语料中的物质构成关系、容纳关系的数量很少。

Beaugrande（1980）在语篇类型学（text type）分析中曾提出：描写性语篇中经常出现的概念—关系结构类型包括状态关系、属性关系、实例关系、细目说明关系；叙事性语篇中经常出现的概念—关系结构类型包括因果关系、原因关系、使成关系、目的关系、时间关系；议论性语篇中经常出现的概念—关系结构类型包括价值关系、意义关系、认知关系、意愿关系和原因关系。本书以新闻评论语篇为研究语料，通过具体的概念—关系结构标注，发现使用频率较多的概念—关系基本符合Beaugrande提出的议论性语篇中占据优势地位的概念关系结构，例如：出现较多的认知关系、意愿关系和因果关系；同时，也存在差异。语料标注发现：新闻评论语篇中使用受事关系、施事关系、状态关系、相关关系的频率也比较高。本书认为，这与新闻评论语篇的特点相关。新闻评论是对发生的新闻事件发表看法和观点，包括新闻事件和新闻背景的介绍、观点的阐释和论证，目的是促使读者形成相类似的观念（shared belief），因此，新闻评论语篇中也会包括描写性语篇和叙事性语篇中出现频率较高的概念—关系结构类型，例如：状态关系、属性关系、时间关系。

4.4 本章小结

基于对汉语新闻评论语篇的概念—关系进行具体的标注实践，本章提出一套构建汉语语篇语义网络的概念—关系标注集，包括31种概念—关系。本书对各种概念—关系的定义进行了明确说明，并辅以具体语篇示例。基于汉语语义理论，本书分析和归纳了各种概念—关系在语义角色、词汇层面、句法层面的特点，归纳了可能的程序性词汇标记，为计算机进行概念—关系的识别提供语言学知识。本书对标注语料中出现的概念—关系进行了统计分析。各种概念—关系的数量和比例差异比较大，受事关系、施事关系、状态关系、相关关系、因果关系、对立关系、时间关系、位置关系、同指关系的数量比较多；物质构成关系、容纳关系的数量很少，这在一定程度上与"环保"新闻评论语篇的体裁和主题相关。

第 5 章　现代汉语语篇语义网络的构建

本章基于语篇中的概念—关系标注，探讨汉语语篇语义网络的构建，主要包括八个方面：一是分析语篇语义网络中的概念微观状态向宏观状态的转化；二是探讨语篇语义网络跨越小句的界限建立概念—关系；三是分析语篇语义网络中的层级性知识空间；四是语篇语义网络中的模型空间构建；五是探讨语篇语义网络中不同层级知识空间的控制中心；六是分析语篇语义网络的概念连接密度和语篇知识空间的控制中心之间的关系；七是探讨语篇语义网络与语篇表层语法网络的互动构建；八是提出面向自然语言处理的语篇语义网络的构建步骤。

5.1 语篇语义网络构建中的概念微观状态和宏观状态

李葆嘉（2007）的语义语法学理论认为，人类语言的本质属性是语义性的，语义系统的本质是网络性的，语义网络具有建构性，自然人都有语义网络的自建构能力。语篇中的概念与整个语篇世界至少有一个连接。当语篇中的概念以单个形式呈现，而没有与其他概念建立联系的时候，概念处于微观状态（conceptual micro-state）。语篇处理者会尽力建立概念与概念之间的关系，形成概念的宏观状态（conceptual macro-state）。根据概念的性质，概念分为一级概念和二级概念。一级概念可以独立成为概念的宏观状态，二级概念必须要和一级概念建立联系，形成一个概念的宏观状态。语篇认知处理器从一个概念的微观状态开始，搜寻与它能够建立联系的另一个概念的微观状态，二者结合形成概念的宏观状态；然后，该概念的宏观状态进一步搜寻与之相关的概念微观状态或者宏观状态，形成更大的宏观状态。对于语篇处理者来说，概念从微观状态向宏观状态的转化和语义网络的构建是一个不断进行问题求解的过程。问题是一种状态，指的是概念从微观状态到宏观状态的通路有明显的失败可能，处理者对问题的解决就是要建立概念之间的连接。下面以具体的语篇为例说明语篇语义网络中的概念微观状态向宏观状态的转化。

例5.1

S1（C1）公信力是民间环保生命，（C2）民间环保力量推动污染治理，（C3）不仅要靠一腔热血，（C4）更需实事求是的态度和严谨的专业素质，（C5）如此才能有效规避法律和道德的风险，（C6）更好地推动污染问题的解决。S2（C7）从这意义上说，雷萍事件其实也给中国环保志愿者和环保组织上了宝贵的一课。（C=Clause 小句　S=Sentence 句子）

本书首先以小句为单位对语篇进行划分。该语篇共包括七个小句，对于元话语"从这个意义上说"，不单独列为一个小句。

我们首先处理第一个小句："公信力是民间环保生命"。这个小句中包含了四个概念的微观状态：公信力、民间、环保、生命。每个概念都是一个知识节点。"公信力"是一个事物概念，它是一个独立的一级概念，没有与之联系的二级概念。处理者从"公信力"节点依次进入下一节点，按照问题—解决的程序，寻找概念间的联系，来维持语篇系统的稳定性。"民间"和"环保"形成相关关系，"民间环保"和"生命"又形成相关关系，"生命"与"公信力"构成了意义关系。在这个小句中，每个概念都与其他概念进行了连接，从概念微观状态转变成概念宏观状态，问题得到了解决，形成了小句C1的语义网络，如图5-1所示。

图5-1 概念微观状态向宏观状态的转化

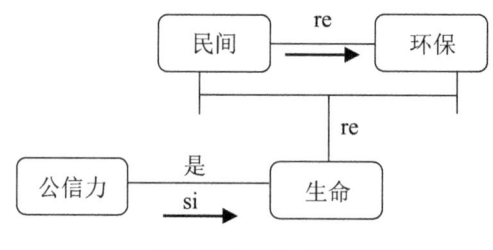

re：相关关系；si：意义关系

小句C1中的"民间"和"环保"这两个概念构成了相关关系，形成了一个概念宏观状态。小句C2开始的位置，概念"民间"和"环保"与小句C1中的"民间"和"环保"一致，那么，当二者再次出现的时候，就作为一个知识组块进行处理，节省了建立连接的认知努力，本书称之为概念结合体，用条框圈起来，如图5-1所示，表示该概念的宏观状态作为一个知识组块进行处理。

5.2 语篇语义网络中跨越小句的概念—关系构建

在构建语篇语义网络的过程中，认知处理器不仅要在小句中建立概念之间的联系，小句和小句之间也要建立联系。本节以下面的语篇语义网络为例，探讨语篇语义网络跨越小句的界限，建立小句之间的概念—关系。图5-2为例5.1中小句C1~C4的语义网络。

小句C1和小句C2中的"民间环保"构成复现关系。小句C2中的"污染""治理"首先形成受事关系，构成了一个概念宏观状态，然后，这个概念宏观状态再与"推动"建立受事关系，形成一个更大的宏观状态。小句C2作为概念的宏观状态与小句C3中的"靠"建立了施事关系，同时，又和小句C4中的"需"建立了拥有关系。小句C1~C4中的概念之间建立了一个或多个联系，形成了语篇的语义网络。综上所述，小句之间概念—关系的连接方式大致可以分为两种：一是跨越小句界限建立概念—关系，如小句C1中的"民间环保"和小句C2中的"民间环保"；二是一个小句作为一个概念结合体与另一小句中的概念微观状态建立联系，如上例中小句C2和小句C3、C4之间建立了施事关系和拥有关系。语篇中概念之间的各种关系具有递归性，如小句C2中的"污染"和"治理"构成受事关系，然后，"污染治理"又和邻近的概念"推动"建立受事关系。

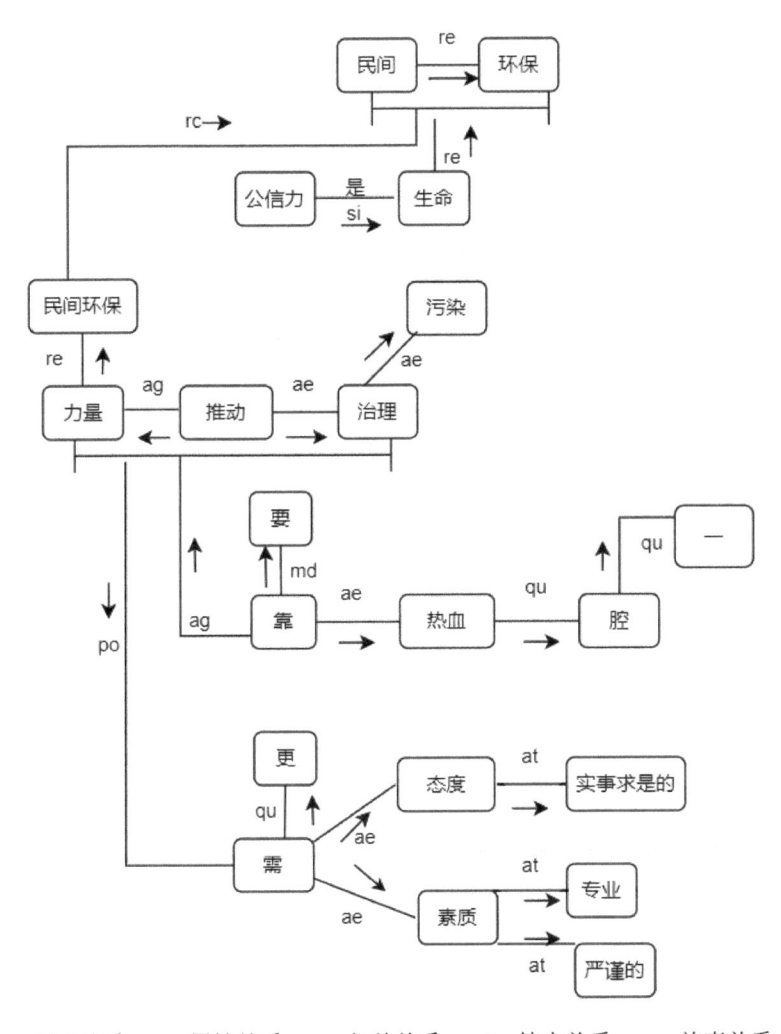

rc：复现关系；at：属性关系；re：相关关系；md：情态关系；ag：施事关系；
ae：受事关系；qu：数量关系；po：拥有关系；方框里为概念结合体

图5-2 语篇语义网络中小句之间的概念—关系构建

通过新闻评论语篇的概念—关系标注，本书发现：小句和小句之间建立的概念关系结构主要包括因果关系[re]、同指关系[cr]、复现关系[rc]、实例关系[ma]、意义关系[si]、对立关系[op]、时间关系 [ti]、施事关系[ag]、受事关系[ae]、拥有关系[po]、时间关系[ti]。如下面例句所示。

例5.2

（1）（C1）"地球一小时"是世界自然基金会（WWF）应对全球气候变化所提出的一项倡议。（C2）[cr]这项活动发起于2007年，（C3）今年也是[cr]该活动进入中国的第10年。（C4）在节能与环保的重要性日益突显的今天，"地球一小时"[rc]虽然得到了世界各地的欢迎和提倡，（C5）[op]却也引发了争议和质疑。

小句C1、C2、C3、C4通过"地球一小时""这项活动""该活动""地球一小时"建立同指关系和复现关系；C4和C5建立了对立关系。

（2）S1（C1）事实上，这样的环保行为艺术，与当前我们所对应的"最严环保时代"是非常契合的。 S2（C2）以[in]今年的活动主题为例，它聚焦于公众生活密切相关、能呼应当代严峻环境问题的议题，（C3）（它）提出5个领域、20种具体行为方式，（C4）（它）倡导公众积极转变，（C5）如[in]购物自带环保袋少用塑料包装袋，不买含聚乙烯等成分的洗化品等。 S3（C6）[cr]而这方面，目前也是我们的环保短板所在。

小句C1和C2之间通过"环保行为艺术""今年的活动主题"建立了实例关系，C2、C3、C4的施事者一致，构建了同指关系，C3中的"具体行为方式"和C5中的"购物自带环保袋少用塑料包装袋，不买含聚乙烯等成分的洗化品"之间建立实例关系，C6通过"这方面"与前面S2中的内容构建同指关系。

（3）（C1）据新华社报道，[ae]（C2）全国人大环资委副主任委员袁驷12日在十三届全国人大一次会议记者会上表示，[ae]（C3）全国人大常委会开展对大气污染防治的监督工作，（C4）[po]一个突出特点就是坚持发扬钉钉子精神，（C5）[ti]一直钉到底。

小句C2和C3建立了受事关系，同时构成一个概念结合体，与小句C1建立了受事关系，C3中的"监督工作"和C4"一个突出特点"之间建立拥有关系，C4和C5之间建立时间关系。

（4）（C1）只有坚持全面从严治党，[rc]（C2）把党建设好、建设强，

[ca]（C3）我们党才能带领人民有效应对重大挑战、抵御重大风险、克服重大阻力、解决重大矛盾，[ca]（C4）（我们）不断从胜利走向新的更大的胜利。

小句C1中的"党"与小句C2中的"党"建立复现关系，小句C3、C4和前面的C1、C2建立因果关系。

(5)（C1）它用严酷的事实再次证明，[ae]（C2）没有科学发展，（C3）即使在经济上做成了"巨无霸"，[op]（C4）将来还要为环境、资源付出代价。

小句C1和后面的C2、C3、C4构成的概念结合体建立受事关系，C3和C4建立对立关系。

(6) S1（C1）一个鱼虾绝迹、污水横流、垃圾遍地的农村，定难[cg]<u>承载游子乡愁</u>，（C2）更不可能[cg]承载起农民对美好生活的向往[ca]。S2（C3）所以党的十九大擘划乡村振兴战略，（C4）确立了产业兴旺、生态宜居、乡风文明、治理有效、生活富裕的建设目标[ca]。S3（C5）所以中央领导明确要求，[ae]（C6）认真学习领会习近平生态文明思想，（C7）[ca]就要深刻把握良好生态环境是最普惠民生福祉的宗旨精神，（C8）[ca]着力解决损害群众健康的突出环境问题。

小句C1中的"承载"和小句C2中的"承载"建立复现关系，S1和S2、S3分别建立因果关系。C5和C6、C7、C8建立了受事关系，C2 和C3、C4建立因果关系。C5和C6、C7、C8建立受事关系。C6和C7、C8建立因果关系。

综上所述，在本书提出的31种概念—关系中，跨越小句之间的概念—关系主要有11种，其中，出现频率最高的是因果关系[re]、同指关系[cr]、复现关系[rc]、对立关系[op]、施事关系[ag]、受事关系[ae]。

5.3 语篇语义网络中的层级性知识空间

语篇语义网络的层级性主要表现在两个方面：一是概念的微观状态和宏观状态之间建立各种层级性的联系；二是通过构建语篇语义网络，形成了层级性的知识空间。下面探讨语篇语义网络中层级性知识空间的构建过程。

由图5-2可知，构建语篇语义网络的过程中，局部的单一概念构成微观状态，认知处理器首先按时序处理概念的微观状态；当接近另一个相关的概念微观状态时，便建立联系，获得一个概念的宏观状态；这个新的宏观状态在同一层面上与另一个宏观状态整合，输出一个更大的宏观状态；然后在更高的认知层面上与其他宏观状态整合，最终形成整个语篇的语义网络。

概念是知识的实体，随着语篇语义网络的构建，概念和概念之间建立不同程度的联系，形成了层级性的知识空间。下面以例5.1的语篇语料为例阐释语义网络建构过程中形成的层级性知识空间。一般来说，语篇中的每个小句都形成一个小句知识空间，如例5.1中的八个小句形成了八个知识空间。小句知识空间（1）～（6）建立联系，产生句1知识空间，小句知识空间（7）～（8）结合形成句2知识空间。句1和句2知识空间结合产生了这个段落的知识空间。段落的知识空间也被称作是模型空间（Model Space，缩写为MS）。语篇中知识空间的结合不是依次进行的，而是根据概念—关系类型和连接的不同程度，形成层级性的知识空间，如图5-3所示。

如图5-3所示：每一个小句形成一个小句知识空间，分别是C1、C2、C3、C4、C5、C6、C7、C8。C3和C4两个知识空间分别与C2知识空间建立施事关系，形成一个大的知识空间，本书称之为KS234（即KS2、KS3、KS4整合成一个大的知识空间）。C5知识空间中的指示词"此"，与前面的知识空间KS234建立同指关系，C5和C6并列形成了知识空间KS56，与知识空间KS234形成了因果关系，构成一个更大的知识空间KS23456（即KS2、KS3、KS4、KS5、KS6整合成一个大的知识空间）。C1中的概念"民间环保"与C2中的"民间环保"概念建立复现关系，形成一个大的知识空间KS123456（即KS1、KS2、KS3、KS4、KS5、KS6整合成一个大的知识空间）。C7"从这个意义上说"，是一种元话语，与C8的基本话语相对。言语交际中的话语包括两个层面：基本话语（primary discourse）和元话语（metadiscourse）（Crismore，1989）。基本话语是关于话题的命题信息。元话语表达对话题命题信息的态度，指示交际者如何理解话题的命题信息。元话语是元认知的言语体现，元认知是指认知主体利用元认知知识和元认知策略对认知过程进行调节和监控（李佐文，2003）。对于元话语C7"从这个意义上说"，它编码了概念意义，交际者也构建了其中的概念—关系，"这个意义"和"说"建立方式关系，形成了一个元话语知识空间（KS7）。C7和C8建立了受事关系，形成了一个较大的知识空间KS78。知识空间KS78通过指示代词"这"，与知识空间KS123456形成同指关系，整合成一个大的段落模型空间KS12345678。

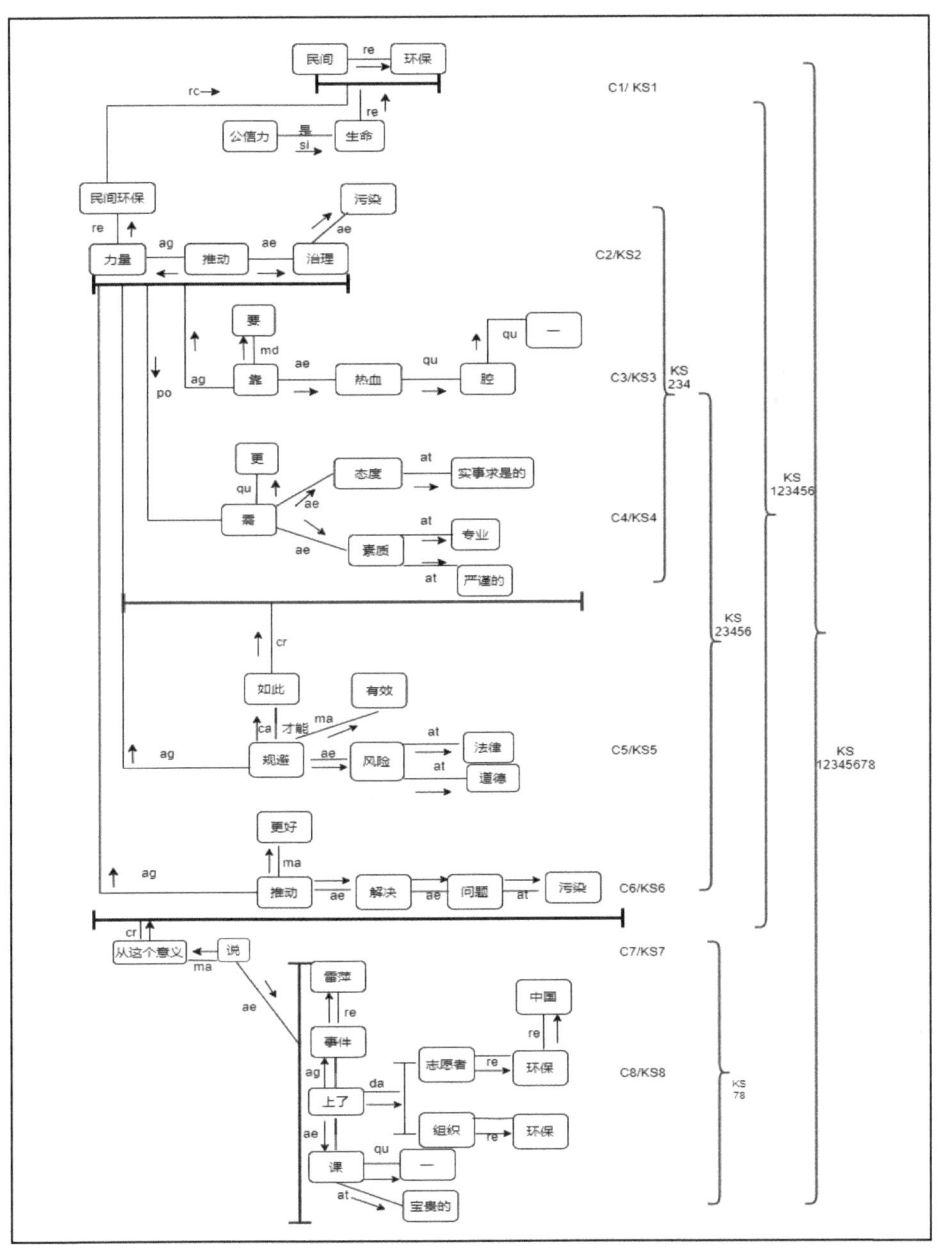

第 5 章 现代汉语语篇语义网络的构建

eq：等同关系； rc：复现关系； at：属性关系； md：情态关系； ag：施事关系；
ae：受事关系； qu：数量关系； cm：交际关系； cr：同指关系； ca：因果关系；
re：相关关系； da：与事关系； ma：方式关系； C：小句； KS：知识空间

图5-3 语篇语义网络中的层级性知识空间

本书认为，语篇段落的模型空间包含着多个不同层次的知识空间，小句知识空间之间建立不同程度的联系，形成大的知识空间。知识空间整合主要有两种情况：一是小句知识空间作为整体与其他小句中的概念建立联系，如上例中的KS2和KS3、KS4中的概念分别建立施事关系和拥有关系，形成KS234；此外，KS2和KS5、KS6中的概念建立了施事关系，因此，KS2是KS3、KS4、KS5、KS6的控制中心。二是通过概念—关系将知识空间进行整合，如KS5中的"此"将KS234和KS5、KS6构建了同指关系，结合形成KS23456；KS7中的"这"与之前的知识空间KS123456建立了同指关系，形成了该段的模型空间。下面是研究语料中的其他例子。单下划线表示两个概念之间的同指关系，双下划线表示该句与多个概念结合体建立了嵌套型的同指关系。

例5.3

（1）（C1）对这家企业而言，无论是算"小账"还是算"大账"，（C2）环保的结果都是赚。（C3）[cr]这给更多企业带来重要启示——不要以为搞环保就是"赔本买卖"。

C1和C2形成整合的空间，与C3建立同指关系。

（2）（C1）关键还是在于地方政府的责任心和能动性，（C2）不仅要能主动履职，（C3）而且还要能履好职，如[cr]此，（C4）方能争取民意，（C5）赢得民心。

C1、C2和C3形成整合空间，与C4和C5建立因果关系。

（3）（C1）应当说，（C2）通过严格管理，减少烟头等垃圾落地，（C3）提升城市面貌，[cr]（C4）这样的做法初衷是好的，（C5）取得了一定成效。

C1、C2和C3形成整合空间，与C4建立同指关系。

（4）（C1）治标不治本的措施，是不会长久有效的，（C2）靠[cr]这些措施，（C3）显然打不好污染防治攻坚战。

C1和C2建立同指关系，与C3建立方式关系。

（5）（C1）但主观上讲，她并无扰乱公共秩序的故意，（C2）不过是因为举报污染心切而犯下过失。（C3）对此[cr]，信宜当地及时做出澄清说明或者依法处理就行，（C4）没必要太苛刻。（C5）从[cr]这个角度看，"对志愿者多些理解和包容"——生态环境部的表态正呼应了民众关切，C6值得点赞。

C1、C2形成整合空间，与C3建立同指关系。C1、C2、C3、C4又形成一个更大的整合空间，与C5建立同指关系。

（6）(C1)<u>在东北大兴安岭，坚持封山育林、人工造林并举，</u>(C2)<u>塑造大自然的"天然氧吧"；在青海三江源，</u>(C3)<u>加强沙漠化防治、高寒草原建设，</u>(C4)<u>加强节能减排和环境综合治理，</u>(C5)<u>呵护好"一江清水向东流"的"中华水塔"；</u>(C6)<u>在长江经济带，坚持共抓大保护、不搞大开发，</u>(C7)<u>突出生态优先、绿色发展。</u>(C8)[cr]实践证明，(C9)不断增强自然生态系统的修复能力和自我循环能力，(C10)才能促进生态环境质量持续改善。

C8中的概念"实践"作为包装名词，将前面 C1~C7小句中的内容整合在一起，构建同指关系。

上例中，指示词"这""那""此""实践"的使用，将它们前面的知识空间（画线部分）整合成一个大的知识空间，并建立了同指关系，同时与指示词所在的知识空间内的概念建立联系，进而形成更大的知识空间。例5.3（5）中，小句C3中的"此"与小句C1、C2知识空间建立同指关系，将前C1、C2整合成一个大的知识空间。小句C5中的"这"与C1、C2、C3、C4整合后的知识空间又形成同指关系，从而将5个小句知识空间整合成一个大的知识空间。

语篇语义网络中，元话语构成了不同层次的知识空间，如下例所示。

例5.4

（1）<u>说到底，</u>（政府）只靠上级倒逼而（政府）采取的行动只能治标，不能治本。

（2）<u>须知，</u>普通民众的关注点从来不在形式，而在实质，诚意再满也得用行动说话、用效果答复。民众真正所想、所需的是环境质量的明显改善与长期保持，<u>从这个角度看，</u>地方政府整改方案字数多与少不重要，落实才是当务之急。

（3）<u>表面看，</u>地方政府的态度值得肯定。

（4）<u>从国外经验来看，</u>1952年英国伦敦发生"烟雾事件"后，其大气污染治理花了将近30年的时间才得到根本好转。<u>由此可见，</u>要真正打赢蓝天保卫战，不能满足于已经取得的成绩，而要有打持久战的思想准备，常抓不懈、久久为功。

（5）公平地说，就生态环境而言，苏南远不是全国最糟的地方。

（6）从某种意义上讲，太湖之痛，是GDP至上的发展之痛；苏南发生的曲折，折射了全体中国人奔小康、认识小康过程的历史曲折。

（7）可以说，一个城市如果不能把生态保护好，就没有未来，没有希望，而且难以逆转。

在语篇语义网络的构建过程中，元话语形成了元话语知识空间。元话语知识空间包括感知实体与交际行为之间的交际关系、感事实体与认知行为之间的认知关系、感知实体与情态概念之间的情态关系、感知实体与方式概念之间的方式关系。其中，交际关系、认知关系为必要关系，情态关系、方式关系为可选择的关系。在语言表达层面上，感知实体一般是处于省略的状态，因此，主语是缺省的。在上例中，元话语后面的小句构成的知识空间均为感知实体通过感知行动获得的认知结果。元话语知识空间中的情态关系或方式关系传递了感知主体对认知或交际内容的态度，如例5.4（5）中的"公平地说"。元话语知识空间和它后面小句知识空间的关系大多为受事关系。

通过对语篇语义网络的构建过程进行分析，本书发现，概念—关系的建立具有递归性，语篇语义网络不是以从下至上的线性方式构建的，而是具有层级性。语篇中的同指概念—关系和元话语的使用往往标示层级性知识空间的构建。

5.4 语篇语义网络中的模型空间

本节将分析语篇模型空间的形成和模型空间通过建立概念—关系逐步扩大语篇语义网络的过程。

语篇是交际者将思维内容进行概念化的结果。思维内容以组块形式出现，这种组块映射到语言表达式上，就是不断把组块进行切分，形成段落、句群、小句以及语言表达式上的各种成分，层层切分的结果必然进入最基本的过程，即该过程中的实体之间的联系（Chafe，1979）。随着语篇的展开，语义网络不断扩大和更新，被认知处理的概念不断整合，逐渐形成模型空间（Beaugrande，1981）。语篇的模型空间与段落相对应，当模型空间中的概念内容出现转折的时候，就会出现段落的界限。模型空间将语篇世界的知识进行组块，作为短期或长期的记忆储存。

语篇世界模型是语篇交际者大脑中关于整个语篇的认知对应物,由多个模型空间构成,模型空间与模型空间之间具有连接性。

模型空间之间建立的概念—关系主要有复现关系、同指关系、对立关系。

例5.5

(1) MS1如今,各种**农家乐**、生态农庄遍地开花,成为**乡村旅游**的热门。记者近日在多地实地调查,发现很多农家乐"前门生态、后门排污"问题突出,污染防治和监管滞后。一些标榜"生态"的农庄名不副实,污水排放之处成了臭水沟,油烟排放之处成了"黑土地"。

(2) MS2在旅游从精英消费向大众消费过渡的当下,**乡村旅游**对不少消费者都具有号召力。对于长期生活在钢筋水泥建构的城市里的人们来说,和大自然来一次亲密接触无疑具有吸引力;对于"唯有美食不可辜负"的吃货们来说,土鸡土菜显然具有十足的诱惑力;对于习惯了快节奏生活方式的人们来说,在**农家乐**享受短暂的"慢生活"也是惬意的体验……如火如荼的乡村旅游,让开办**农家乐**成为一种生财之道。

上例中,MS1和MS2通过"农家乐""乡村旅游"的同指概念关系建立联系。

(3) MS1近些年,环保事业所面临的形势日益严峻,国家在环保方面的政策和措施不断出台。**垃圾分类**就是推动环境保护的一个重要手段。近期,住房和城乡建设部召开新闻发布会,重点介绍了城市生活垃圾分类工作进展情况。**据了解,全国46个重点城市均已开展生活垃圾分类投放、收集、运输和处理设施体系建设,多个城市生活垃圾分类工作已初见成效。**

(4) MS2但**这**远远不够,伴随着中国城市化进程的进行,会有更多的人口进入城市,解决好**垃圾分类**问题刻不容缓。政府不仅要担负起自身责任,更为重要的是促进民众形成**垃圾分类**的意识,养成不乱扔垃圾的良好生活习惯。因此,应该来一场**垃圾分类**的全民教育,培养民众**垃圾分类**的意识。

上例中,MS1中的最后一句话和MS2中的"这"之间建立了复现关系,MS1中的"垃圾分类"和MS2中的"垃圾分类"建立同指关系。

(5) MS1今年6月17日是第二十四个世界防治荒漠化和干旱日。荒漠化被称为"地球的癌症",是全球生态领域的热点和难点问题。党的十八大以来,**我国**生态保护和治理力度进一步加大,持续实施了三北防护林体系建设、京津风沙源治理、石漠化治理、退耕还林等重点工程，启动了沙化土地封禁保护区和沙漠公园试点建设。5年来，<u>我国</u>新增沙化土地治理面积超过1000万公顷，封禁保护面积超过150万公顷。自2000年以来，全国荒漠化和沙化面积已连续3个监测期出现"双缩减"，北方风沙线上初步建立起一道绿色生态屏障，实现了由"沙进人退"到"绿进沙退"的历史性转变。

（6）MS2<u>不过</u>，<u>我国</u>依然缺林少绿、生态脆弱，是世界上土地荒漠化、沙化非常严重的国家之一。全国荒漠化土地面积达261万平方千米，占国土面积的27.2%；沙化土地面积达172万平方千米，占国土面积的17.9%。北方不少地方，仍然会遭遇沙尘天气袭扰。例如，今年以来，大风数次把沙尘从沙源地吹过来，北京已经发生了4次以浮尘为主的沙尘天气。

上例中，MS1和MS2通过"不过"建立了对立关系，同时，通过重复出现概念"我国"建立了复现关系。

下面以新闻评论语篇《"对志愿者多些理解和包容"——为生态环境部的表态点赞》为例阐释语篇世界中的模型空间，如图5-4所示。

由图5-4可知，该语篇由九个模型空间构成，我们用下划线和连线标示出模型空间之间实现连接的概念、概念组块以及衔接词。MS1开始的"雷萍……一事"与MS2的"雷萍事件"建立复现关系。MS2末尾的"出现失实"与MS3开始的"犯下这样的错误"建立同指关系。MS4开始的"这个角度"与MS3末尾的知识空间形成同指关系。MS5开始的"环保志愿者"与MS4末尾的"志愿者"形成复现关系。MS7开始的"瑕"与MS6末尾的"瑕疵"形成复现关系；MS7开始的"错误"与MS6末尾的"错误"形成复现关系；MS7开始的"他们"与MS6末尾的"有些人"形成同指关系。MS8开始的"志愿者"和MS7末尾的"他们"形成同指关系。MS9开始的"民间"与MS8的"民间"形成复现关系；MS9的概念"污染"与MS8的"污染"形成复现关系。概念之间的连接不仅发生在相邻的段落模型空间之间，还发生在多个段落空间模型之间，或者相隔较远的模型空间之间。上例中，MS1、MS2、MS3、MS4、MS5中都有概念"雷萍"，形成复现关系；MS4、MS5、MS6、MS7、MS8、MS9中都出现了概念"志愿者"，形成了复现关系；MS2和MS9中的"雷萍事件"，建立了复现关系，环保概念在MS1、MS5、MS6、MS8、MS9都出现了。因此，概念—关系建立的语义网络贯穿于整个语篇，将模型空间联系起来,形成了语篇世界模型。

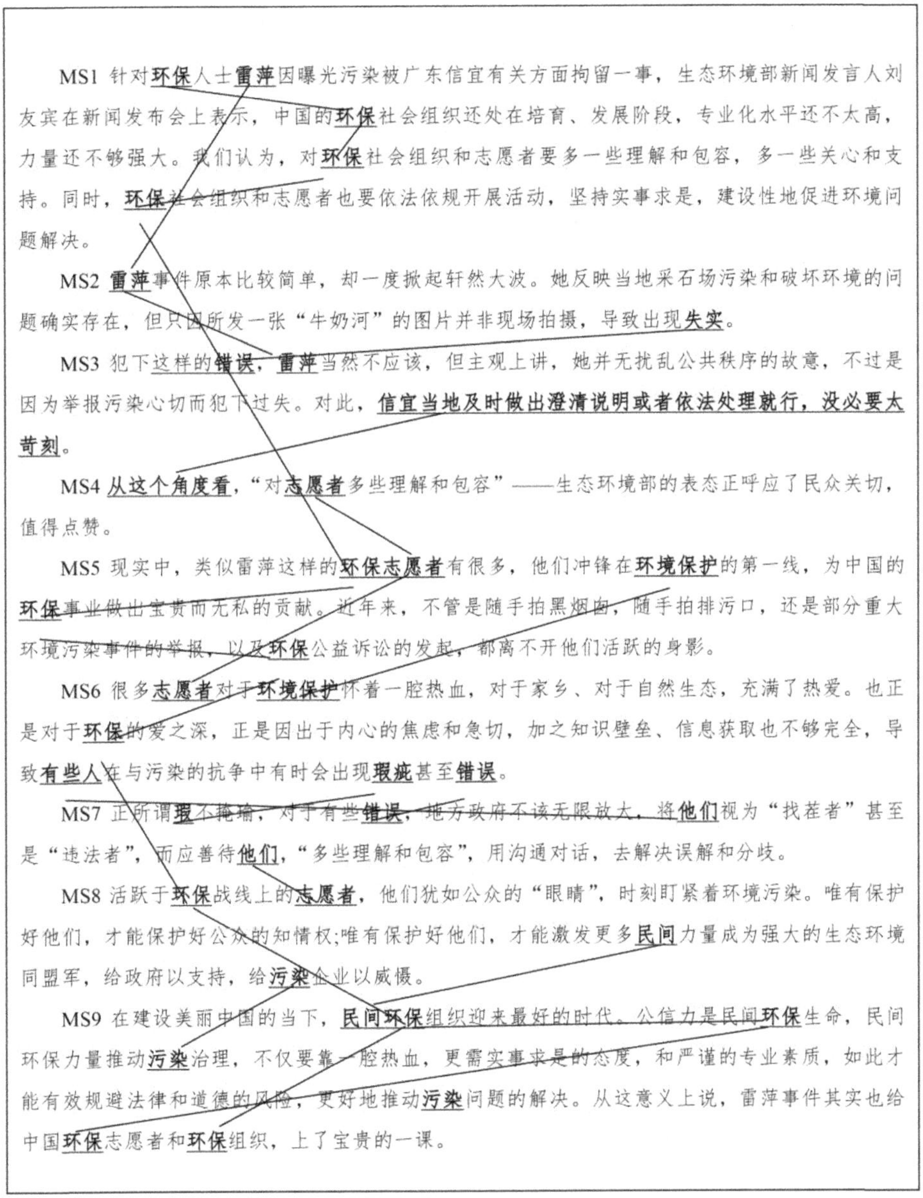

MS1 针对**环保人士雷萍**因曝光污染被广东信宜有关方面拘留一事,生态环境部新闻发言人刘友宾在新闻发布会上表示,中国的**环保**社会组织还处在培育、发展阶段,专业化水平还不太高,力量还不够强大。我们认为,对**环保**社会组织和志愿者要多一些理解和包容,多一些关心和支持。同时,**环保**社会组织和志愿者也要依法依规开展活动,坚持实事求是,建设性地促进环境问题解决。

MS2 **雷萍**事件原本比较简单,却一度掀起轩然大波。她反映当地采石场污染和破坏环境的问题确实存在,但只因所发一张"牛奶河"的图片并非现场拍摄,导致出现**失实**。

MS3 犯下这样的**错误**,**雷萍**当然不应该,但主观上讲,她并无扰乱公共秩序的故意,不过是因为举报污染心切而犯下过失。对此,**信宜当地及时做出澄清说明或者依法处理就行,没必要太苛刻**。

MS4 **从这个角度看**,"对**志愿者**多些理解和包容"——生态环境部的表态正呼应了民众关切,值得点赞。

MS5 现实中,类似雷萍这样的**环保志愿者**有很多,他们冲锋在**环境保护**的第一线,为中国的**环保**事业做出宝贵而无私的贡献。近年来,不管是随手拍黑烟囱、随手拍排污口,还是部分重大环境污染事件的举报,以及**环保**公益诉讼的发起,都离不开他们活跃的身影。

MS6 很多**志愿者**对于**环境保护**怀着一腔热血,对于家乡、对于自然生态,充满了热爱。也正是对于**环保**的爱之深,正是因为内心的焦虑和急切,加之知识壁垒、信息获取也不够完全,导致**有些人**在与污染的抗争中有时会出现**瑕疵**甚至**错误**。

MS7 正所谓**瑕不掩瑜**,对于有些**错误**,地方政府不该无限放大,将**他们**视为"找茬者"甚至是"**违法者**",而应善待**他们**,"多些理解和包容",用沟通对话,去解决误解和分歧。

MS8 活跃于**环保**战线上的**志愿者**,他们犹如公众的"眼睛",时刻盯紧着环境污染。唯有保护好他们,才能保护好公众的知情权;唯有保护好他们,才能激发更多**民间**力量成为强大的生态环境同盟军,给政府以支持,给**污染**企业以威慑。

MS9 在建设美丽中国的当下,**民间环保**组织迎来最好的时代。公信力是民间**环保**生命,民间环保力量推动**污染**治理,不仅要靠一腔热血,更需实事求是的态度,和严谨的专业素质,如此才能有效规避法律和道德的风险,更好地推动**污染**问题的解决。从这意义上说,雷萍事件其实也给中国**环保**志愿者和**环保**组织,上了宝贵的一课。

图5-4 《"对志愿者多些理解和包容"——为生态环境部的表态点赞》语篇模型空间的概念—关系连接示意图

5.5 语篇语义网络的概念连接密度与层级性知识空间

以上分别阐释了语篇语义网络中知识空间的层级性、模型空间的构建以及语篇语义网络具有的控制中心。那么，如何确定语篇中不同层级的知识空间及其控制中心，从而构建语篇主题，是下面重点探讨的问题。

语篇语义网络基于各种概念—关系贯穿语篇，形成语篇知识世界。概念的微观状态相结合，形成概念—关系的宏观状态；小句和小句知识空间相结合，构成句子知识空间；句子知识空间结合形成语篇模型空间；语篇模型空间结合形成更大的语篇知识空间或知识组块。本书认为，语篇的标题、分段、标点和排版是语篇所具有的重要形式特征，可以充分利用语篇的标点符号、分段和排版来确定不同层级的知识空间。语篇标题与新闻评论语篇语义网络的关系将在后面的章节里进行深入探讨。第一，通过标点符号确定小句知识空间。形式上，小句间一定有标点分割，通常是逗号、分号和句号等。梁国杰（2016）把由逗号、句号、分号、叹号、问号、省略号、冒号、破折号等分隔的字符串称为"标点句"，把包含至少一个主谓结构的标点句视为小句。话语中的标点符号是话语计算中确定小句的一类形式标记。第二，通过标点符号确定句子知识空间。形式上，句子之间由句号、感叹号、问号、省略号等相隔。第三，通过语篇的段落排版，确定语篇模型知识空间。语篇模型知识空间在语篇表层表现为语篇段落。作为篇章中的一个较大的语义单位，在篇章分析中经常被忽视。段落边界通常标示篇章语义连贯的局部中断，在一定程度上提示话题的转接。段落之间的各种组合构成更大的知识组块或者语篇的章节。第四，可以通过语篇语义网络中概念—关系的连接密度确定没有明显形式标记的知识空间，如：句子和句子构成的句群知识空间，段落和段落构成的更大的知识空间。下面以具体的语篇进行阐释。

例5.6

《比机器空转更可怕的是环保意识空转》

新华网

第一段

S1（C1）中央环保督察组近日突击检查北方某县垃圾处理场看到，（C2）污染防治设施正在运转，（C3）运行记录工整齐全，（C4）但在控制设备间发现，(C5)虽然机器不停运转，(C6)但流量计始终显示为0，(C7)既没有出水也没有进水。

S2 (C8)被检查企业负责人最终承认，(C9)机器早已损坏，(C10)为应对检查而空转污染防治设施、造假运行记录台账。

S3 (C11)此案教训深刻，(C12)更可怕的是暴露出一些地方干部的环保意识也在空转。

第二段

S4 (C13)保护生态环境是重大政治问题，(C14)也是关系民生的重大社会问题。

S5 (C15)虽然中央对此三令五申，(C16)但在中央环保督察组的通报中，(C17)长江边倾倒数万吨污泥两年未整改甚至变本加厉的有之；(C18)非法填湖造地，向湖要地、向湖要房、向湖要钱的有之；(C19)河堤惊现3公里"垃圾带"，(C20)河长制形同虚设的有之……

S6 (C21)环保意识空转的地方干部还不少，(C22)对生态环保要求有选择、搞变通、打折扣的现象一再发生，(C23)生态环保领域中慢作为、不作为、乱作为的问题依然严重。

第三段

S7 (C24)当前，环境污染已成为重要的民生之患、民心之痛，(C25)并成为经济社会可持续发展的一个瓶颈。

S8 (C26)严峻的生态环境状况，容不得我们继续走以牺牲生态环境为代价的老路。

S9 (C27)针对眼下存在的问题，要尽快解决，(C28)绝不能拖延和掩盖。

第四段

S10 (C29)生态环境没有替代品，(C30)损害容易，(C31)恢复困难。

S11 (C32)要坚决摒弃以牺牲生态环境换取经济增长的做法，(C33)以对子孙后代高度负责的态度和责任，(C34)痛下决心把环境污染治理好、把生态环境建设好。

S12 (C35)牢固树立绿水青山就是金山银山的理念，(C36)让良好生态环境成为人民幸福生活的增长点、成为经济社会持续健康发展的支撑点。

第五段

S13 （C37）环境就是民生，（C38）绿水青山就是百姓福祉。

S14 （C39）只有坚持把生态环境保护摆在更加突出的位置，（C40）坚决打好污染防治攻坚战，（C41）提供优质生态环境，（C42）才能满足人民日益增长的美好生活的需要。

首先，按照段落的形式标记呈现语篇的段落模型空间，并且按照句子的形式标记整理每个段落中的句子，该语篇中的句子形式标记主要是句号和省略号。其次，识别语篇语义网络中句子之间的概念连接密度。前面的研究发现：构建句子之间连接关系的主要有复现关系、同指关系、等同关系、对立关系、实例关系、纲目关系、因果关系、时间关系。语篇中的每个句子都与其他句子通过概念—关系建立各种联系。以第一句话（S1）为例，列出S1与语篇其他句子之间建立的连接类型和数量，如表5-1所示。

表5-1　语篇中S1与其他句子之间的概念—关系连接

句子之间的 概念连接	句子之间的概念—关系	数量
S1—S2	垃圾场—企业（同指关系）、检查—检查（复现关系）、机器—机器（复现关系）、污染防治设施—污染防治设施（复现关系）、运行记录—运行记录（复现关系）	5
S1—S3	环保—环保（复现关系）、北方某县—地方（纲目关系）	2
S1—S4	无概念连接	0
S1—S5	中央环保督察组—中央环保督察组（复现关系）	1
S1—S6	环保—环保（复现关系）、北方某县—地方（细目说明关系）	2
S1—S7	污染—污染（复现关系）	1
S1—S8	无概念连接	0
S1—S9	无概念连接	0
S1—S10	无概念连接	0
S1—S11	污染—污染（复现关系）	1
S1—S12	无概念连接	0
S1—S13	无概念连接	0
S1—S14	污染防治—污染防治（复现关系）	1

S1和S2之间构建的概念连接有垃圾场—企业、检查—检查、机器—机器、污染防治设施—污染防治设施、运行记录—运行记录。S1中出现了1次"检查",S2中出现了2次"检查",我们记为1个概念连接。"污染防治设施"是由多个概念构成的概念结合体,分别出现在两个句子里,我们记为1个概念连接。

S1和S3之间构建的概念连接:环保—环保、北方某县—地方。

S1和S5之间构建的概念连接:中央环保督察组—中央环保督察组。S1和S5两句中都出现了"中央环保督察组",建立了复现关系。此外,S5中有一个独立概念"中央",不再将它记为与"中央环保督察组"中的"中央"建立概念连接。

S1和S6之间构建的概念连接:环保—环保、北方某县—地方。S1中的"环保"与S6中的"环保意识""生态环保"中的"环保"建立复现关系,记为1次概念连接。

S1和S7、S1和S11之间均为1次概念连接:污染—污染、污染—污染。S1和S14之间由一个概念连接:污染防治—污染防治。

S1和S4、S1和S8、S1和S9、S1和S10、S1和S12、S1和S13之间没有概念连接。

我们认为,语篇中句子之间的概念连接数量越多,两个句子的意义关系越紧密;概念连接数量越少,两个句子的意义关系越松散。从S1和其他句子的关系来看,S1和S2之间的概念—关系数量为5,语义关系最紧密;与其他句子之间的概念—关系数量为2次、1次,或者没有建立概念连接。这符合语篇的内容发展。S1和S2都是对具体新闻事件的叙述,而其他句子是对新闻观点的论证。同样,我们汇总了其他句子之间的概念连接和数量,如表5-2所示。

表5-2 语篇句子之间的概念—关系连接统计表

	S1	S2	S3	S4	S5	S6	S7	S8	S9	S10	S11	S12	S13
S1													
S2	rc 机器; rc 污染防治设施; rc 运行记录; cr 垃圾场-企业												
S3	rc 环保; cr 北方某县-地方	cr S2 事件; 此案; cr 负责人-干部											
S4	0	0	0										
S5	rc 中央环保督察组	0	rc 环保; op 中央-地方	rc 生态环境 S5									
S6	rc 环保; cr 北方某县-地方	rc 干部-负责人	rc 地方干部; rc 环保	rc 生态; rc 问题	rc 环保; op 中央-地方 S6								
S7	rc 污染	0	0	rc 环境; eq 民生-重要 重要-重大	0	0							
S8	0	0	0	rc 问题	rc 环境	rc 生态	rc 环境 S7 0						
S9	0	0	0	0	0	rc 问题	0	0 S8					
S10	0	rc 污染	0	rc 生态环境	rc 环境	rc 生态	rc 环境	rc 生态环境	0 S9				
S11	0	rc 污染	0	rc 生态环境	rc 环境	rc 生态	rc 环境; rc 经济	rc 生态环境	0	rc 生态环境 S10			
S12	0	rc 污染	0	rc 生态环境	rc 环境; rc 经济社会	rc 生态	rc 环境	rc 生态环境	0	rc 生态环境	rc 生态环境; rc 经济 S11		
S13	0	rc 污染	0	rc 环境	rc 环境; 民生	rc 生态	rc 环境	rc 环境	0	rc 环境	rc 生态环境	rc 绿水青山; rc 环境; eq 人民-百姓; eq 福祉-幸福 S12	
S14	rc 污染防治	rc 污染防治	0	rc 生态环; rc 保护	rc 环境	rc 生态	rc 环境	rc 环境	0	rc 环境	rc 生态环境	rc 生活; rc 良好; eq 福祉-幸福; 幸福-美好	rc 环境; eq 人民-百姓; eq 生态环境; rc 污染; eq 良好-优质; 优质-美好 S13

◇ 114 ◇

如表5-2所示，表格的纵列呈现的是一个句子与它后面句子之间建立的概念—关系，横列呈现的是一个句子和前面的句子建立的概念—关系。跨句间的主要概念—关系及其符号标记是：复现关系[rc]、同指关系[cr]、对立关系[op]、等同关系[eq]。当两个句子之间具有复现关系时，如S1和S2中都具有"机器"的概念，建构了复现关系，表中呈现"机器"，同时标注为rc（复现关系）。当两个句子之间具有同指关系时，如S2句中提到的事件和S3句中的"此案"构成同指关系，表中呈现出相关概念—关系及其标示：cr S2事件—此案。当两个句子之间具有对立关系时，如S3中的"中央"和S5中的"地方"构成对立关系，表中呈现相关概念及其标示：op中央—地方。当两个句子之间具有等同关系时，如S12中的"福祉"和S13中的"幸福"构成等同关系，表中呈现相关概念及其标示：eq福祉—幸福。当两个句子之间没有明显的概念—关系时，表中相应位置标注"0"。

我们将语篇中所有句子之间的概念连接次数进行了汇总，如表5-3所示。

表5-3　语篇中各句子之间的概念连接次数统计表

		S1												
一段	S2	5	S2											
	S3	2	2	S3										
二段	S4	0	0	0	S4									
	S5	1	0	2	1	S5								
	S6	2	1	3	2	2	S6							
三段	S7	1	1	0	3	1	0	S7						
	S8	0	0	0	1	1	1	1	S8					
	S9	0	0	0	1	0	1	0	0	S9				
四段	S10	0	0	0	1	1	1	1	1	0	S10			
	S11	1	1	0	1	1	2	1	1	0	1	S11		
	S12	0	0	0	1	1	1	2	2	1	0	2	S12	
五段	S13	0	0	0	1	1	0	2	1	0	1	1	4	S13
	S14	1	1	0	2	1	1	1	1	0	1	2	5	3

根据表5-3所示，句子之间的概念连接次数不一样，在0～5次之间。每两个句子构成一个句子对，该语篇中共有91个句子对。我们将语篇中所有句子对

的概念连接数量及占比情况进行了统计，如表5-4所示。

表5-4 句子对的概念连接数量及占比统计表

句子对的概念连接	0次	1~2次	3次及以上
数量	32	53	6
占比	35%	58%	7%

由表5-4可知，32组句子之间没有明显的概念连接，标为0次，占35%；53组句子之间的概念连接为1~2次，占58%；6组句子之间的概念连接为3次及以上，占7%。我们把3次及以上的连接设为连接密度强，1~2次的连接为连接密度弱。下面，我们将语篇句子对的连接情况用示意图来表示，如图5-5所示。

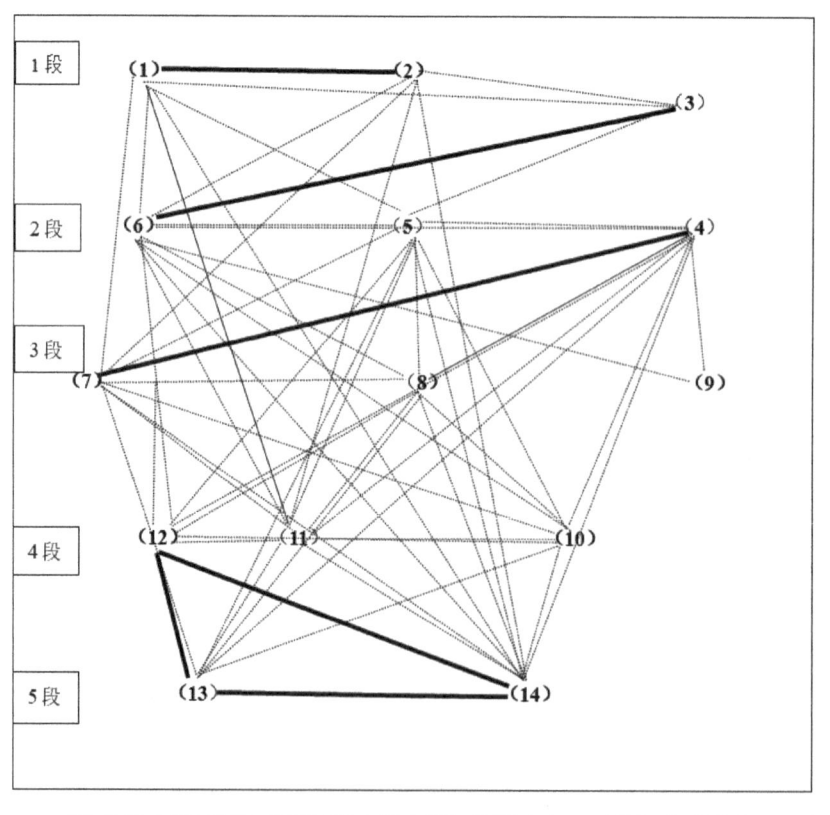

图5-5 《比机器空转更可怕的是环保意识空转》语篇中句子对的概念连接情况示意图

根据图5-5，概念连接密度强的句子对用粗黑线连接，概念连接密度弱的句子对用浅虚线连接，无概念连接的句子对之间无线段连接。结合前面的语篇句子之间的概念连接统计表、句子之间的概念连接次数统计表、句子对的概念连接数量及占比统计表和句子对的概念连接示意图，我们有如下几个方面的发现。

第一，语篇语义网络中的概念连接密度与语篇段落模型空间之间的关系。有些段落边界之间没有明显的概念连接，有些段落边界之间有紧密的概念连接。如例5.6中的语篇，第一段中的末尾句S3和第2段中的起始句S4、第二段中的末尾句S6和第3段中的起始句S7、第三段中的末尾句S9和第四段中的起始句S10之间均没有明显的概念连接；第四段中的末尾句S12和第五段中的起始句S13之间的概念连接密度强。我们认为，第四段和第五段这两个模型空间关系更紧密，二者结合形成更大的模型空间组块。第四段从生态环境的重要性出发，阐释人们应该采取的态度和做法，即"摒弃以牺牲生态环境换取经济增长的做法"，"树立绿水青山就是金山银山的理念"；第五段基于环境和民生的关系，阐释人们要采取的做法，即重视"生态环境保护"，"打好污染防制攻坚战"。从具体内容来看，第四段和第五段的段落都是在阐释生态环境重要性的前提下，提出人们应该采取的态度和行动。从语篇整体结构来看，这两段内容连接紧密，构成一个语篇组块。这与前面从概念连接密度的角度提出的观点一致。相比之下，第一、二、三段这三个模型空间之间的关系是独立的。但是，这三段之间的关系比第四、五段之间的关系更紧密。虽然第一、二、三段之间在段落的起始句和末尾句之间没有密切的连接，但是在段落内部，第一段中的S3与第二段中的S6、第二段中的S4和第三段中S7之间的概念连接密度强。从图5-5来看，在第一段的基础上，第二段和第三段的内容是逐步推进和深入的。第一、二、三段构成一个较大的模型空间组块。从具体内容方面考察，第一段提出新闻背景和事件，即"某企业空转污染防治设施，造假运行记录台账"。第二段进一步谈论此类环保意识空转现象。根据段落模型空间之间的概念连接密度，我们就能够确定该语篇知识空间的结构。

第二，语篇语义网络的概念连接密度和段落模型空间内部结构的关系。一个段落模型空间内部通常由一个或者多个句子构成。如果该段落模型空间由三个及以上的句子构成，句子之间的连接程度往往不一样。如例5.6语篇中的第一段，S1和S2有5次概念连接，具有紧密的概念连接，而和S3的概念连接比较松散，仅为2次概念连接。S1和S2结合形成更大的知识空间，然后再和S3结合形成段落知识空间。从句子的内容来看，S1和S2具体叙述了新闻背景事件：中央环保督察组的检查情况和企业负责人承认的事实真相。S3是对这一新闻事件的评价。句子之间的概念连接程度和句子之间语义关系紧密程度相一致。第二段中，S5和S6之间的概念连接为2次，S4和S5、S6之间的概念连接均为1次；S5和S6结合形成较大的知识空间，然后再和S4形成段落知识空间。从内容上看，S4总体提出保护生态环境的重要性，S5举例说明生态环境破坏的情况，S6提出环保意识空转的干部多、不作为的现象严重。第三段中，S7和S8之间的概念连接为1次，S9与S7、S8之间都没有明显的概念连接。S7和S8结合形成较大的知识空间，再与S9结合形成段落模型空间。从内容上看，S7提出环境污染的危害，S8提出严峻的生态环境状况不能走以牺牲生态环境为代价的老路，S9总体提出要尽快解决问题。第四段中，S10和S11、S12之间均有1次概念连接，S11和是S12之间有2次概念连接。S11和S12形成较大的知识空间，然后再和S10结合形成段落模型空间。从内容上看，S10提出"生态环境没有替代品"，S11和是S12分别提出相应的倡议和做法。S11提出"摒弃以牺牲生态环境换取经济增长的做法"以及要建设好生态环境，S12提出"牢固树立绿水青山是金山银山的理念"。第五段包含2个句子，S13和S14之间具有紧密的概念连接。基于该语篇中段落模型空间之间的关系和段落模型空间内部句子知识空间之间的关系，该语篇世界的知识空间结构如图5-6所示。

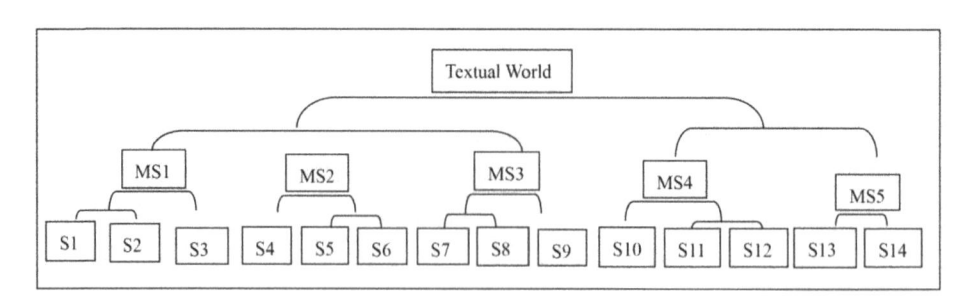

图5-6 《比机器空转更可怕的是环保意识空转》语篇世界知识空间结构示意图

5.6 语篇语义网络的概念连接密度与控制中心

语篇世界具有层级性的知识空间。不同的知识空间具有各自的控制中心（control centre），即主题知识。语篇处理者在语篇利用过程中，通过建立概念间的联系，构建了语篇语义网络。语篇处理者的注意力尤其指向发现语篇世界的控制中心。当概念微观状态之间建立联系形成宏观状态的时候，会有一个控制中心处理器从基本概念向外识别和确定其他节点，吸引着其他成分，并与它们建立联系。控制中心一般选择一级概念：对象、情景、事件和行动（Beaugrande，1980）。处理者从一级概念开始，建立它与二级概念的关系。

第一，小句知识空间的控制中心。在词组表达式的层面，概念控制中心为名词词组中的名词概念或者动词词组中的动词概念，也就是一级概念中的对象和行动。例如：名词词组"重大政治问题"，"问题"是控制中心，"重大、政治"分别与"问题"构建属性关系；名词词组"生态环境"，"环境"是控制中心，与"生态"建立了属性关系；动词词组"保护生态环境"，"保护"是控制中心，与"生态环境"建立了受事关系。在小句层面，控制中心是小句表征的情景或者事件，情景和事件由对象和行动构成，因此，小句的控制中心是由对象和行动构成的概念关系。例如：小句"保护生态环境是重大政治问题"，其控制中心是"保护环境"和"问题"之间建立的意义关系。该小句的概念—关系和控制中心示意图如图5-7所示。

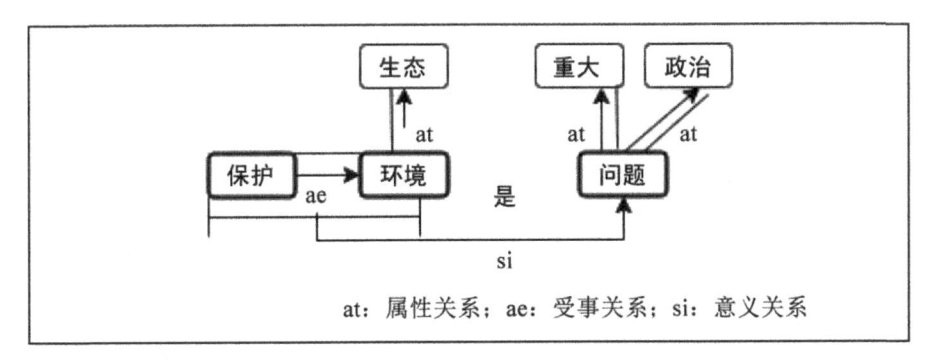

图5-7 小句的概念—关系和控制中心示意图

第二，句子知识空间的控制中心。当一个句子包含两个或者两个以上的小句时，承载较多概念—关系连接的小句是该句子的控制中心。如：例5.6语篇第一段中的句子S1，小句C1分别与小句C2、C3建立受事关系，C1是C2和C3的控制中心，C4分别与C5、C6、C7建立了受事关系，C4是C5、C6、C7的控制中心。另外，C2和C5通过概念"运转"建立了复现关系，C5和C6通过显性词汇标记"但是"建立了对立关系，C2、C5、C6在该句子的概念连接比较多。因此，句子S1的控制中心是C1、C2、C4、C5、C6。通过提出相关小句的控制中心和概念—关系，可以得出如下信息：中央环保督察组检查北方某县垃圾处理场时看到污染防治设施正在运转，但在控制设备间发现，虽然机器不停运转，但流量计始终显示为0。

第三，段落模型空间的控制中心。对于多个小句构成的段落，段落模型空间语义网络中形成句子间概念—关系的概念连接是控制中心，控制中心是段落模型空间的知识主题，将控制中心所在的小句提取出来，获得段落模型空间的知识主题。如例5.6语篇的第一段，具有句子间概念—关系的小句有C1、C2、C3、C5、C8、C9、C10、C11、C12。通过进一步提出小句的控制中心和概念—关系，可以得出如下信息：中央环保督察组检查北方某县垃圾处理场时看到污染防治设施正在运转，运行记录工整齐全，机器运转。被检查企业负责人承认，机器早已损坏，为应对检查而空转污染防治设施、造假运行记录台账。此案教训深刻，一些地方干部的环保意识也在空转。第二段中，具有句子之间概念—关系的小句有C13、C15、C21、C23。S6中的C21和C23都出现了"生态环保"概念，我们只提取其中的小句C23作为控制中心，C23除了有"生态"概念复现外，还有"问题"概念复现，通过提取小句的控制中心，可以得到主题信息：保护生态环境是重大政治问题，中央对此三令五申，环保意识空转的地方干部还不少，生态环保领域中慢作为、不作为、乱作为的问题依然严重。第三段中，建立概念—关系的小句有C24和C26。通过提取相关小句的控制中心，可以得到主题信息：环境污染已成为重要的民生之患、民心之痛，严峻的生态环境状况，容不得我们继续走以牺牲生态环境为代价的老路。第四段中，建立概念—关系的小句有C24和C26、C36。通过提取相关小句的控制中心，可以得到主题信息：生态环境没有替代品，要坚决摒弃以牺牲生态环境换取经济增长的做法，让良好生态环境成为人民幸福生活的增长点、成为经济社会持续健康发展的支撑点。第五段中，建立概念—关系的小句有C37和C38、C42。通过提取相关小句的控制中心，可以得到主题信息：环境就是民生，绿水青山就是百姓福祉，只有坚持把生态环境保护摆在更加突出的位置，才能满足人民日益增长的美好生活的需要。

第四，段落模型空间控制中心的位置。上例语篇中各段落模型空间的控制中心分布在空间的不同位置，串联起来形成语篇的段落空间的主题。有些语篇段落的起始处就提供了控制中心，以便连接后续的概念。如下面新闻语篇中的一个段落。

例5.7

S1（C1）现实中，类似雷萍这样的**环保志愿者**有很多，（C2）**他们**冲锋在**环境保护**的第一线，（C3）为中国的**环保**事业作出宝贵而无私的贡献。S2（C4）近年来，不管是随手拍黑烟囱，随手拍排污口，还是部分重大**环境**污染事件的举报，以及环保公益诉讼的发起，都离不开**他们**活跃的身影。

上例段落模型空间中，C1中的"环保志愿者"分别与C2中的"环境保护""他们"建立等同关系和同指关系，与C3中的"环保"建立复现关系，与C4中的"环保""他们"建立复现关系和同指关系。C2中的"他们""环境保护"分别与C3中的"环保"、C4中的"环保""他们"建立同指关系和等同关系。C1和C2的概念连接密度大，是该段落模型空间的控制中心，在段落开始出现，连接后面的小句知识空间。

有的段落在结尾处出现控制中心，从而将前面一些小句的核心概念共同连接到结尾处的控制中心。如下面新闻语篇中的一个段落。

例5.8

S1（C1）不仅是赤水河，云南大亮山从山秃水枯到草木葱茏、溪流不断，金沙江边柳林茂盛，都是一代代人接力的**成果**。S2（C2）还有我国那些重大生态保护**工程**，（C3）三北防护林**工程**始于1978年，（C4）天然林保护**工程**始于1998年，（C5）退耕还林**工程**始于1999年……S3（C6）**这些工程**目前所取得的**成就**和进展，（C7）哪一项不是几十年来持续努力的**结果**？

上例S3中的"这些工程"与S2中的"工程"建立了同指关系，S3中的"成就""结果"与S1中的"成果"建立了等同关系，是段落中概念连接密度最大的概念命题，成为该段落模型空间的控制中心，位于段落的末尾。

第五，语篇世界的控制中心。语篇语义网络中，概念连接密度大的句子被认为是语篇世界的控制中心，将控制中心所在的小句提取出来，将获得语篇世界的主题知识（Beaugrande，1980）。根据对例5.6语篇句子之间概念—连接的数量统计，可以得到语篇语义网络中句子之间的概念连接次数大多为1～2次，或者没有概念连接，有7%的句子对有3次及以上的概念连接，这些句子分别为S1、S2、S3、S4、S6、S7、S12、S13、S14。我们将连接密度高的概念—关系所在的小句提取出来，分别是C1、C2、C3、C5、C8、C9、C10、C12、C13、C14、C21、C24、C35、C36、C37、C38、C39、C41、C42，将得到如下主题知识。

（C1）中央环保督察组近日突击检查北方某县垃圾处理场看到，（C2）污染防治设施正在运转，（C3）运行记录工整齐全，（C5）虽然机器不停运转，（C8）被检查企业负责人最终承认，（C9）机器早已损坏，（C10）为应对检查而空转污染防治设施、造假运行记录台账。（C12）更可怕的是暴露出一些地方干部的环保意识也在空转。（C13）保护生态环境是重大政治问题，（C14）也是关系民生的重大社会问题。（C21）环保意识空转的地方干部还不少。（C24）当前，环境污染已成为重要的民生之患、民心之痛，（C35）牢固树立绿水青山就是金山银山的理念，（C36）让良好生态环境成为人民幸福生活的增长点、成为经济社会持续健康发展的支撑点。（C37）环境就是民生，（C38）绿水青山就是百姓福祉。（C39）只有坚持把生态环境保护摆在更加突出的位置，（C41）提供优质生态环境，（C42）才能满足人民日益增长的美好生活的需要。

5.7 语篇语义网络与表层语法网络之间的互动构建

本节通过分析语篇语义网络与语篇表层语法网络之间的区别和联系，探讨两者之间的互动性构建。

在语篇表层语法网络中，实词（包括动词、名词、形容词、副词）是网络的节点，虚词（包括介词和连词）是连接的标识。关于虚词在识别语法依存关系方面的作用，昝红英、张静杰、娄鑫坡（2013）认为，可以有效地利用汉语虚词的特点，帮助识别依存关系，尤其是虚词中的连词对于识别并列关系有着重要作用。Clark and Clark（1977）提出：在讲话的时候，人们首先选择实词，然后再填充虚词。虚词只出现在语法网络中。语篇表层语法网络构建过程是从一个节点扩展到另一个节点，建立节点之间的关系。处理器跨过、连接、到达一个节点，使得该节点处的信息活跃。跨越连接的行为相当于问题求解。节点词的词性经常标示连接的优选类型（Winston，1977）。

以新闻语篇《北京取得豚草疫情防控阶段性胜利》中的一句话为例，来分析语篇表层语法网络的构建（见图5-8）。

例5.9

（C1）豚草传入我国后，（C2）分布于14个省市。

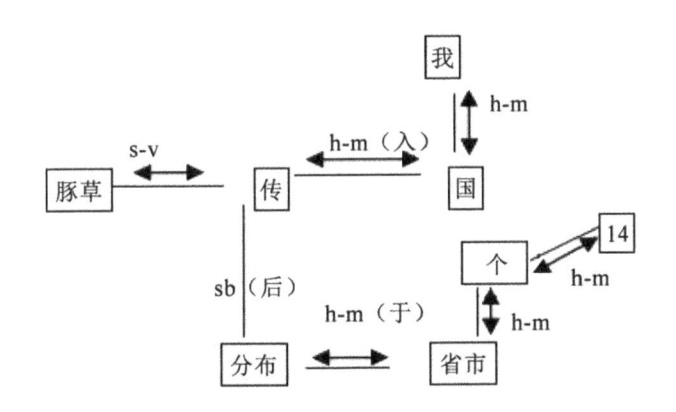

s-v：主语-动词；h-m：中心-修饰语；sb：从属关系

□ 里为实词；（）里为虚词

图5-8 豚草例句的语篇表层语法网络

语篇开始的第一个节点是名词"豚草"，它本身就是一个中心（head），然后移动到动词"传"，这也是一个中心（head），两个中心形成了s-v关系，建立了一个宏观状态。语篇处理器扩展到"入"，作为"传"的修饰成分，进一步扩展到"我"，"我"是一个修饰成分，期待着一个名词成分作为"我"的中心。最后，出现了名词"国"，"我国"构成了一个名词词组，作为一个宏观状态，和"入"一起构成"传"的修饰成分，形成了一个宏观状态，和

"豚草"构成了一个更大的宏观状态。"豚草传入我国"和"分布14个省市",通过连接词"后",形成了一个具有语法依赖关系的连接网络。

语篇表层的语法网络是语篇成分之间的语法依赖关系,语篇语义网络是底层概念—关系构成的网络,如图5-9所示。

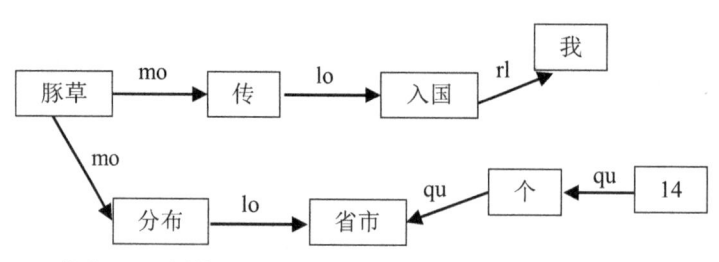

mo：位移；at：属性；lo：位置；qu：数量；ti：时间；rl：相关关系

图5-9　豚草例句的语篇语义网络

通过和前面的语篇表层语法网络作比较,我们发现语篇语义网络和表层语法网络在图示方面具有较大的相似性。两者的不同主要表现在两个方面:关系意义的不同和功能词的作用。语义网络中的概念—关系为意义关系,而语法网络是句法层面上成分之间的依赖关系。功能词在构建语法网络中发挥着重要的作用。语篇中的功能词（如限定词、介词和连词）不是独立的语法状态,但是能够标示语法状态之间的关系。功能词在语义网络中是受抑制的。Beaugrande的实证研究发现:受试者在句子中的功能词语发音不清或者缺失的情况下,可以自动添加（Beaugrande,1980）。这表明尽管功能词类在语法网络中很重要,但是在言语交际中,它们不一定能够被交际者明显感知。Harry Kay（1955）采用整个语篇作为实验语料进行心理语言学实验,其结果显示:语篇的语义回忆占70%,而句法回忆只占30%。因此,句法安排并不是认知资源分配的一个显著目标。当处理器利用概念—关系、计划和目标建立连接的时候,实现语法序列连接的阻碍都会消失（Beaugrande,1980）。

如例5.9中 "（C1）豚草传入我国后,（C2）分布于14个省市" 的语法网络和语义网络所示,这个语篇片段的表层语法关系为语篇处理者建构底层的语义网络提供标识。小句（C1）和（C2）中"传入我国""分布于14个省市"的动词—修饰语结构与位置关系发生比对,"14个省市"中的中心—修饰语结构与数量关系比对,小句中的主语—动词结构与位移关系比对。语篇利用过程中,除了小句中的语法依赖关系与底层的语义网络形成互动外,小句和小句间也存在各种语法手段与底层概念—关系结构的建构形成映射。如例5.9中的C1和C2是个从属结构,它与时间接近关系发生比对。

语篇世界中的语义网络与语篇表层的序列连接相互映射,在语篇生成阶段,语义网络中的概念—结构关系为语篇表层的语法依赖关系和小句或句子间的连接提供标识。在语篇理解阶段,这种标识关系正好相反。人们构建语篇世界时,通常会并行使用表层的言语发生物之间的连接关系和底层的概念—结构关系,由于表层连接手段的选择要少于概念—关系,因此两种关系之间的互动是不对称的。

5.8 面向自然语言处理的语篇语义网络构建步骤

以上基于汉语语篇语义网络的标注,分析了语篇语义网络的构建过程。那么,为了满足自然语言处理的需要,在充分利用自然语言处理的软件和标注工具的基础上,我们将采取什么步骤和方法构建汉语语篇语义网络?这是本节需要探讨的问题。

周明、黄昌宁(1993)提出了语料处理的四个模块:分词标注、词性标注、依存标注、格关系标注。这四个模块对语料的处理深度依次增加。我们认为构建语篇语义网络大致分为六个步骤。

第一步,确定语篇语义网络的划分单位。

Beaugrande(1980)提出句子是一个方便的、结构良好的处理单位,通常被作为篇章分析时的标准处理单位。从语篇的生成角度来看,句子的界限来自将概念—关系网络根据动机、信息度和焦点进行分区。但是,句子包含的是表达式而不是概念和关系,因此,以句子为单位构建的语义网络与概念—关系构型的语义网络有时候会出现不一致。

除了句子单位外,其他可供选择的单位包括词组、小句、调群(tone group)、话语行为(discourse action)、话轮。词组是包含一个中心和其他附属成分的语法构型;调群是口语中具有可感知的开始和结尾的语言项目序列；话语行为是为实现交际目标而采取的一个言语行为。关于小句或子句，学者给出了不同的定义。邢福义（1995）认为小句是最小的具有表述性的语法单位，外延上包括单句，也包括结构上相当于或大体相当于单句的分句，但不包括充当句子成分的主谓短语。根据语篇语义网络的构建特点，本书提出以小句作为语篇语义网络的划分单位。这里的小句与梁国杰（2016）的界定相似，需要满足两个条件：其一，该小句是一个标点句；其二，它至少包含一个（主）谓结构。基于小句所构建的语义网络应该是语篇世界中由概念—关系构建的基本知识空间。对于一些由介词引导的标点句，作为主句的状语，它们与核心概念构成了方式关系，我们不把它们列为小句。

例5.10

（C1）针对环保人士雷萍因曝光污染被广东信宜有关方面拘留一事，生态环境部新闻发言人刘友宾在新闻发布会上表示，（C2）中国的环保社会组织还处在培育、发展阶段，（C3）专业化水平还不太高，（C4）力量还不够强大。

例5.10中包含了四个小句，其中，C1中的"针对环保人士雷萍因曝光污染被广东信宜有关方面拘留一事"与后面的核心概念构成了与事关系，我们不把它作为小句处理。

第二步，明确小句中代词所指的概念和补充语篇表层省略的语言表达式所指的概念。

Beaugrande认为除了语篇具有七个语篇性标准外，语篇的现实化过程在其设计安排方面也存在差异。据此，他提出了三个语篇管制性原则（regulative principles），包括语篇效率（efficiency）、语篇效果（effectiveness）、语篇的合适性（appropriateness）。语篇效率指的是在语篇利用过程中能以最小的认知努力（least effort）获取最大的认知回报（greatest return）。语篇效率受认知处理经济原则的支配，要求处理者节省知识储存空间和提高知识搜寻速度。在语篇表层，语篇效率表现为采用少量的语言材料，实现语篇的简洁，而不影响语篇底层的概念连接；在语篇理解过程中，处理者能够运用较少的认知资源接近并激活相关的知识。在语言的虚拟系统中，语篇效率手段包括复现、代词化、省略和连接。其中，代词化和省略手段的应用使得语篇底层概念和表层的语言表达式的形式不一致。因此，在构建语篇语义网络的时候，我们需要明确代词指代的概念，补充语篇表层省略的语言表达式所指的概念。从语篇的认知处理来看，语篇表层的省略语言表达式被安置在语篇底层的积极储存区，具有较高的认知可及性。在小句的语义层面上，省略的语言表达式大多为核心动作概念的施事或受事，如在句子"他们冲锋在环境保护的第一线，为中国的环保事业作出宝贵而无私的贡献"中，第二个小句省略了"他们"。因此，在构建语篇语义网络的过程中，我们需要运用指代消解技术明确代词的所指以及省略的语言表达式。

第三步，分词标注，确定语篇中各言语表达式的词性。

Croft（1991）认为词性与语义、语用功能具有关联性，如表5-5所示。

表5-5　词性与语义、语用功能的关联表

句法范畴	名词noun	形容词adjective	动词verb
语义类	事物object	属性property	动作action
语用功能	指称reference	修饰modification	陈述predication

词性对概念—关系有一定的预测性。名词大多表征事物，形容词大多表征事物的属性，动词大多表达动作。结合前面对各种概念—关系的示例阐释，我们发现不同的概念—关系在词性和语义方面具有一定的特点，例如：时间表达与时间关系、情态动词与情态关系、量词与数量关系、形容词与属性关系、副词与方式关系等。词是最小的可以独立运用的语言单位。在分词的基础上，可以获得词性、词义和句法结构等深层语言知识（黄昌宁，1997）。本研究对语篇语料进行分词处理时，所采用的分词系统是中科院计算所的ICTCLAS分词系统。分词情况如下例所示。

例5.11

正确/ad 处理/v "/w 小账/n "/w 和/c "/w 大/a 账/n "/w 的/u 关系/n ，/w 企业/n 才/d 能/v 赚/v 得/u 盆/n 满/a 钵/ng 满/a 。/w 对/p 地方/n 管理者/n 来说/u ，/w 正确/ad 理解/v 产业/n 转型/vn 与/c 经济/n 增长/vn 的/u 关系/n ，/w 才/d 能/v 获得/v 可/v 持续/vd 发展/v 空间/n 。/w

上例中，斜杠（/）标示出不同的词，斜杠旁注明词性：ad是副形容词（直接作状语的形容词），v是动词，w是标点符号，c是连词，a是形容词，n

是名词，u是助词，ng是名词性语素，vn是名动词（具有名词功能的动词），d是副词，vd是副动词（直接作状语的动词）。

除此之外，影响比较大的分词系统还包括哈尔滨工业大学语言技术平台LTP、清华大学自然语言处理工具包、海量云分词等。

第四步，概念—关系标注集的设定。

概念—关系分类与前面提到的语义关系分类所面临的情况类似，对划分的种类、命名等存在着不同的见解。由于学者采用了不同的理论框架、研究方法、研究角度、划分标准，或者需要实现不同的研究目标，他们提出了不同的分类，有的划分是从对汉语本体的研究出发，有的分类是为了建立动词的格框架。周卫华（2007）提出语义关系分类要从自己的实际需求出发，明确自己的研究目的。詹卫东（2001）讨论了确立语义范畴的原则和语义范畴的相对性；提出语义范畴的设置应该是目标驱动的，以必要性为出发点，遵循实用主义的原则；在明确的目标下，所确立的语义范畴做到够用就可以了。本书基于新闻评论语料库中的标注语料，提出了面向新闻评论语言信息处理的31种概念—关系。

第五步，语法网络和语篇语义网络的互动构建。

在5.7中，通过对语篇表层语法网络和底层语义网络的比较，发现两者具有相似性和相互预测性，两组关系标注集在一定程度上能够优先匹配。Beaugrande提出：处理器运用序列处理程序（serial procedure）进行句法分析的过程中，在处理一个词组的时候，会找到它的中心（head），然后概念分析将会回溯（backtrack），将元素组合成一个网络。并行处理过程中，处理器可以同时运行多种分析。当人们构建语篇世界模型的时候，也倾向于并行使用语法依存和概念依存（Woods，1978；Burton，1976）。因此，基于概念—关系和语法依存关系的优先匹配集，语篇语义网络可以和语法网络进行互动构建。

第六步，其他语义资源的使用。

通过语义知识库，我们可以获取部分概念之间的关系和事件谓词间的语义关系。例如：通过知网、汉语的框架网络（FrameNet），构建小句中或者不同小句概念之间的细目说明关系、实例关系、等同关系、对立关系、组成部分关系、物质构成关系等。通过《汉语动词用法词典》，可以构建动词之间的时间关系、因果关系等。因此，借助语义资源库，可以构建语篇语义网络。

5.9 本章小结

　　本章首先探讨了语篇语义网络在小句层面上的概念微观状态向宏观状态的转化，进而分析语义网络跨越小句的界限，建立概念之间的关系。小句知识空间之间建立的概念—关系主要有施事关系、受事关系、意义关系、复现关系、同指关系、因果关系、对立关系、时间关系。其次，本章分析了语篇语义网络通过概念—关系的递归性、概念结合体、元话语知识空间、各知识空间之间建立的概念—关系类型和概念连接的不同程度，构成了层级性的知识空间。语篇语义网络的扩大与语篇模型空间的建构相对应，语篇模型空间之间通过多种概念—关系建立联系，主要有同指关系、复现关系。同时，本章分析了语篇世界层级性知识空间的识别。语篇中的标点符号、分段标识和排版属于语篇知识空间的形式特征，可以被用来确定小句知识空间、句子知识空间和段落模型空间。语篇世界中句子知识空间之间通过建立概念—关系形成不同程度的连接，大部分句子对之间具有1~2次的概念连接，称为弱连接，小部分句子对之间没有明显的概念连接；小部分句子对之间具有3次及以上的概念连接，称作为强连接。具有强连接的段落模型空间优先组合，形成更大的知识组块。当段落模型空间的开始或者结尾处和相邻的段落模型空间之间有强连接时，相关段落模型空间优先组合构成较大的知识组块。段落模型空间内部，具有强连接的句子知识空间优先组合，形成较大的知识空间。在语篇语义网络中，不同层级的知识空间都具有控制中心。在小句层面，控制中心一般为一级概念实体。在句子知识空间和段落模型空间中，其控制中心是该知识空间中连接密度最强的概念—关系。再次，本章分析语篇语义网络和语篇表层语法网络之间的关系。语篇语义网络是语篇世界底层概念—关系构成的网络，语篇表层语法网络是语篇成分之间的语法依赖关系。两者在语篇使用中相互映射，语篇表层语法网络的连接手段少于概念—关系语义网络的连接，两者之间构成不对称性的互动。我们可以基于优先选择规则，进行语篇语义网络和语篇表层语法网络的互动构建。最后，本章讨论了面向自然语言处理构建语篇语义网络的步骤和方法，大致包括六个步骤：第一，确定语篇语义网络的划分单位；第二，明确小句中代词所指的概念和补充语篇表层省略的语言表达式所指的概念；第三，分词标注，确定语篇中各言语表达式的词性；第四，概念—关系标注集的设定；第五，语法网络和语篇语义网络的互动构建；第六，其他语义资源的使用。

第6章 新闻评论语篇语义网络分析

本章基于新闻评论语篇中的概念—关系和知识空间标注，从宏观层面上研究新闻评论语篇各知识空间中的语篇语义网络特点，为计算机进行新闻评论语篇的自动语义分析奠定理论基础。本章首先分析新闻评论语篇的知识空间结构；其次探讨各个知识空间的语义网络特点，对概念—关系的知识空间频率进行统计分析；再次，归纳和总结各知识空间的词汇标识；最后，鉴于标题在新闻评论语篇中的重要性，我们将研究标题与新闻评论语篇其他知识空间之间的关系。

6.1 新闻评论知识空间结构

基于新闻评论语篇的知识空间标注，可以分析新闻评论话语行为计划的步骤，进而分析和总结其规律性的结构组块、分布和排列。

根据Beaugrande（1980）提出的宏观知识构型，议论语篇的宏观知识构型是计划（plan），其目标状态是建立共享信念（shared belief）。根据组块（chunking）理论，表述主体为了使自己的意识言语化，需要对相关的意识进行梳理和切块，分割成若干较小的部分。当把思维切块的结果转化为语义连贯的若干句子时，就构成了篇章（Chafe，1979）。Beaugrande（1980）的语篇性理论认为，语篇表层是具有语法依存的序列衔接（sequential connectivity），底层是概念衔接（conceptual connectivity），语篇行为的意图安排应该反映计划衔接（planning connecitivity），也就是说，话语行为的每个组成部分都与交际计划相关。交际计划由若干个步骤构成。新闻评论是对新闻事件发议论、讲道理的一种文体。本书认为，新闻评论语篇的作者为了实现其交际意图和达到目标状态，需要将意识进行组块，形成不同的话题，并按照一定的顺序将这些话题进行排序，然后以衔接、连贯的话语进行表达。从语篇世界的角度来看，新闻评论语篇组块就是语篇世界中的知识空间，是新闻评论话语行为的组成部分，组块构建的顺序就是为达到计划目标而进行的话语行为步骤。通过对新闻评论语篇知识空间的结构分析，本书认为，新闻评论语篇世界主要包括三个知识空间，分别是新闻事件知识空间、评论知识空间和整体评价知识空间。

6.1.1 新闻事件知识空间

新闻事件是社会上新近发生的、对公众有价值的事件。新闻事件是新闻评论的对象，新闻评论对新闻事件进行分析、评论，其交际意图是使评论者的观点和看法被公众所理解和认同，引导公众舆论。为了实现这一交际意图，评论者会提出该新闻事件，引发公众注意。

例6.1

【新闻事件1】

针对环保人士雷萍因曝光污染被广东信宜有关方面拘留一事，生态环境部新闻发言人刘友宾在新闻发布会上表示，中国的环保社会组织还处在培育、发展阶段，专业化水平还不太高，力量还不够强大。我们认为，对环保社会组织和志愿者要多一些理解和包容，多一些关心和支持。同时，环保社会组织和志愿者也要依法依规开展活动，坚持实事求是，建设性地促进环境问题解决。

雷萍事件原本比较简单，却一度掀起轩然大波。她反映当地采石场污染和破坏环境的问题确实存在，但只因所发一张"牛奶河"的图片并非现场拍摄，导致出现失实。

犯下这样的错误，雷萍当然不应该，但主观上讲，她并无扰乱公共秩序的故意，不过是因为举报污染心切而犯下过失。对此，信宜当地及时做出澄清说明或者依法处理就行，没必要太苛刻。

（《新京报》：《"对志愿者多些理解和包容"——为生态环境部的表态点赞》）

作者首先介绍一个新闻事件，即关于环保人士被拘留，生态环境部的表态。该新闻事件的叙述主要包括事件背景、事件存在的问题、生态环境部所解读的事件的发生原因和事件的应对措施。评论者从个人视角阐释事件背景，提出问题，分析问题发生的原因，即"由于举报污染心切而犯下过失"；提出解决方案，即"澄清说明"或者"依法处理"。新闻评论中的事件描述和新闻消息中的事件描述不同，新闻消息对事件的描述要求客观性和事实性；新闻评论中的问题描述带有评价性。在该新闻事件的介绍中，出现了比较多的评价话语，表达发话人的态度。评论人引用了生态环境部新闻发言人对背景事件的态度，评论人发表个人对背景事件的评价："原本比较简单"，"轩然大波"，"并无扰乱公共秩序的故意"，"因为举报心切而犯下过失"，"没必要太苛刻"。该新闻事件的阐释按照事件背景—问题—解决方案模式展开。

有的新闻事件叙述是按照目标—实现方案模式展开。

例6.2

【新闻事件2】

中国要美，农村必须美；中国要富，农民必须富。

"持续开展农村人居环境整治行动，打造美丽乡村，为老百姓留住鸟语花香田园风光。"在全国生态环境保护大会上，习近平总书记就持续开展农村人居环境整治行动，努力实现生态惠民、生态利民、生态为民作出一系列部署，为改善农村环境、建设美丽乡村提出了新要求，为留住美景和乡愁、建成美丽中国描绘了新愿景。

（人民网：《为老百姓留住鸟语花香田园风光——全国生态环境保护大会系列网评之十一》）

例6.2的新闻事件是评论者聚焦生态环境保护大会上习近平总书记的讲话要点，引用习近平总书记的原话，突出"打造美丽乡村、为老百姓留住鸟语花香田园风光"的目标。

例6.3

【新闻事件3】

6月5日是新修订的环境保护法规定的第四个环境日。在2018年环境日主场活动主办地长沙，生态环境部、中央文明办、教育部、共青团中央、全国妇联等5部门联合发布《公民生态环境行为规范（试行）》，倡导简约适度、绿色低碳的生活方式，引领公民践行生态环境责任，携手共建天蓝、地绿、水清的美丽中国（6月6日《人民日报》）。

规范包括关注生态环境、节约能源资源、践行绿色消费、选择低碳出行、分类投放垃圾等10个方面。如：在节约能源资源方面，应合理设定空调温度，夏季不低于26摄氏度，冬季不高于20摄氏度，及时关闭电器电源，多走楼梯少乘电梯，人走关灯，一水多用，节约用纸，按需点餐不浪费等；在践行绿色消费方面，提倡少购买使用一次性用品和过度包装商品，不跟风购买更新换代快的电子产品，外出自带购物袋、水杯等。规范同时明确，人们应当选择低碳出行，优先步行、骑行或公共交通出行，多使用共享交通工具，家庭用车优先选择新能源汽车或节能型汽车等等。

(《法制日报》：《环境行为规范应成全民共识》)

例6.3中的新闻事件，评论者除了简要介绍了背景事件、发布《公民生态环境行为规范（试行）》的新闻事件、事件的目标外，还详细介绍了事件中涉及的重要概念、规范涵盖的内容和举例。

当新闻评论面对的新闻事件被认为是公众所熟悉的，或者在新闻评论标题中就有所提及，那么在新闻评论中往往没有对新闻事件的介绍。例如：《人民日报》评论员在《人民日报》所发表的新闻评论《担负起生态文明建设的政治责任——四论学习贯彻习近平总书记全国生态环境保护大会重要讲话》，标题中表明该新闻评论是关于习近平总书记在全国生态环境保护大会所发表重要讲话这一事件，因此，评论者在正文中直接阐释观点，省略了事件介绍。

新闻事件是新闻评论的前提和对象，是评论者发表观点、看法的基础。通过新闻评论语篇语料分析，本书归纳了新闻事件知识空间可能的知识要素及其构成，如表6-1所示。其中，星号（*）表示在有些新闻评论中，该步骤可以是缺省的。

表6-1 新闻事件知识空间组成

步骤	介绍背景*	说明事件*	阐释概念*
元素	角色	问题	概念
	行为	原因 影响 解决方案 观点 目标 实现方案	

6.1.2 评论知识空间

新闻评论的对象是新闻事件，重点在于挖掘新闻事件中的问题，对问题进行分析、阐释或者论证。通过分析新闻评论语篇语料，本书发现评论知识空间主要有三种知识构建模式：问题—解决方案模式、目标—实现方案模式、观点—合理性论证模式。

6.1.2.1 问题—解决方案模式

评论者从新闻事件中提出值得思考的问题，对问题进行分析和说明，并进一步提出应对问题的解决方案。

例6.4

【问题—解决方案1】

一个鱼虾绝迹、污水横流、垃圾遍地的农村，定难承载游子乡愁，更不可能承载起农民对美好生活的向往。所以党的十九大擘划乡村振兴战略，确立了产业兴旺、生态宜居、乡风文明、治理有效、生活富裕的建设目标。所以中央领导明确要求，认真学习领会习近平生态文明思想，就要深刻把握良好生态环境是最普惠民生福祉的宗旨精神，着力解决损害群众健康的突出环境问题。

为老百姓留住鸟语花香田园风光，必须以问题为聚焦，切实解决影响农村生态环境的突出问题。不久前，中央电视台就连续曝光了山西三维集团往农村违法倾倒工业废渣问题、陕西四川等地农村垃圾无人管理问题。应看到，近年来各地城市加大调整产业结构和治理环境污染的力度，城镇地区的环境有了明显好转；而广大农村地区，则由于垃圾和污染物集中处理能力差，环境监管力量薄弱，环境治理呈现明显短板。只有对这些问题给予及时治理、有效治理，"垃圾围城""污染下乡"才不会成为困扰城乡发展的痛点。

为老百姓留住鸟语花香田园风光，必须以效果为导向，不断满足人民日益增长的优美生态环境需要。习近平总书记曾专门批示，为浙江"千村示范、万村整治"工程点赞。从2003年到2018年，浙江省扎实推进"千村示范、万村整治"工程，累计有2.7万个建制村完成村庄整治建设，74%的农户厕所污水、厨房污水、洗涤污水得到有效治理，生活垃圾集中收集、有效处理的建制村全覆盖，41%的建制村实施生活垃圾分类处理。浙江的示范，正是全国行动的有益参照。以农村垃圾、污水治理和村容村貌提升为主攻方向，推进乡村环境综合整治，一定可以创造更多美丽乡村、美丽中国的生动范例。

  为老百姓留住鸟语花香田园风光，必须以责任为抓手，确保生态文明建设的政治责任落到实处。从陕北农村到河北正定，从福建到浙江，习近平始终对农村居住环境、生态环境高度重视。从"绿水青山就是金山银山"的富民之策，到"千村示范、万村整治"的兴农之举，在美丽乡村建设方面习近平总书记亲自谋划、亲手推动、亲自示范，为广大干部树起标杆。造就万千美丽乡村，是党中央对亿万人民作出的庄严承诺。各地各部门守土有责、守土尽责，广大党员干部凝心聚力、真抓实干，才能绘好鸟语花香田园风光新图景。

  （人民网：《为老百姓留住鸟语花香田园风光——全国生态环境保护大会系列网评之十一》）

  评论者介绍完新闻事件之后，通过描写农村环境，明确提出农村环境存在的问题，并且提出党中央针对问题制定的解决方案，详细地解释了解决方案的三个方面：以问题为聚焦，解决影响农村生态环境的突出问题；以效果为导向，满足人民日益增长的优美生态环境需要；以责任为抓手，确保生态文明建设的政治责任落到实处。之后以具体的实例对解决方案的每一个方面进行了分析和说明。

例6.5

【问题—解决方案2】

  违规排放的企业总算停产了，但这一结果却来得有点曲折。当地多名群众曾在12369环保举报网络平台和"市长信箱"反映过此问题，得到的答复均都是，没有发现非法排污行为。株洲县政府更是于今年1月5日回复实名举报称，该厂通过了环评审批，暂未发现废水不经任何处理直排。

  然而，在媒体记者和上级环保部门介入后，谎言被立即拆穿：这家企业，没有任何环保手续，也无法提供合法的环评、现状评估等环境评价手续，企业治污设施并未运行，污水在没有经任何处理的情况下便直接排放到湘江。

  如此"纯天然"的污染，让人触目惊心。但更让人心惊的是，面对既无环评手续，又无治污处理的污染企业和民众的多次举报，当地政府和环保部门何以能信誓旦旦作出与事实完全不符的回应？到底是何种原因让本该承担起环保治理责任的地方政府，在赤裸裸的污染面前，选择闭上眼睛"装睡"？

在当前环保攻坚，特别是湘江保护与治理自2013年起就被湖南省政府列为"一号重点工程"的背景下，当地还出现如此行政不作为的现象，理应被问责。按说，在一个健康的环保治理体系中，民众举报—政府部门接棒调查处理，是一种再正常不过的环保治理推动路径。但在这起事件中，民众多次举报，居然遭到了地方政府和部门的一再否认。公共部门如此为一家违规排放的企业背书，既挫伤了民众参与环境治理的积极性，也是对政府公信力的自伤。

说到底，不管是出于何种原因，比如说是个别监管人员与企业之间存在不当的利益勾连，或者说是整体性的地方保护主义作祟，纵容企业违规排放，都是一种严重的缺乏担当、涉嫌渎职失职的行为。而这一点，在当地似乎还并非只是个案。报道中一个细节值得注意，记者拨打了株洲县河长公示牌上的监督电话，并向接听监督电话的人员说明了身份，讲明了现场的状况。但采访期间和事后，均没有当地"河长制"巡查员或专管员乃至"河长"和记者联系，对企业的非法排污作出回应。那么，当地的"河长制"是否也有被架空的风险？这次事件的处理不应该放过。

近年来，我国的环保法规和治理体系不断完善，这为环保的"最严"治理提供了制度保障。然而，像这次株洲县的企业违规排放被举报而地方监管部门反倒帮助企业"洗白"的行为说明，再严的环保制度，若公共部门和公职人员缺乏主动担当意识，都有低效甚至空转之虞。

因此，对于环保领域的敷衍失职和弄虚作假的行为，一方面要强化事后的问责力度，另一方面则要从前端进一步严明用人导向，激发各级干部在环保治理上的责任意识、担当意识。上个月，中共中央办公厅印发了《关于进一步激励广大干部新时代新担当新作为的意见》，其中提出，要大力选拔敢于负责、勇于担当、善于作为、实绩突出的干部，鲜明树立重实干重实绩的用人导向，并强调各级干部应有守土有责、守土负责、守土尽责的责任担当，追求在其位、谋其政、干其事、求其效。这一点在环保领域，尤其重要。希望这一次的"污水直排湘江"事件，能够为各级政府与环保部门的环保担当敲响警钟。

（光明网：《污水直排湘江，环保担当何在》）

在该新闻评论中，评论者首先提出新闻事件中呈现的问题：违规排放企业停产的过程曲折。其次，详细阐释这个曲折过程，进而提出了两个问题：为什么当地政府和环保部门作出与事实完全不符的回应？为什么地方政府对待污染视而不见？评论者分析了问题导致的影响和问题发生的原因。再次，又由该问题提出了另一个相关问题：如果公共部门和公职人员缺乏担当，再严的环保制度都会低效。最后，提出针对问题的解决方案，从两个方面进行阐释，一是问责制度，二是用人导向，并且在阐释第二个方面时，引用了中共中央办公厅印发的《关于进一步激励广大干部新时代新担当新作为的意见》的文件要求。

6.1.2.2 目标—实现方案模式

在有些新闻评论中，新闻事件并不是一个负面事件，评论者没有明确提出一个需要解决的问题，而是从新闻事件中看到事件的意义或者目标。因此，新闻评论聚焦的问题呈现为事件的意义或者事件需要实现的目标，进而阐释目标的实现方案。

例6.6

【目标—实现方案1】

建设生态文明是关系人民福祉、关乎民族未来的大计。加大力度推进生态文明建设、解决生态环境问题，坚决打好污染防治攻坚战，关键就是按照习近平总书记的要求，担负起生态文明建设的政治责任，全面贯彻落实党中央决策部署。

担负起生态文明建设的政治责任，首先就要增强"四个意识"，坚决维护党中央权威和集中统一领导。习近平总书记指出："打好污染防治攻坚战时间紧、任务重、难度大，是一场大仗、硬仗、苦仗，必须加强党的领导。"党的十八大以来，我国生态环境保护之所以发生历史性、转折性、全局性变化，最根本的就在于以习近平同志为核心的党中央的坚强领导。面对"生态文明建设正处于压力叠加、负重前行的关键期，已进入提供更多优质生态产品以满足人民日益增长的优美生态环境需要的攻坚期，也到了有条件有能力解决生态环境突出问题的窗口期"这个关口，党中央科学判断形势，明确了推进生态文明建设、解决生态环境问题的路线图和时间表，对打好污染防治攻坚战作出了全面部署。各地区各部门要把思想和行动统一到党中央决策部署上来，把政治责任体现在狠抓落实上，把担当精神体现到实际工作中。

担负起生态文明建设的政治责任，就要发挥"关键少数"的带头作用。地方各级党委和政府主要领导是本行政区域生态环境保护第一责任人，对本行政区域的生态环境质量负总责，要做到重要工作亲自部署、重大问题亲自过问、重要环节亲自协调、重要案件亲自督办，压实各级责任，层层抓落实。各相关部门要履行生态环境保护职责，守土有责、守土尽责，分工协作、共同发力，汇聚起生态文明建设的强大合力。

担负起生态文明建设的政治责任，就要用好考核评价这根"指挥棒"。"刑赏之本，在乎劝善而惩恶"。只有对那些损害生态环境的领导干部真追责、敢追责、严追责，做到终身追责，制度才不会成为"稻草人""纸老虎""橡皮筋"。只有建立科学合理的考核评价体系，把考核结果作为各级领导班子和领导干部奖惩和提拔使用的重要依据，才能形成正确导向。只有建设一支生态环境保护铁军，政治强、本领高、作风硬、敢担当，特别能吃苦、特别能战斗、特别能奉献，才能为打好污染防治攻坚战奠定坚实组织基础。

（《人民日报》：《担负起生态文明建设的政治责任——四论学习贯彻习近平总书记全国生态环境保护大会重要讲话》）

该新闻评论是关于习近平总书记在全国生态环境保护大会发表重要讲话这一新闻事件的，评论者以建设生态文明的意义为出发点，提出了新闻事件相关的目标：推进生态文明建设、解决生态环境问题和打好污染攻坚战。然后，详细阐释了三个分方案，即增强"四个意识"、发挥"关键少数"的带头作用、用好考核评价这根"指挥棒"，并分别进行合理性论证。

例6.7

【目标—实现方案2】

目前，我国排污权交易制度建设试点稳步推进，排污权初始分配制度、定价机制和二级市场交易制度建设等都取得了一定进展。首先，排污权初始分配以低价起步、有偿分配为主。初始排污权数量的确定，宏观上主要考虑地区环境容量差异性，以国家和地区相结合的方式进行分配；微观上主要按照企业或项目的预测排污量或过往实际排污量来确定。其次，排污权定价机制建设取得成效。排污权初始价格由环保、物价、发改委等部门以行业治污成本为主要依据，并综合考虑资源稀缺程度和地区经济发展水平等因素计算得出。再次，排污权二级市场交易制度基本确立。排污权二级市场的交易主体主要是政府和企业，企业与企业之间进行排污权交易需要在政府规制下进行。同时也应看到，试点阶段形成的排污权交易制度还存在一些缺陷：政府决定的交易价格不一定能及时反映市场供需与竞争状况，排污权无法在省际进行交易导致缺乏统一有效的全国市场，中介公司、环保组织和个人投资者不能参与排污权交易等。这在很大程度上限制了排污权交易制度作用的发挥。

建立有效的排污权交易制度，不仅要推进排污权初始分配机制、市场价格形成机制和交易机制等制度建设，提高企业参与排污权交易和减排的积极性；还要完善排污监管制度、政府绩效考评制度、信息公开制度、税收与财政制度等外部制度环境，使外部制度环境和内生动力机制形成良性互动。一方面，应加快完善排污权交易主体资格、初始分配制度、价格形成机制，不断拓宽排污权交易主体范围，提高排污权初始分配的效率与公平性，完善排污权交易价格市场形成机制，推进排污权交易二级市场制度建设。另一方面，应积极打造排污权交易制度有效发挥作用的外部环境，创新激励机制，通过排污权抵押贷款、创新交易方式等手段，激发企业主动治污减排；加强顶层设计，出台相关法律法规，确保排污权交易政策的连续性和稳定性；完善大气污染治理的财政投入机制与政策，强化地方政府治理大气污染绩效考评机制；积极引进和开发先进污染监测技术，加强排污监测监管，健全大气污染治理信息公开与公众参与机制。

（《人民日报》：《推动排污权交易制度建设》）

该新闻评论是关于推动排污权交易制度建设的，在介绍新闻事件对象的意义和解释"排污权交易"等概念之后，阐释为推动排污权制度建设这一目标而正在实施的方案，包括"排污权初始分配以低价起步、有偿分配为主"和确立"排污权二级市场交易制度"，发现其中存在的问题，提出进一步的目标实现方案，并分两个方面进行阐释。

因此，目标—实施方案模式和问题—解决方案模式比较类似，目标可以是为解决某一问题而设立的，在目标的阐释中，可能也会提及相关存在的问题。

6.1.2.3 观点—合理性论证模式

有些新闻评论针对新闻事件中存在的问题，首先提出了一个观点，然后对观点的合理性进行论证。

例6.8

【观点—合理性论证1】

从这个角度看，"对志愿者多些理解和包容"——生态环境部的表态正呼应了民众关切，值得点赞。

现实中，类似雷萍这样的环保志愿者有很多，他们冲锋在环境保护的第一线，为中国的环保事业作出宝贵而无私的贡献。近年来，不管是随手拍黑烟囱，随手拍排污口，还是部分重大环境污染事件的举报，以及环保公益诉讼的发起，都离不开他们活跃的身影。

很多志愿者对于环境保护怀着一腔热血，对于家乡、对于自然生态，充满了热爱。也正是对于环保的爱之深，正是因出于内心的焦虑和急切，加之知识壁垒、信息获取也不够完全，导致有些人在与污染的抗争中有时会出现瑕疵甚至错误。

正所谓瑕不掩瑜，对于有些错误，地方政府不该无限放大，将他们视为"找茬者"甚至是"违法者"，而应善待他们，"多些理解和包容"，用沟通对话，去解决误解和分歧。

活跃于环保战线上的志愿者，他们犹如公众的"眼睛"，时刻盯紧着环境污染。唯有保护好他们，才能保护好公众的知情权；唯有保护好他们，才能激发更多民间力量成为强大的生态环境同盟军，给政府以支持，给污染企业以威慑。

(《新京报》:《"对志愿者多些理解和包容"——为生态环境部的表态点赞》)

该新闻评论提出了一个观点："对志愿者多些理解和包容"——生态环境部的表态正呼应了民众关切，值得点赞，然后从四个方面论证这个观点的合理性：一是环保志愿者为环保事业作出奉献；二是志愿者由于对环保的热爱、焦虑和信息获取不全而导致错误；三是不该无限放大志愿者的一些错误；四是志愿者紧盯环境污染，应该得到保护。

例6.9
【观点—合理性论证2】

荒野作为一种生命之源,有野性之美,具教化之功。作为维护荒野价值的国家公园,不仅是一个地理概念、一种精神寄托,也显现一种思想力量。

荒野被视为生命之源。荒野是所有生命孵化的基质,包括人类自身。在荒野中,旧的物种谢幕,新的物种产生,物种生命体系和自然生态系统不断更新。走向荒野的哲学家罗尔斯顿曾察觉到人的手掌与蝾螈脚掌之间具有某种亲缘关系,由此他认为,最重要的就是保留和保护荒野,因为"荒野是一个活的博物馆,展示着我们的生命之根"。在荒野自然中,生命的奇迹不断上演,自然界的每一种生物与非生物都具有生命力,都是值得人类尊重和敬畏的生命力量。

荒野有野性之美。相对于钢筋水泥丛林结构的现代城市,荒野是一个呈现着野性之美的完整稳定的生命共同体,有着更加纯粹和本真的生命特质。从荒野中走来的人类,不仅应该是有着文化气质的文明人,还应该展现出自身的本真气息。作家梭罗就曾被这种本真和纯粹的野性之美深深吸引。他离开文明的城市,来到瓦尔登湖畔,住进了自己建造的小木屋,独自体味荒野的野性之美。梭罗坦承:"我之爱野性,不下于我之爱善良。"在大自然的野性之美中,梭罗感悟到了文明荒漠中的野性绿洲,并由衷发出"生于斯,死于斯,葬于斯,此生无憾"的感叹。

荒野具教化之功。日益厌倦都市文明的后期印象派大师高更,远走南太平洋的塔希提岛,并在那里创造出自己最伟大的作品《我们从何处来?我们是谁?我们向何处去?》。也许只有在原始的蛮荒与宁静里,高更才能如此深刻地领悟人类的历史命运。其实,作为人类的一种情结和象征,荒野一直承载着我们的精神寄托,并参与塑造着人类历史。早在19世纪末,历史学家特纳就认为荒野具有塑造民族性格的教化功能。其"边疆学说"正是对这一判断的系统论证。

(《人民网》:《国家公园,勿忘荒野》)

该新闻评论针对新闻事件首先提出了关于荒野的一个总观点:荒野是生命之源、具有野性之美和教化功能。然后通过引用名人的观点、案例和逻辑推理,来分析和论证"荒野被视为生命之源""荒野有野性之美"和"荒野具教化之功"这三个分论点的合理性。

在本书所搜集的"环境保护"新闻评论语料中,针对评论知识空间的不同评论模式进行的统计分析发现,问题—解决方案评论模式占45%,观点—合理性论证模式占38%,目标—实现方案评论模式占17%。本书归纳了评论知识空间可能的知识要素及其构成,如表6-2所示。

表6-2 评论知识空间组成

模式	步骤	元素
问题—解决方案	提出问题 分析原因 分析影响 提出解决方案	问题 原因 影响 解决方案 事例
目标—实现方案	提出目标 提出方案	目标 分方案 问题 事例
观点—合理性论证	提出观点 论证合理性	观点 分观点 事例

6.1.3 整体评价知识空间

新闻评论通过分析新闻事件,表达评论者的判断、看法和态度,旨在影响受众对新闻事件的认知。评论者的判断和评价是新闻评论的重点,体现在评论语篇的各个部分,包括新闻事件知识空间和评论知识空间。在新闻评论的结尾,评论者往往会再次重申观点,或者进行评价引申和补充,本书将结尾部分称为整体评价。

例6.10

【整体评价1】

生态环境是关系党的使命宗旨的重大政治问题,也是关系民生的重大社会问题。紧密团结在以习近平同志为核心的党中央周围,担负起生态文明建设的政治责任,让良好生态环境成为人民生活的增长点、成为经济社会持续健康发展的支撑点、成为展现我国良好形象的发力点,让中华大地天更蓝、山更绿、水更清、环境更优美,我们就一定能够创造出无愧于时代、无愧于人民、无愧于历史的业绩,实现建成美丽中国的目标。

  (《人民日报》:《担负起生态文明建设的政治责任——四论学习贯彻习近平总书记全国生态环境保护大会重要讲话》)

  在该新闻评论的整体评价知识空间,评论者重申生态环境的重要意义和进行生态文明建设的目标,并展示该目标的实现能够进一步达成的远景:创造历史的业绩和建成美丽中国。

例6.11

【整体评价2】

  环境就是民生,青山就是美丽,蓝天也是幸福。让新时代的乡村富起来、美起来,新的征程已然开启。放眼广阔大地,跨越千山万水,美丽乡村建设一定会成为不断满足人民对美好生活向往的新诠释,成为中国共产党人远见卓识和使命担当的新见证。

  (《人民网》:《为老百姓留住鸟语花香田园风光——全国生态环境保护大会系列网评之十一》)

  该新闻评论分析了为老百姓留住鸟语花香田园风光需要采取的方案。在整体评价知识空间,再次重申了美好环境的重要意义,展望美丽乡村建设的前景。

例6.12

【整体评价3】

  在建设美丽中国的当下,民间环保组织迎来最好的时代。公信力是民间环保生命,民间环保力量推动污染治理,不仅要靠一腔热血,更需实事求是的态度和严谨的专业素质,如此才能有效规避法律和道德的风险,更好地推动污染问题的解决。从这意义上说,雷萍事件其实也给中国环保志愿者和环保组织,上了宝贵的一课。

  (《新京报》:《"对志愿者多些理解和包容"——为生态环境部的表态点赞》)

  该新闻评论提出了一个观点"对志愿者多些理解和包容",并论证了该观点的合理性。在整体评价知识空间,评论者以建设美丽中国的大背景,补充说明民间环保志愿者需要公信力、实事求是的态度和严谨的专业素质,以及雷萍事件的意义。

大多数的新闻评论有最后一段作为整体评价,也有一些新闻评论并没有专门的结尾段落进行整体评价,而往往是在评论知识空间的末尾,有一句话作为新闻评论的整体评价。有少数的新闻评论在末尾缺省了整体评价环节。

例6.13

【整体评价4】

随着社会的发展和进步,保护身边的生态环境越来越受人重视,人们对生态环境的要求也越来越高。毫无疑问,在当前的形势下,改善生态生活环境已不是个人所求,而是全民所需。使用一次性餐具、过度包装等已让人生厌。要想使行为规范变成每个公民的自觉行动,在机关单位,各级公务人员要带头依照规范去做。特别是一些窗口单位,窗口工作人员更应模范地遵守。领导要给下属做好示范;家长要给子女做出示范;老师要给学生做好示范……如果我们每个人都能从我做起,从现在做起,那么简约适度、绿色低碳的生活方式就能成为全社会的共识,成为民众的自觉行动。

(《法制日报》:《环境行为规范应成全民共识》)

例6.13这段文字是新闻评论的最后一段,评论者对"环境行为规范应成全民共识"这一观点进行合理性论证,提出最后一个论据:人们对生态环境的要求越来越高,因此改善生态环境是全民所需。然后简要提出实施方案:机关单位的人员如何带头按照规范做,领导、家长和老师要做好示范。最后的一句话提出展望,作为该新闻评论的整体评价。

6.1.4 新闻评论宏观知识空间的组块分布

通过对新闻评论语篇语料进行知识空间标注,我们发现,新闻评论为了实现其交际意图,而制订话语计划和话语行为步骤,一般从有价值、有意义的新闻事件出发,聚焦事件中的特定问题,进行分析或者论证,最后作出整体评价,从而形成新闻事件知识空间、评论知识空间和整体评价知识空间,其构成及其组块分布如图6-1所示(*表示该知识组块可能出现缺省)。当评论者认为新闻事件是被受众所熟悉的,或者在新闻评论标题中有所呈现,那么,新闻评论就会缺省新闻事件知识空间。评论知识空间是新闻评论的核心知识空间,大多数新闻评论都有整体评价知识空间;有些内容简短,与评论知识空间相融合，构成一个模型空间；少数新闻评论缺省整体评价知识空间。新闻事件知识空间一般包括背景、事件原因、经过、结果、影响、评价、概念等因素，这些因素并非全部出现在新闻事件知识空间，具体取决于评论者的交际意图。评论知识空间包括三种模式：问题—解决方案模式、目标—实施方案模式、观点—合理性论证模式。这三种模式是评论知识空间的可选项，有的新闻评论采取其中的一种模式，有的新闻评论采取多种模式进行分析和评论。问题—解决方案模式包括问题、原因、影响、解决方案和评价等因素，解决方案可以细化为多个分方案，每个分方案的阐释又包括事例和评价等因素。目标—实施方案模式包括提出目标、阐释方案和作出评价三个步骤，方案又可以包括多个分方案。观点—合理性论证模式包括提出观点和进行合理性论证，总观点可能又包含多个分论点，并分别进行合理性论证。

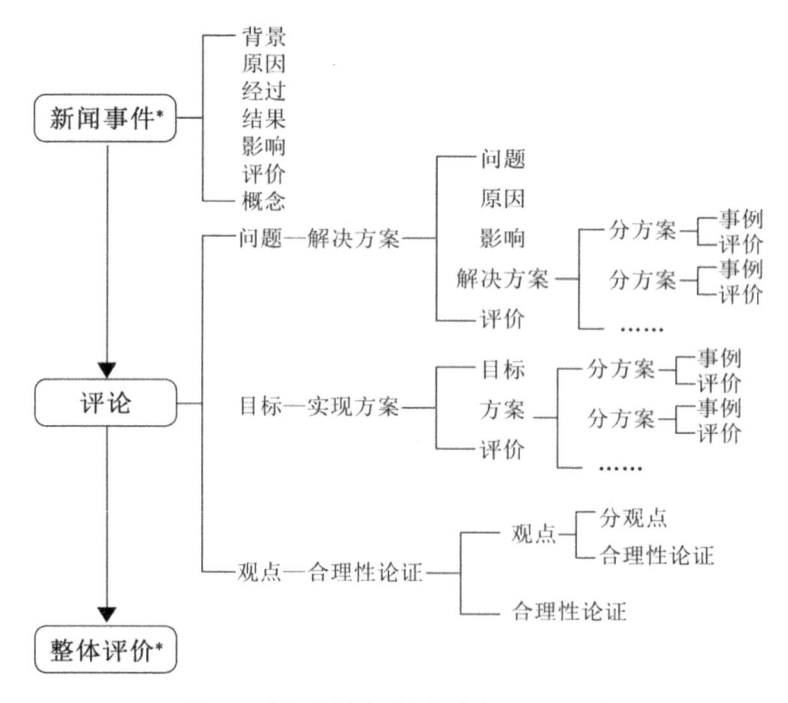

图 6-1　新闻评论宏观知识空间的组块分布

下面以一篇完整的新闻评论为例，说明其话语行为步骤和知识空间结构。

例6.14

《人民日报》生态论苑：科学防治沙患 筑牢绿色屏障》

《人民日报》

①坚持人与自然和谐共生的基本方略，科学防沙治沙，自然修复与人工治理相结合，一定能让大地的绿色增多、黄沙消退，以优质生态产品提升人民的生态环境幸福感。} 观点

②今年6月17日是第二十四个世界防治荒漠化和干旱日。荒漠化被称为"地球的癌症"，是全球生态领域的热点和难点问题。} 新闻事件

党的十八大以来，我国生态保护和治理力度进一步加大，持续实施了三北防护林体系建设、京津风沙源治理、石漠化治理、退耕还林等重点工程，启动了沙化土地封禁保护区和沙漠公园试点建设。5年来，我国新增沙化土地治理面积超过1000万公顷，封禁保护面积超过150万公顷。自2000年以来，全国荒漠化和沙化面积已连续3个监测期出现"双缩减"，北方风沙线上初步建立起一道绿色生态屏障，实现了由"沙进人退"到"绿进沙退"的历史性转变。} 事件背景

③不过，我国依然缺林少绿、生态脆弱，是世界上土地荒漠化、沙化非常严重的国家之一。全国荒漠化土地面积达261万平方公里，占国土面积的27.2%；沙化土地面积达172万平方公里，占国土面积的17.9%。北方不少地方，仍然会遭遇沙尘天气袭扰。例如，今年以来，大风数次把沙尘从沙源地吹过来，北京已经发生了4次以浮尘为主的沙尘天气。} 问题

④以往，在北方一些地方，肆虐的"黑风暴"曾经造成严重财产损失甚至人员伤亡，许多人对"沙魔"深恶痛绝。沙患如今仍然存在，不过，我们还是应当清醒地认识到，盲目"向沙漠进军"、企图消灭沙漠是不现实的，不顾自然条件在沙漠地区大规模、高密度植树造林种草，也并不可取。一方面，沙漠自古就有，治沙并不是要"消灭沙漠"，而是治理人为造成的沙} 合理性论证

化土地，减少沙尘暴等危害。我们应该有消除沙患的信念和信心，但也要牢固树立尊重自然、顺应自然、保护自然的生态文明理念，讲科学，不蛮干。另一方面，沙尘暴作为一种自然现象，有很大的负面影响，但同时有一定的正面作用。沙尘天气发生时，会给海洋浮游生物提供丰富营养物质，使浮游生物增加，消耗大量大气中的二氧化碳。沙漠、海洋、陆地、森林等相互作用，共同构成了地球自然生态系统的平衡。 } 合理性论证

⑤近年来，我国在治沙中坚持"保护优先、自然恢复为主"，对于人烟稀少、治理难度大的干旱、极端干旱区原生沙漠、戈壁等，采取封禁保护来恢复植被和保护沙地表面结皮，严守生态红线，减少人为干扰，充分发挥生态系统的自我修复功能。实践证明，大面积封育，借助大自然的力量修复生态，是治沙的一个有效手段。 } 分方案

⑥一手抓自然修复，另一手也要抓人工治理，两者不可偏废。人工治理的过程中，治哪里、怎么治、用什么树种、草种，都要经过科学论证、认真研究。在当前国家投入有限的情况下，治沙不能"大水漫灌"，应突出重点，以点带面，推动沙区生态状况整体好转。立足于沙区实际情况，适地适树适草，优先选择易于成活和管护的乡土品种。 } 分方案

⑦前不久召开的全国生态环境保护大会指出，生态文明建设已进入提供更多优质生态产品以满足人民日益增长的优美生态环境需要的攻坚期。更多的绿色、更多的蓝天，是优质生态产品的题中应有之义。坚持人与自然和谐共生的基本方略，科学防沙治沙，自然修复与人工治理相结合，一定能让大地的绿色增多、黄沙消退，以优质生态产品提升人民的生态环境幸福感。 } 整体评价

该新闻评论的交际意图是使受众认识科学防治沙患的重要性和了解科学防治沙患的方法。新闻评论一般是从新闻事件入手，然后再针对事件中的问题，提出观点，并进行合理性论证。但是，该新闻评论在第一步就摆出观点和主张：科学防沙治沙，自然治理和人工修复相结合。开门见山阐明观点，

构建观点知识空间，吸引受众关注，同时促使受众思考原因。第二步，评论者首先提出世界防治沙漠化和干旱日的新闻事件，构建新闻事件知识空间，介绍背景知识，包括荒漠化现象和我国在不同阶段所采取的措施，使受众对新闻事件有一定的了解；然后从新闻事件中提出问题：我国仍然是世界上沙漠化非常严重的国家，使受众关注新闻问题。第三步，评论者对评论开始提出的观点进行合理性论证，从两个方面论证科学治沙的合理性，构建观点—合理性论证知识空间。第四步，介绍科学治沙的方案，一是采取自然的力量修复生态，二是自然修复和人工治理相结合，构建问题—解决方案知识空间。第五步，评论者进行整体评价，提及生态文明建设的大背景，重申了科学防沙治沙的观点，展望前景。总体来说，该新闻评论构建了新闻事件知识空间、评论知识空间和整体评价知识空间，其中，评论知识空间包括观点—合理性论证空间、问题—解决方案知识空间。为了突出观点，评论者将观点置于新闻事件知识空间的前面。

前面通过分析新闻评论知识空间的标注语料，提出了新闻评论的话语行为计划和语篇知识空间结构、新闻评论语篇世界中的核心组块、可选性组块和因素。接下来，分析各知识空间中的语义网络特点，为计算机自动识别提供一些理论借鉴。

6.2 新闻评论语篇语义网络特点及标识

分析新闻评论知识空间中的语篇语义网络特点，并对各种概念—关系的知识空间频率进行统计分析，如表6-3所示。

根据表6-3所示，除了施事关系、受事关系、相关关系、属性关系在标注语篇的三个知识空间中都频繁出现外，其他类型的概念—关系出现频率有比较大的差异。本书将结合该统计表中的数据，通过具体的例句分析语篇知识空间中的语义网络特点，并基于各知识空间的语义网络特点，分析各知识空间中的标识手段，为计算机识别语篇中的知识空间提供语言学知识。

表6-3 概念—关系的语篇知识空间频率统计表

概念—关系类型	语篇知识空间频率/%				
	新闻事件知识空间	评论知识空间			整体评价知识空间
		问题—解决方案	目标—实现方案	观点—合理性论证	
状态关系	95	87	60	100	76
施事关系	100	100	92	100	100
受事关系	100	100	100	100	100
与事关系	77	56	73	80	40
位移关系	13	25	27	70	4
时间关系	53	40	47	100	40
位置关系	68	20	46	100	20
方式关系	60	53	60	100	40
相关关系	100	100	100	100	100
属性关系	100	100	100	100	100
物质构成关系	0	0	27	3	0
数量关系	43	40	20	87	40
组成部分关系	20	0	0	45	0
容纳关系	27	0	0	3	0
因果关系	60	100	100	100	60
目的关系	16	23	40	62	0
感知关系	3	20	17	9	20
认知关系	53	58	52	60	3
交际关系	95	40	40	13	20
拥有关系	9	37	16	7	20
情感关系	20	20	0	40	11
意愿关系	0	0	17	5	47
情态关系	60	100	57	60	78
实例关系	28	24	0	80	0
细目说明关系	32	7	9	78	0
意义关系	35	14	16	95	45
价值关系	0	12	5	40	37
等同关系	49	40	13	100	3
对立关系	0	48	17	89	40
同指关系	58	62	56	100	40
复现关系	100	100	100	100	52

每个结构功能都有语言学的外在标识，一些小句和句子把明确语篇结构作为他们的主要功能（Hoey，1983）。词汇是语篇结构标识的一种手段。词汇标记的预示功能一方面为语篇组织提供结构框架，另一方面为受话者理解语篇提供线索。语篇接受者见到它们就会激活大脑图式，确定该语篇的宏观结构属于哪种模式。每一种语篇模式都具有自己独特的词汇标记，语篇接受者往往可以通过这些常用词汇标记识别不同语篇模式。

Winter（1977）指出语篇关系的标识主要有三种方式：一类词汇（vocabulary 1）、二类词汇（vocabulary 2）、三类词汇（vocabulary 3）。一类词汇是出现在从属关系中的连接词；二类词汇是出现在句子之间的连接词，如连词；三类词汇是词汇项（lexical item），例如：句子"his proposal is instrumental in accomplishing this project"中，词汇项"instrumental"标识了前后两个事件之间的工具关系。McCarthy（1991）讨论了一类词汇和三类词汇所表达的原因—结果关系。例如在句子"The reason he went home was that he was feeling ill."中，词汇"reason"标识了因果关系；在句子"Because he felt ill, he went home."中，"because"标识了因果关系。McCarthy认为三类词汇可以帮助我们迅速理出语篇的发展线索，并从宏观上把握语篇结构，是有价值的语篇模式的词汇标记。Jordan（1984）提出了标示问题—解决模式的特定词汇：problem和它的近义词，如difficulty，dilemma，drawback，danger，snag，hazard，pest，unpleasant，disorganized，fear，smelly，illness等。当我们在语篇中识别出这样的词，我们就期待接下来的语篇告诉我们一个解决办法。语篇会使用excellent，important，quick，unique，failure等词汇来评价解决方法的有效性。Winter提出的这几类标示手段在我们标注的语篇知识空间中均有出现，本书以具体的语料来说明新闻评论各知识空间中的标识手段。

6.2.1 新闻事件知识空间的语义网络特点及标识

新闻事件知识空间介绍新闻事件来由、发展、结果、影响，或者阐释相关概念，因此，由表6-3可知，施事关系、受事关系、相关关系、属性关系、复现关系的新闻事件知识空间频率均为100%；其他比较频繁出现的概念—关系有状态关系、交际关系、与事关系、时间关系、位置关系、方式关系、因果关系、认知关系、情态关系、同指关系，它们的新闻事件知识空间的出现频率在50%以上。

例6.15

【新闻事件知识空间1】

"针对环保人士雷萍[ag]因[ca]曝光[ae]污染被广东信宜[rl]有关方面拘留一事[da]，生态环境部[rl]新闻发言人刘友宾在新闻发布会上[cm]表示，中国的[rc]**环保社会组织**[st]还处在培育、发展阶段，专业化水平[st]还不太高，力量[st]还不够强大。我们[cg]认为，对[rc]**环保社会组织**和志愿者要多一些理解和包容，多一些关心和支持。[ti]同时，[rc]**环保社会组织**和志愿者[ag]也要依法依规[ma]开展[ae]活动，[ag]坚持实事求是，建设性地[ma]促进[ae]环境问题[ae]解决。"

(《新京报》：《"对志愿者多些理解和包容"——为生态环境部的表态点赞》)

该新闻事件知识空间介绍了环保人士被拘留、生态环境部对此发表看法以及评价和建议的情况，出现了受事关系[ae]、施事关系[ag]、状态关系[st]、因果关系[ca]、相关关系[rl]、认知关系[cg]、方式关系[ma]、交际关系[cm]、与事关系[da]。在新闻事件知识空间，作者经常会引用权威人物对某个事件的观点和表态，因此，新闻事件语义网络往往会凸显认知关系和交际关系。

新闻事件知识空间经常运用时间关系和位置关系、数量关系叙述新闻事件。

例6.16

【新闻事件知识空间2】

在2018年[ti]环境日主场活动主办地长沙[lo]，生态环境部、中央文明办、教育部、共青团中央、全国妇联等5部门联合发布[cm]《公民生态环境行为规范（试行）》，倡导[ae]简约适度、绿色低碳的生活方式，引领[ae]公民践行生态环境责任，携手共建[ae]天蓝、地绿、水清的美丽中国。

(《法制日报》：《环境行为规范应成全民共识》)

该新闻事件知识空间介绍环境保护法的颁布情况，凸显了"2018年"标示的时间关系[ti]、"长沙"标示的位置关系[lo]以及"倡导、引领、共建"和后面的受事对象之间的受事关系[ae]。

例6.17

【新闻事件知识空间3】

最近[ti]，某市将路面的烟头作为评判环[ae]卫工作成效的一个[qu]重要指标，一些街道甚至将烟头数量与环卫工的工资挂钩。由于[ca]街道办事处在检查时[ti]发现[cg]路面存在烟头[ca]，按照"1个[qu]烟头罚1元[qu]"的标准，一位[qu]环卫工被扣去[ae]了900余元[qu]的工资。环卫工苦恼地[cm]说，前一[qu]秒刚打扫完，下一[qu]秒就有人[ag]往地上随手扔[ae]烟头，真是[st]防不胜防。

(《人民日报》"生态论苑"：《保护环境要狠抓治本》)

该新闻事件知识空间叙述环卫工作的一个情况和环卫工人的一个亲身经历。由于事件讲述包含许多细节，除了凸显时间关系[ti]、施事关系[ag]、受事关系[ae]、交际关系[cm]、认知关系[cg]，也出现了因果关系[ca]、数量关系[qu]、状态关系[st]。

例6.18

【新闻事件知识空间4】

[lo]在自然保护区设立的工业园，灰褐色的工地与[da]周边山水[st]形成鲜明对比，[si]如同一块巨大[at]的伤疤，让人[em]痛心。

[ti]最近，[ca]因为自然保护区生态环境[ae]破坏、中央环保督察整改[st]不力，重庆石柱县[ae]被生态环境部约谈。长江边美丽的[at]湿地自然保护区[ae]被"毁容"，[ca]根本原因就在于当地政府[ag]没有[ma]正确处理好[ae]生态环境保护和经济发展[rl]的关系，[ma]盲目[vo]希望[ae]依托长江"黄金水道"搞开发，[ca]结果毁了[ae]绿水青山、没换来[ae]金山银山，还要承担[ae]生态环境破坏的[rl]沉重[em]代价，教训极为[st]深刻。

(《人民日报》：《要让虚假整改者付出代价》)

该新闻事件知识空间描写了生态环境的破坏状况、人们的心理感受、新闻事件的发生、事件问题的原因和评价，运用了施事关系[ag]、受事关系[ae]、时间关系[ti]、位置关系[lo]、状态关系[st]、方式关系[ma]、因果关系[ca]、意义关系[si]、价值关系[va]、意愿关系[vo]和情感关系[em]。作者对事件、状况和感受进行了富有感情色彩的描写，凸显了情感关系。

基于新闻事件知识空间中的概念—关系，我们发现新闻事件知识空间的标识主要为三类词汇标识，即词汇项。新闻事件知识空间中的词汇项标识主要包括两种：表征交际关系的词汇项和表征新闻事件的词汇项。

第一，表征交际关系的词汇项。新闻事件知识空间中的交际关系经常以引语形式出现，引语具有不同的形式：直接引语和间接引语。直接引语以冒号形式标示。本研究语料的新闻事件知识空间中，交际关系的词语标识主要有认为、提出、发布、倡导、指出、介绍、问询、回应、指出、强调、解释、说、提出、表示、坦承、呼吁、解释说等。其交际主体大多为命名实体，包括官方机构、部门单位、官方人员、权威人士等专有名词。

第二，表征事件发生的词汇项。介绍新闻事件往往涉及发生时间或者地点的词汇项。出现的时间词汇项主要有近期、日前、近几年、最近、近日、目前、近些年、如今、同时、此后、期间、具体年份和月份词语等。地点词汇项主要是地点名词和地点专有名词。

6.2.2 评论知识空间的语义网络特点及标识

评论知识空间包括三种：问题—解决方案知识空间、目标—实现方案知识空间、观点—合理性论证知识空间。下面，我们分别阐释这三种评论知识空间的语义网络特点及标识。

6.2.2.1 问题—解决方案知识空间

由表6-3可知，施事关系、受事关系、相关关系、属性关系、复现关系、情态关系、因果关系的问题—解决方案知识空间频率均为100%左右；其他比较频繁出现的概念—关系有状态关系、与事关系、认知关系、方式关系，它们的问题—解决方案知识空间频率在50%以上。

例6.19

【问题—解决方案知识空间1】

但这远远[st]不够，[ti]伴随着中国城市化进程的进行，会有更多的人口[mo]进入城市[ca]，解决[ae]好垃圾分类问题[st]刻不容缓。政府[ag]不仅要担负起自身责任，更为重要的是促进民众[ae]形成垃圾分类[rl]的意识，养成[po]不乱扔垃圾的良好生活习惯。[ca]因此，应该[md]来一场垃圾分类[rl]的全民教育，培养[ae]民众垃圾分类的意识。

培养[ae]垃圾分类的意识[cr]，首先应该[md]让民众[ag]学会辨别垃圾。正如上文所述，在最为基础的可回收与不可回收的[at]垃圾分类上，不能分清的人依然不在少数；更别说更加细致的[at]分类。应[md]按照[da]国家制定的垃圾分类标准，[da]向民众宣传普及[ae]各类垃圾知识，让民众[ag]在家中就可以[da]对产生的垃圾进行分类，最终方便回收。

培养[ae]垃圾分类的意识[cr]，应该[md]让民众[ag]认识并享受[ae]到垃圾分类的好处。垃圾分类对于[da]环保[po]有着重要意义，而普通民众[ag]不一定明白[cg]其中的利害关系，[ca]所以要大力宣传垃圾分类对于环保的好处。广东东莞某社区[ag]将厨余垃圾与其他垃圾分开回收，厨余垃圾经过处理[ti]之后[si]成为有机肥，社区[ag]就[ti]每个月[da]向居民派发一次有机肥，供大家[ag]在栽花种草时[ti]使用；有更多需要的居民[ag]可以[md]直接向社区提出，随时领取。[ca]由于在处理垃圾的同时也[po]得到相应的回报，这个社区的居民[ag]更有动力参与垃圾分类。

培养[ae]垃圾分类的意识[cr]，应该[md]鼓励民众[ag]积极参与到垃圾分类实践中。这个参与，不仅仅是[ag]让民众[st]成为垃圾分类的执行者，也要[ag]吸引民众[st]成为垃圾分类的传播者。[in]比如可以邀请[ae]民众[ag]参观垃圾回收厂，邀请民众对垃圾分类建言献策……让民众[ag]培养[ae]主人翁意识，真正把垃圾分类当成自己的事，[ca]这样垃圾分类才能长期坚持下去。

(《人民日报》(海外版):《来一场垃圾分类的全民教育》)

在该问题—解决方案知识空间中，评论者提出垃圾分类问题、原因和应该采取的解决方案。在分方案中，评论者具体阐释应该如何培养民众的垃圾分类意识。第一个分方案介绍如何让民众学会辨别垃圾；第二个分方案介绍通过使民众认识垃圾分类的意义而享受其中的好处；第三个分方案以实例介绍如何鼓励民众进行垃圾分类实践。为了实现这样的交际意图，该知识空间凸显状态受事关系[ae]、相关关系[rl]、属性关系[at]、情态关系[md]、因果关系[ca]。当出现多个分方案的时候，凸显复现关系[rc]，如上例中"培养垃圾分类的意识""民众"等概念在该问题—解决方案知识空间中频繁复现。

例6.20

【问题—解决方案知识空间2】

S1[pu]为老百姓留住鸟语花香田园风光，必须以效果为导向，不断满足[ae]人民日益增长的优美生态环境需要。S2习近平总书记曾专门[cm]批示，为浙江"千村示范、万村整治"工程[ae]点赞。S3从2003年到2018年[ti]，浙江省扎实推进[ae]"千村示范、万村整治"工程，累计有2.7万个[qu]建制村完成村庄整治建设，74%[qu]的农户厕所污水、厨房污水、洗涤污水[ae]得到有效治理，生活垃圾[ae]集中收集、有效处理的建制村全覆盖，41%[qu]的建制村实施[ae]生活垃圾[ae]分类处理。S4只有对这些问题[ae]给予及时治理、有效治理，"垃圾围城""污染下乡"才不会成为困扰[ae]城乡发展的痛点。

（人民网：《为老百姓留住鸟语花香田园风光——全国生态环境保护大会系列网评之十一》）

该问题—解决方案知识空间运用"习主席批示"的权威论据和"浙江省示范工程"事例论据来阐释解决方案的合理性，语义网络中凸显的是受事关系[ae]、交际关系[cm]、时间关系[ti]、数量关系[qu]。

问题—解决方案知识空间中涉及问题的标识主要是三类词汇标识，包括两种：具体的词汇和具有负面意义的词汇。

具体的词汇指的是包含"问题"语义的具体词汇，如：问题、失实、错误、过失、争议、质疑、难题等。表达"问题"概念的词汇经常与相邻的其他词汇构成修饰关系，表达问题的具体信息，如：社会问题、生态环境问题、京津冀大气污染问题、污染问题、污水问题等。

具有负面意义的词汇项指的是词汇具有负面情感意义。在环保类新闻评论语篇中，位于新闻背景知识空间之后，如果出现了大量与环境相关的负面情感词汇或者具有否定意义的词汇，一般提示着问题的出现。

例6.21

【问题知识空间】

中央环保督察开展以来，动真碰硬，成效显著。但是，个别地方平时不作为、临时乱作为，一到督察时就简单粗暴地对相关企业停工停业停产。笔者曾不止一次听到企业吐槽，能上的环保设备企业都上了，可是只要环保督察一来，就会遭遇突然停电停产，对于停产的经济损失和信誉损失却没人过问，这种做法让企业缺乏生产经营的安全感。

（《人民日报》：《环保执法要"严"也要"准"》）

该问题知识空间中使用了负面词汇，例如"不作为""乱作为""简单粗暴""停工停业停产"，这些负面词汇暗示着问题的提出。

在本书研究语料的问题知识空间出现大量类似的负面情感词汇，如：不文明、乱扔垃圾、破坏环境的现象、减少、缺少、教训、高昂、严峻、难度大、难以支撑、交通不便、无法持续、不分青红皂白、虚与委蛇、难以顾及的盲区、不能完全杜绝这类现象、难以为继、压力、长期滞后、一拖再拖、矛盾纠葛、漫长、认识不到位、责任落实不到位、存在等一等、拖一拖的消极、观望态度、缺乏敢于担当、主动作为的决心和勇气、未整改、变本加厉、非法、形同虚设、打折扣、慢作为、不作为、乱作为、肆意违法、陷入全面失控、顽固、短板、隐患、曲折、脆弱、下降、令人担忧、有较大提升空间、意识依然薄弱、紧迫性、差距、短板、瓶颈、随意排放、乱象、暴露、不够科学、不够合理、不容忽视、震惊、令人深思、痛彻而深刻的反省、整改不力、虚假整改、严重失真、干扰、毁坏、破坏、沉重代价、盲目、亟待解决、严厉整顿、严重水污染、肆意横流、无法无天、严重威胁、不扎实、不到位等。

问题—解决方案知识空间中涉及解决方案的标识主要有四类：一是一类词汇，即出现在从属关系中的连接词；二是二类词汇，即出现在句子之间的连接词；三是三类词汇，即具体的词汇项；四是元话语。

第一，标示解决方案知识空间的一类词汇主要有……才……；与其……，不如……；所以；因为；只有……，才……；由于；等等。它们出现在具有从属关系的主句和从句之间。

例6.22

（1）**由于**在处理垃圾的同时也得到相应的回报，[ca]这个社区的居民更有动力参与垃圾分类。

（2）**与其**将目光放在对熄灯一小时的围观上，[op]**不如**去认真思考，如何利用活动的高关注度来凝聚环保共识。

"由于"标识小句命题之间的因果关系，"与其……不如……"标识小句命题之间的对立关系。

第二，标示解决方案知识空间的二类词汇有因此、所以等。

例6.23

（1）**因此**，应该来一场垃圾分类的全民教育，培养民众垃圾分类的意识。

（2）一个鱼虾绝迹、污水横流、垃圾遍地的农村，定难承载游子乡愁，更不可能承载起农民对美好生活的向往。**所以**党的十九大擘画乡村振兴战略，确立了产业兴旺、生态宜居、乡风文明、治理有效、生活富裕的建设目标。**所以**中央领导明确要求，认真学习领会习近平生态文明思想，就要深刻把握良好生态环境是最普惠民生福祉的宗旨精神，着力解决损害群众健康的突出环境问题。

例6.23中的"因此""所以"标识两个句子之间的因果关系。

第三，标识解决方案知识空间的三类词汇，即具体词汇项，经常出现在下面的一些句子结构中，例如：解决这一问题，应……；对于……问题，必须……；为……，必须……，等等。

例6.24

近年来，我国生态文明宣传教育总体上取得明显成效，但也存在一些问题，如一些地方和部门尚未形成自觉积极开展生态文明宣传教育的氛围，存在"说起来重要、干起来次要、忙起来不要"的现象，工作不扎实、不到位。**解决这一问题，应**按照习近平同志的要求，突出重点，抓好落实，进一步加强生态文明宣传教育。

通过具体词汇项"解决这一问题"，提出了问题的解决方案，即"按照习近平同志的要求，突出重点，抓好落实，进一步加强生态文明宣传教育"。

第四，标示解决方案知识空间的元话语：从这个角度看、从这个角度而言、可见、由此看来等。根据Hyland（2008）的元话语分类，它们属于框架标记语（frame marker），标记话语行为步骤、序列或者阶段。

例6.25

如此高昂的成本，如此严峻的条件，仅靠政府单方面的投入，不仅难以支撑，更无法持续。**从这个角度而言**，激发内生活力，才能真正缚住"黄龙"。

例6.25中的元话语"从这个角度而言"引出了对问题的解决方案。

综上所述，解决方案知识空间中的语义网络一般包括事件或者状态之间的因果关系、对比关系等，因此，标识这些概念—关系的连接词通常也是解决方案知识空间的标识。另外，解决方案通常是经过事实分析而作出判断，因此，评论者往往使用框架标记语这类元话语来标识话语行为的发展。

6.2.2.2 目标—实现方案知识空间

新闻评论中的目标—实现方案知识空间针对事件问题，提出行动目标，阐释所需要采取的行动方案。由表6-3可知，概念—关系在目标—实现方案知识空间的出现频率与问题—解决方案知识空间大致相似。受事关系、相关关系、属性关系、复现关系、因果关系的目标—实现方案知识空间频率均为100%左右；其他比较频繁出现的概念—关系有状态关系、施事关系、与事关系、认知关系、方式关系、情态关系、同指关系，它们的目标—实现方案知识空间频率在50%以上。

例6.26

【目标—实现方案知识空间】

建设生态文明[si]是关系人民福祉、关乎民族未来的大计。加大力度推进[ae]生态文明建设、解决[ae]生态环境问题，坚决打好[ae]污染防治攻坚战，[ca]关键就是[da]按照习近平总书记的要求，担负起[ae]生态文明建设的政治责任，全面贯彻落实[ae]党中央决策部署。

担负起[ae]生态文明建设的[rl]政治责任，[ca]首先就要增强[ae]"四个意识"，坚决维护[ae]党中央权威和集中统一领导。习近平总书记[cm]指出："打好污染防治攻坚战[rl]时间[st]紧、任务[st]重、难度[st]大，[si]是一场大仗、硬仗、苦仗，必须加强[ae]党的领导。"党的十八大以来[ti]，我国生态环境保护之所以发生历史性、转折性、全局性变化，[ca]最根本的就在于以习近平同志为核心的党中央的坚强领导。面对"生态文明建设正处于压力叠加、负重前行的关键期，已进入[mo]提供更多优质生态产品以满足人民日益增长的[rl]优美生态环境需要的攻坚期，也到了[mo]有条件有能力解决生态环境突出问题的[rl]窗口期"这个关口，党中央[ag]科学判断[ae]形势，[ag]明确了推进生态文明建设、[ag]解决生态环境问题的[rl]路线图和时间表，对打好污染防治攻坚战[ag]作出了全面部署。各地区各部门要把思想和行动[ag]统一[ae]到党中央决策部署上来，把政治责任体现在狠抓落实[ae]上，把担当精神[ae]体现到实际工作中。

（《人民日报》：《担负起生态文明建设的政治责任——四论学习贯彻习近平总书记全国生态环境保护大会重要讲话》）

该目标—实现方案知识空间提出推进生态文明建设的目标，详细阐释了为实现该目标需要采取的方案，凸显了受事关系[ae]和状态关系[st]；同时运用了时间关系[st]、交际关系[cm]、相关关系[rl]、位移关系[mo]和因果关系[ca]来论证实现方案的合理性。值得注意的是，施事关系在研究语料的目标—实现方案知识空间的出现频率高，但是在每篇新闻评论的目标—实现方案知识空间中，其出现频率并不凸显，因为表达解决行为的概念—关系中，大多缺省了施事实体，而凸显其受事实体。例如："担负起[ae]生态文明建设的[rl]政治责任，[ca]首先就要增强[ae]'四个意识'，坚决维护[ae]党中央权威和集中统一领导。"这一解决方案凸显了行为动作"担负""增强""维护"

以及相应的受事实体，而省略了施事实体，缺省了施事关系。另外，虽然目标—实现方案知识空间具有目标元素，但是目的关系并非未凸显，如例6.26中，"担负起生态文明建设的政治责任"和"增强四个意识"之间也存在隐含的目的关系，但是并没有显性的目的关系标识，而是在"增强"这个动作行为前面出现"就要"，而凸显前后两个动作行为之间的因果关系。

目标—实现方案知识空间的标识主要出现在实现方案知识空间，包括一类词汇、三类词汇和元话语。一类词汇是标示因果关系的连接词，如：因为……，就要……；因此……；……，从而……。三类词汇主要是标示因果关系的具体词汇，如例6.26中的"……，关键是……""之所以……，最根本在于……"，这些具体词汇标示目标和实现方案之间的逻辑关系。元话语主要是框架标记语，例如：一方面……，另一方面……；首先……，其次……，再次……；同时也应看到……；从宏观层面上……，从微观层面看……；等等。这些框架标记语通常用来标识对方案不同层面和不同角度的全面阐释。

6.2.2.3 观点—合理性论证知识空间

观点—合理性论证知识空间是针对新闻问题提出观点，通过多种方式进行分析，论证该观点的合理性。由表6-3可知，施事关系、受事关系、时间关系、位置关系、方式关系、相关关系、属性关系、因果关系、等同关系、同指关系、复现关系的观点—合理性论证知识空间频率是100%；其他比较频繁出现的概念—关系有状态关系、与事关系、位移关系、数量关系、目的关系、认知关系、情态关系、对立关系、细目说明关系，它们的合理性论证知识空间频率在50%以上。

观点—合理性论证知识空间一般包括分论点和论据。论据一般分为三类：理性论据、权威论据和情感论据（金立、汪曼，2015）。理性论据是通过事例阐述事件或者状态之间的逻辑关系。理性论据也叫逻辑论据，主要包括引言、统计数据、调查结果、社会事象、公理、法律法规等。权威论据是引用权威人物的观点或者权威机构的报告等。情感论据是通过对事例或者状态的描写，诉诸受众的情感。情感性论据往往利用读者的愤慨、同情、失望和不安等个人感情因素来进行劝说。

例6.27

【观点—合理性论证知识空间】

翻阅[ae]过往新闻，更新保护名录的呼声[st]近年越来越强烈，甚至早前[ti]有人[ag]发出[ae]"野生动物等不起啊"的调侃。这话[st]听起来像玩笑，[op]但让人[ag]笑得[ma]尴尬。野生动植物[si]是生态环境体系的重要组成部分，当初国家建立[ae]重点野生动物/植物保护名录，就是[pu]为了通过法律手段[ma]，加强对珍贵、濒危的野生动植物[ae]的重点保护，有效[ma]维护[ae]生态物种的[rl]多样性。[op]但"倘若保护名录没有及时[ag]跟上客观环境的变化，[ca]就有可能变成[ai]对[da]另一些动物的"间接伤害"。[in]比如两位委员提案中[ag]提到的[sp]勺嘴鹬和黄胸鹀（即禾花雀），分别于2008年和2017年被IUCN评估为[si]"极危"，[op]却都不在目前的名录之中。相比之下，[op]因"濒危"进入名录的[sp]大熊猫，由于[ca]保护有力，已被IUCN调整为"易危"，[op]而国家一级保护动物藏羚羊[ag]，在一些地方更因数量的[ma]大幅[mo]增加[ca]，[da]对天然草场造成了[ae]压力。

国家重点保护野生动植物名录未能[ag]与时俱进，同样给[da]相关部门执法出了[ae]难题。一年前[ti]，"穿山甲公子""穿山甲公主"两起事件[ag]一度[lo]在网络上闹得[ma]沸沸扬扬，[ti]当时就有专家[cm]指出，正是因为穿山甲[ae]受到保护的[rl]级别[st]不够，[ca]导致对[da]相应的违法行为[ae]惩戒[ma]失之于宽，[ca]助长了[ae]一些人[ag]肆意妄为。此外，部分野生动植物的[rl]保护和利用，还[rl]涉及中医药行业的[rl]发展和转型，同样[si]是不能忽视的[at]现实[at]问题。

(《南方日报》:《不要让野生动物等不起》)

该观点—合理性论证知识空间提出了"更新动物保护名录"的观点，然后使用多个论据进行论证。第一个论据是野生动物的重要性和建立保护名录的目的，主要运用了意义关系[si]、目的关系[pu]和受事关系[ae]。第二个论据是举例说明未及时更新保护名录对其他动物的伤害，主要运用了对比关系[op]、实例关系[in]、细目说明关系[sp]、因果关系[ca]和施事关系[ag]。第三个论据是以具体案例说明未能更新野生动植物名录给执法部门带来了难题，主要运用了受事关系[ae]、时间关系[ti]、因果关系[ca]、与事关系[da]、意义关系[si]、相关关系[rl]和交际关系[cm]。

观点—合理性论证知识空间的标识主要有三类：一是标示小句从属关系的一类词汇；二是具体词汇项，属于三类词汇；三是元话语。

第一，观点—合理性论证知识空间往往论述概念、事件之间的因果关系，或者对事件进行比较分析，因此，一类词汇主要是标示因果关系或者对立关系的连接词。在研究语料中，本书发现观点—合理性论证知识空间中标识因果关系的连接词主要有一旦……，就……；因此；因为；原因；结果；唯有……，才；如果……，就……。对立关系的联系语主要有但；但是；不……，而……；然而；尽管……，但……；但是；可；可是；不过。

第二，标示因果关系的具体词汇项主要有导致、造成、实践证明、归根到底等。

第三，观点—合理性论证知识空间往往提出另一个观点、论据或话题，因此，使用框架标记语元话语，例如：从这个角度看、另一方面也要看到、主观上讲、由此可见、从……来看、从另一个角度来看、事实上、应该说、同样、此外、其实、一方面……另一方面、首先……然后……。该知识空间也经常采用举例论据进行论证，运用的框架标记语主要有例如、比如、例等。

总体来说，作为新闻评论的核心知识组块，评论知识空间出现的概念—关系类型最丰富，数量最多，有比较多的词汇标识形式。

6.2.3 整体评价知识空间的语义网络特点及标识

由表6-3可知，施事关系、受事关系、相关关系、属性关系的整体评价知识空间频率是100%；其他比较频繁出现的概念—关系有状态关系、因果关系、情态关系、复现关系，它们的整体评价知识空间频率在50%以上。

评价是说话人或者作者对待某些实体或者命题的态度、观点或者情感（Thompson & Hunston，2000）。在新闻评论语篇中，评价是一个常见的语篇单位。除了语篇结尾出现的整体评价组块外，评价也经常出现在对解决方案、做法进行合理性论证的后面。Bolívar（2001）把语篇中的评估分为三类：总结类（concluders）、预见类（prophecies）、指令类（directives）。总结类评估还可以进一步分为逻辑总结或结果（logical conclusion or result）、时间总结（temporal conclusion）、信息性评论（informative comments）。前两种总结类评估的标识有therefore，thus，now，as a result，if……then，in general，at the moment等。在信息性评论中，作者通常使用过去时或现在时的句子来提供新信息、评价之前的内容。预见性评价话轮由陈述句构成,主要的功能是预测未来事件,评估情境,评估未来发展的可能性。指令类评价具有建议的功能。指令可以分为直接指令和间接指令。这些类型的评价知识在我们标注的语篇语料中均有出现。不同类型的评价知识空间凸显不同类型的概念—关系。

例6.28

【整体评价知识空间1】

蓝天白云、新鲜空气,[si]是人们美好生活需要[rl]的题中之义。做好[ae]大气污染防治工作,切不可[md]有[po]喘口气歇歇脚的[cr]念头,以钉钉子精神[ma]一直抓下去,[ca]才能赢得[po]蓝天保卫战的[rl]全面胜利。

(《广州日报》:《以钉钉子精神打赢蓝天保卫战》)

该整体评价知识空间首先重申环境的重要性,运用了意义关系[si];其次使用指令性评价,建议人们要坚持钉钉子精神,不要有停歇的念头,运用了受事关系[ae]、情态关系[md]、拥有关系[po]和同指关系[cr];最后预测了以钉钉子精神抓下去的逻辑性结果,运用了因果关系[ca]、拥有关系[po]和相关关系[rl]。运用指令性评价时,往往会缺省施事关系。

例6.29

【整体评价知识空间2】

如果我们每个人[ag]都能从我[ma]做起,从[ti]现在做起,[ca]那么简约适度、绿色低碳的生活方式就[md]能成为[si]全社会[rl]的共识,成为[si]民众的自觉行动。

(《法制日报》:《环境行为规范应成全民共识》)

该整体评价知识空间进行预见类评价,提出如果从现在做起,未来会出现的结果,运用了因果关系[ca]、情态关系[ag]、意义关系[si]、施事关系[ag]、时间关系[ti]、相关关系[rl]和方式关系[ma]等,实现对未来状况的预测性评价。

位于新闻评论末尾的整体评价知识空间的标识主要有三类:一是标示句子中语义关系的连词;二是情态助动词;三是元话语。

第一,当整体评价知识空间主要提供逻辑总结的知识时,经常出现话语联系语,主要有因此;只有……,才能……;不仅……,也要……;不仅……,更;无论……,还是……;只要……,就……;如此……,就……;等等。

第二，当整体评价知识空间提供建议性、预测性知识时，往往使用表征情态关系的情态动词以及意愿关系的意愿动词，主要包括：必须、一定、应当、需要、必定、不能、希望、莫、不要、不敢、应该、必将。

例6.30

【整体评价知识空间3】

从制造大国转向制造强国，**需要**[md]走绿色成为普遍形态的高质量发展之路。**莫**[md]让环保"一刀切"成为高质量发展的绊脚石！

（人民网：《环保执法要"严"也要"准"》）

该整体评价知识空间运用情感关系[md]表达建议和指令，其词汇标记为："需要""莫"。

例6.31

[整体评价知识空间4]

一个地方的环保问题，**不能**[md]总是靠中央来抓、靠媒体来盯。只有让各级政府真正负起责任，才能形成层层传导的压力，突破地方利益羁绊，让基层官员**不敢**[vo]懈怠。花垣尾矿遗祸，教训**不**[md]**可谓不**[md]深刻；遏制治污造假乱象，政府部门**应当**[md]有所作为。

（《光明日报》：《向"假整改假治污"出重拳》）

该整体评价知识空间对评论观点进行重申，提出建议，再次强调性地评价新闻事件，并进而对政府的行为提出建议，凸显运用情态关系[md]和意愿关系[vo]，其标记词汇有"不能""不敢""不可谓不""应当"。

第三，整体评价知识空间中的元话语主要有框架标记语和态度标记语。当整体评价知识空间提出一个观点或者表达评论者对一个观点的态度时，往往使用框架标记语或者态度标记语。例如：……可见……、从这个意义上说……、公平地说……、从长远看……。

6.3 新闻评论语篇标题中的语义网络

新闻评论标题被认为是独特的语篇类型（楚军、周军，2006），或者是新闻语篇的一种次语类（sub-genre），表达了新闻内容中最为重要的信息，标明评论范围，概括评论主要观点，传达评论者的态度。学者们从不同的角度对其进行了研究,例如从语言学的角度分析新闻评论语篇标题的句法结构特点(董育宁,2007),从新闻写作的角度提出新闻评论语篇标题的内容特点和要求(马少华,2003)。从语篇语义的角度,Van Dijk(1997)提出:新闻标题表达和负载了宏观语义,是主题的集中体现,在新闻语篇的编码和解码过程中承担着十分重要的角色。

6.3.1 新闻评论语篇标题的概念—关系类型

本书标注的新闻评论语篇标题中出现的概念—关系主要有三类:构建事件、行动、事物和情境,构建人类经验,构建象征性交际。各种概念—关系类型出现的频率不同,如表6-4所示。

表6-4 概念—关系类型频率统计表

概念—关系		数量	占比	总计(数量/占比)
构建事件、行动、事物、情境	受事关系	36	18.9%	150/79%
	相关关系	35	18.4%	
	施事关系	27	14.2%	
	方式关系	24	12.6%	
	状态关系	7	3.7%	
	与事关系	4	2.1%	
	位置关系	5	2.6%	
	属性关系	5	2.6%	
	数量关系	4	2.1%	
	因果关系	2	1.1%	
	位移关系	1	0.5%	
构建人类经验	情态关系	16	8.4%	32/17%
	意愿关系	6	3.2%	
	目的关系	4	2.1%	
	拥有关系	3	1.6%	
	认知关系	3	1.6%	
构建象征性交际	意义关系	8	4.2%	8/4%

在新闻评论标题中,围绕构建事件、行动、事物和情境的概念—关系占比最大,占比77.7%;其次是构建人类经验的概念关系,占比是17.9%;构

建象征性交际的概念—关系占比最小,是0.04%。下面以具体示例阐释各种概念—关系。

6.3.1.1 构建事件、行动、事物和情境的概念—关系

新闻评论标题中,表征事件、行动、事件和情境的概念—关系种类最多,主要有受事关系、相关关系、施事关系、方式关系、与事关系、状态关系、位置关系、属性关系、数量关系、因果关系、位移关系。

第一,在新闻评论标题中,占比10%以上的概念—关系有受事关系[ae]、相关关系[rl]、施事关系[ag]、方式关系[ma]。

例6.32

加快[ae]"绿色升级"

建设[ae] 一支生态环境保护铁军

留下休养生息[rl]的时间和空间

担负起生态文明建设[rl]的政治责任

要让虚假整改者[ag]付出代价

"一刀切"关停[ag]违背环保初衷

让百姓吃得[ma]放心、住得[ma]安心

用优美环境[ma]造福人民

受事关系在新闻评论标题中的出现频率最高,标题中运用受事关系凸显了一个概念受到事件概念或者动作概念的影响。相关关系在新闻评论标题中出现的频率比较高,运用相关关系能够清楚界定概念,如例6.32中在"时间和空间""政治责任"概念前,都有相关的界定概念,分别是"休养生息"和"生态文明建设"。与受事关系相比,施事关系的出现频率较低。施动关系表征一个概念实施了动作,并由此带来情境的变化。然而,在新闻标题中,更凸显一个概念受到的影响。标题中的施动关系大多出现在"让……"结构中。方式关系表征事件、事物或者动作概念的发展方式。新闻评论标题中的方式关系凸显行为的方式,如例6.32中的"放心""安心""用优美环境"。

第二,在新闻评论标题中,占比在10%以下的概念—关系有状态关系[st]、与事关系[da] 、属性关系[at]、数量关系[qu]、因果关系[ca]、位置关系[lo]和位移关系[mo]。它们出现的频率比较少。

例6.33

环保执法要[st]"严"也要[st]"准"

让环保的钢牙更[st]锋利些

厉害了[st]我的国，厉害了[st]我的环保

还[da]老百姓蓝天白云、繁星闪烁

向"假整改假治污"[da]出重拳

让制度成为不可触碰[at]的高压线

解决损害群众健康[at]的突出[at]环境问题

33[qu]份罚单为何管不住排污口

秦岭违规建别墅拆除当是第一[qu]步

生态兴[ca]则文明兴

问道痛处，[ca]才能将责任落到实处

污水直排[lo]湘江，环保担当何在

让垃圾分类真正走[mo]进[lo]生活

状态关系表征事物、事件、情景所处的状态。如例6.33所示，在新闻评论标题中使用状态关系往往表达了一个比较完整新闻论点。有时候状态关系内嵌在"让……"受动关系中。新闻评论语言受到网络语言的影响，也出现了表示状态的概念放在实体前面的情况，如"厉害了我的国，厉害了我的环保"。与事关系构建了动作或者事件中除了施事和受事之外与其他参与概念之间的关系。属性关系表征概念所具有的特点，在新闻评论标题中运用属性关系能够明确事物概念的性质。如例6.33中的"不可触碰的""解决损害群众健康的""突出"。新闻评论标题使用数量关系会凸显事物和动作的数量概念，起到强调的作用。因果关系在新闻评论标题中的出现频率不是很高，因果关系表征两个事件或者动作之间的原因和结果关系。在新闻评论标题中，因果关系往往出现在两个小句中，中间有空格或者标点符号隔开。少数情况下，建立因果关系的两个小句合并在一起。新闻评论标题中的因果关系，大多数有词汇标识，如才、如等；少数情况下为隐性因果关系，没有明显的词汇标识。

6.3.1.2 构建人类经验的概念—关系

新闻评论标题中，构建人类经验的概念—关系主要有情态关系[md]、意愿关系[vo]、认知关系[cg]、目的关系[pu]和拥有关系[po]。下面是具体示例。

例6.34

"垃圾换演出票"[md]可培养文明意识

治理秸秆焚烧[md]要治本

坚决[vo]打好污染防治攻坚战

地方治污，何以敢[vo]频频"欺上"

[cg]警惕全面小康成果被"颠覆"

吃上生态饭，更加[cg]懂生态

为老百姓[pu]留住鸟语花香田园风光

打造"绿色物流"需要[po]有更大合力

情态关系在新闻评论标题中出现的频率比较高，使用情态关系凸显了对事物和行为的态度，如例6.34中的"可""要""不"。意愿关系在新闻评论标题的出现频率不高，使用意愿关系凸显了主体行为的意志和意愿。意愿行为的主体在有些新闻标题中是隐含的，如例6.34中"坚决"的行为主体。新闻评论标题中的认知关系往往隐含了表征认知主体概念的词语，凸显了认知关系中的认知动作概念，如例6.34中的"警惕""懂"。目的关系和拥有关系在新闻评论标题中的出现频率较少。

6.3.1.3 构建象征性交际的概念—关系

新闻评论标题中，构建象征性交际的概念—关系主要有意义关系[si]，占比不高。下面是具体示例。

例6.35

绿色是[si]美好生活的底色

农家乐不能成为[si]环保空白

好生态是[si]最宝贵遗产

意义关系表征概念之间具有的意义等同，新闻标题往往是新闻评论语篇的论点，以命题形式出现，因此，有时候会凸显概念之间的意义关系。

6.3.2 语篇标题与新闻评论主体之间的概念—关系

通过分析语篇标题和新闻评论语篇知识空间的关系，本书发现，标题的概念—关系在语篇各知识空间中会全部复现或者部分复现。全部复现指的是标题的概念—关系结构在新闻语篇知识空间再次整体出现；部分复现指的是新闻语篇知识空间中出现了标题概念—关系结构中的部分概念。

例6.36

《建设一支生态环境保护铁军》

新华时评

第一段

S1全国生态环境保护大会提出，要**建设一支生态环境保护铁军**，政治强、本领高、作风硬、敢担当，特别能吃苦、特别能战斗、特别能奉献。

第二段

S2<u>这样一支铁军</u>，是协同打好污染防治攻坚战和<u>生态</u>文明建设持久战的中坚力量。

第三段

S3<u>这样一支铁军</u>，要打好污染防治这一场攻坚战，要打赢蓝天保卫战，打出一片蓝天白云、繁星闪烁；要深入实施水污染防治行动计划，打出一派河水清清、鱼翔浅底的景色；要全面落实土壤污染防治行动计划，让大家吃得放心、住得安心。

S4另外，（这样一支铁军）还要打造美丽乡村，留住鸟语花香田园风光。

S5这场攻坚战，时间紧、任务重、难度大，<u>这支铁军</u>就要按打大仗、硬仗、苦仗来打造。

第四段

S6<u>生态环境</u>问题，归根到底是资源过度开发、粗放利用造成的。

S7根本改善<u>生态环境</u>状况，必须改变过多依赖增加物质资源消耗、过多依赖规模粗放扩张、过多依赖高能耗高排放产业的发展模式，把发展的基点放到创新上来，塑造更多依靠创新驱动、更多发挥先发优势的引领型发展。

第五段

S8<u>这样一支铁军</u>，包括山水林田湖草等自然资源与<u>生态环境</u>管理保护、督察执法等专业队伍，也包括从政府到社会的各方面力量。

第六段

S9为此，就需要各地区各部门坚决担负起<u>生态</u>文明建设的政治责任；就需要各相关部门履行好<u>生态环境</u>保护职责，守土有责、守土尽责，分工协作、共同发力。

第七段

S10在我们党的历史上，**铁军**是一个光荣的称号，首先因为这是党领导下的队伍。

S11要认识到**生态环境**是关系党的使命宗旨的重大政治问题，也是关系民生的重大社会问题，不断增强"四个意识"，坚决维护党中央权威和集中统一领导，坚决担负起**生态**文明建设的政治责任。

第八段

S12享有**铁军**的光荣称号，还因为其无穷伟力根植于人民群众之中。

S13要积极回应人民群众所急、所想、所盼，提供更多优质生态产品，不断满足人民群众日益增长的优美**生态环境**需要。

S14这样才能在增进人民群众**生态环境**获得感的同时，得到人民群众支持，使攻坚战和持久战成为一场人民战争。

上面，语篇中划线的概念均为与新闻评论标题的概念—关系结构形成完全复现和部分复现关系。语篇共包括8段、14个句子。每个段落都与标题概念—关系结构形成完全复现和部分复现，其中，13个句子与标题概念—关系结构形成复现或者部分复现关系，如图6-2所示。

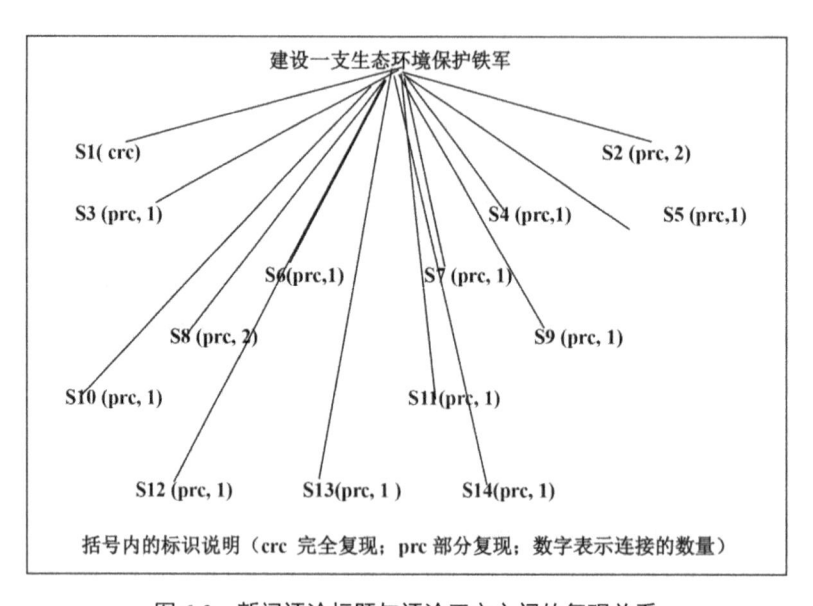

```
                建设一支生态环境保护铁军

        S1(crc)                        S2(prc, 2)

    S3(prc, 1)            S4(prc,1)    S5(prc,1)

              S6(prc,1)    S7(prc, 1)

          S8(prc, 2)              S9(prc, 1)

    S10(prc, 1)          S11(prc, 1)

          S12(prc, 1)  S13(prc, 1)  S14(prc, 1)

括号内的标识说明（crc 完全复现；prc 部分复现；数字表示连接的数量）
```

图6-2 新闻评论标题与评论正文之间的复现关系

例6.36语篇的标题为《建设一支生态环境保护铁军》，句子S1中出现"要建设一支生态环境保护铁军"与标题构成完全复现关系；S2、S8与标题构成2个部分复现关系，其他句子都与标题构成了1个部分复现关系。句子S2中"一支铁军""生态"与标题形成2个部分复现关系。句子S8中"一支铁军""生态环境"与标题构成2个部分复现关系。S4中可以根据上下文补充一个缺省的主语"这样一支铁军"，与标题构成部分复现关系。句子S9中"生态环境"与标题形成了部分复现关系，"生态"包含在"生态环境"中，本书不把"生态"列为又一个连接。

本书认为，与标题构成完全复现关系或者多个部分复现关系的句子是语篇的核心句子。例6.36语篇中的S1、S2、S8是核心句子。S1是新闻事件，提出了语篇的主要观点"要建设一支生态环境保护铁军"。S2、S8分别概括说明这是这支铁军的特点。如果把这三个句子放在一起，可以组成一个语篇的简短摘要，如下所示。

S1全国生态环境保护大会提出，要建设一支生态环境保护铁军，政治强、本领高、作风硬、敢担当，特别能吃苦、特别能战斗、特别能奉献。

S2这样一支铁军，是协同打好污染防治攻坚战和生态文明建设持久战的中坚力量。

S8这样一支铁军，包括山水林田湖草等自然资源与生态环境管理保护、督察执法等专业队伍，也包括从政府到社会的各方面力量。

语篇标题表征语篇的宏观语义结构，体现语篇的主题。语篇标题将会为确定语篇主旨和提取语篇摘要提供线索。本书发现，通过分析该研究语料中的标题和新闻评论主体之间的关系，一部分语篇标题的概念—关系能够在新闻评论中完全复现，占语料总数的49.6%。新闻评论中，与语篇标题构成完全复现的概念—关系可以出现在新闻事件知识空间、评论知识空间和整体评价知识空间，如表6-5所示。

表6-5 语篇标题完全复现关系的出现频率

新闻评论知识空间	新闻事件	评论	整体评价
完全复现概念—关系	5.5%	28.3%	15.8%
部分复现概念—关系	50.4%		

新闻标题的完全复现概念—关系在各知识空间中出现的频率不同。在评论知识空间和整体评价知识空间中的出现频率较高，在新闻事件知识空间中的出现频率较低。本书认为，出现频率不同的原因主要在于：评论知识空间大多提出新闻评论的主题，整体评价知识空间大多对新闻评论内容进行总结，因此，两者往往与新闻标题构成完全复现概念—关系；新闻事件知识空间提供与新闻评论主题相关的背景信息，因此，新闻事件知识空间与新闻标题构成完全复现概念—关系的比例低。大多数语篇标题与新闻评论各知识空间中构成部分复现概念—关系，占语料总数的50.4%。因此，不能仅仅依靠标题与新闻主体构建的完全复现关系来确定语篇的主旨内容，但是可以作为提取语篇主要内容的一条重要线索。

语篇标题能够与新闻评论主体的大多数句子构成部分复现关系，在连接的数量上没有明显区别，因此，不能单单依靠部分复现关系的次数来确定新闻评论语篇的主要内容。

6.4 本章小结

本章面向自动文摘识别语篇知识空间和提取语篇主题的需要，分析了新闻评论语篇知识空间的结构、各知识空间的语义网络特点、知识空间标示手段以及新闻评论标题语义网络与语篇其他知识空间的关系。

新闻评论的交际意图是使受众接受与评论者相同或者相似的观点。为了实现该交际意图，评论者制订行动计划，从新闻事件出发，进行分析和判断，提出观点。新闻评论一般包括新闻事件知识空间、评论知识空间和整体评价知识空间。评论知识空间是核心知识组块，新闻事件知识空间和整体评价知识空间具有可选择性，在特定的话语语境下，可以缺省。每个知识空间都具有多种构成元素。评论知识空间有三种模式：问题—解决方案模式、目标—实现方案模式、观点—合理性论证模式。

新闻评论知识空间的概念—关系统计和语义网络分析显示：各知识空间具有凸显的概念—关系特点和词汇标识。除了受事关系、施事关系、状态关系、相关关系、属性关系在各知识空间出现的频率均在100%左右外，其他概念—关系在各知识空间出现的频率存在明显差异。其中，交际关系和认知关系在新闻事件知识空间中的出现频率很高；因果关系、认知关系、数量关系、目的关系、实例关系、细目说明关系、等同关系、对立关系、同指关系、复现关系在评价知识空间中的出现频率比较高；情态关系在整体评价知识空间中的出现频率比较高。新闻事件知识空间中词汇标识主要有标记交际关系的具体词汇项和标记新闻事件的时间、地点的词汇项。问题—解决方案知识空间的问题标记词汇包括具有"问题"语义的词汇和具有负面语义的词汇。解决方案的标记词汇包括标识因果关系的连接词、具体词汇项和框架标记元话语。目标—实现方案知识空间的标识包括标识因果关系的连接词、具体词汇及框架标记元话语。观点—合理性论证知识空间的标识包括标示因果关系或者对立关系的连接词和框架标记语元话语。整体评价知识空间的标识主要有标记逻辑总结的联系语、情态助动词、作为框架标记和态度标记的元话语。

在新闻评论标题中，围绕构建事件、行动、事物和情境的概念—关系占比最大，主要有受事关系、相关关系、施事关系、方式关系、与事关系、状态关系、位置关系、属性关系、数量关系、因果关系、位移关系。新闻评论标题与新闻评论语篇具有完全复现和部分复现关系。与语篇标题构成完全复现的概念—关系可以出现在新闻事件知识空间、评论知识空间和整体评价知识空间，其中，评论知识空间与新闻标题构建完全复现关系的频率最高。新闻评论标题能够与新闻评论主体部分的大多数句子形成部分复现关系。

第 7 章　基于现代汉语语篇语义网络的自动文摘方法

本章探讨基于汉语语篇语义网络的新闻评论自动文摘。首先，本章通过新闻评论的人工文摘写作实验，明确新闻评论语篇文摘的基本构成；其次，探讨如何基于语篇语义网络识别新闻评论知识空间和提取语篇主题；最后，提出基于汉语语篇语义网络的自动文摘系统规划。

7.1 新闻评论文摘的构成

通过对新闻评论语篇的人工摘要实验结果进行结构和内容方面的分析发现，新闻评论语篇的人工文摘一般包括两个方面：新闻事件背景的概括介绍和作者的评论论点以及主要论据。这两个方面的内容分别与新闻评论语篇的新闻事件知识空间和评价知识空间相对应。

下面是本次研究的文摘写作者针对新闻评论《"对志愿者多些理解和包容"——为生态环境部的表态点赞》完成的摘要。

例7.1

针对环保人士雷萍因曝光污染被广东信宜有关方面拘留一事，生态环境部认为对环保社会组织和志愿者要多一些理解和包容，环保社会组织和志愿者也要依法依规开展活动，促进环境问题解决。雷萍因为举报污染心切而犯下过失，信宜当地及时作出澄清说明或者依法处理就行，没必要太苛刻。生态环境部的表态正呼应了民众关切，值得点赞。环保志愿者为中国的环保事业作出宝贵而无私的贡献。对于有些错误，地方政府不该无限放大。保护好环保志愿者，才能保护公众的知情权，才能激发更多民间力量成为强大的生态环境同盟军。

在这篇人工文摘中，第一句话是对新闻事件和背景的介绍，对应原文本的第一段内容。第二句话是针对新闻事件本身，作者提出事件背后存在的问题，对应原文本的第二、三段。第三句话是文章的总论点，对应文章第四段。第五、六、七句是主要论据，分别对应原文本的第五、六、七段。

另外，人工文摘实验中所搜集到的文摘显示：文本摘要中除了包含了原文本的重要信息外，不同作者的摘要之间也存在一些不同。文摘的心理学研究显示（Johnson，1970；Winograd，1984；Sherrard，1989）：关于语篇单位的重要性，读者之间具有一定程度的不一致，影响因素包括语篇质量、读者的语篇理解和文摘能力。本书认为，不同的摘要内容也和摘要作者的兴趣和需求相关。

比如例7.2中关于《要让虚假整改者付出代价》的两篇人工文摘。

例7.2

【新闻评论摘要1】

自觉不触碰生态环境保护高压线，处理好生态环境保护与经济发展的关系，才能迎来人与自然和谐共生的崭新局面。党中央一再强调长江经济带发展要坚持生态优先、绿色发展。近期，重庆石柱县等地被约谈，一些企业被曝光，再次为各地各部门党政领导干部和企业敲响了警钟。领导干部作为"关键少数"，必须树立正确的政绩观，坚决扛起生态文明建设的政治责任，探索协同推进生态优先和绿色发展新路子。生态环境保护方面的制度日益严格，法治日益严密。对发现的生态环境问题，"整改"必须是"真改"，虚假整改者必须要付出代价。

【新闻评论摘要2】

自觉不触碰生态环境保护高压线，咬紧牙关爬坡过坎，处理好生态环境保护与经济发展的关系，迎来人与自然和谐共生的崭新局面。生态环境保护方面的制度日益严格，法治日益严密。虚假整改、表面整改、阳奉阴违的，必须要付出代价。

通过对例7.2中两个文摘的比较，笔者发现文摘一和文摘二都包括了原文本的主要观点，如文摘中画线部分所示。除此之外，文摘一还包括了对新闻事件的介绍和一些主要论据。我们对文摘一的写作者进行了访谈，写作者表示，在字数允许的情况下，他可能愿意把新闻事件、分论点或者核心论据加到文摘中，如果字数要求有更少的限制，他会考虑只保留核心观点。

因此，本书认为：文摘与个性化需求有密切关系。新闻评论语篇的自动文摘除了涵盖语篇的核心观点和论据之外，也应该能够根据用户的要求和喜好，提供个性化的文摘。用户根据需求输入自己的文摘要求，而得到详略不同的摘要。目前，基于语篇表层特征的统计文摘法必然无法实现这种个性化的文摘，个性化的文摘需要自动文摘系统对语篇语义进行深层次的理解和形式化的描述。语篇语义网络是基于对语篇的深层次理解而形成的一种语篇语义表征形式。下面，本书将探讨基于语篇语义网络的新闻评论自动文摘方法。

7.2 基于语篇语义网络的知识空间识别与语篇主题提取

基于语篇语义网络提取语篇中的重要信息，主要包括两个环节：第一，基于语篇语义网络识别语篇的知识空间；第二，基于语篇语义网络提取各知识空间中的重要概念—关系。

7.2.1 基于语篇语义网络的知识空间识别

在第6章，通过分析真实的语篇语料，我们发现，新闻评论语篇世界一般包括新闻事件知识空间、评论知识空间和整体评价知识空间。其中，新闻事件知识空间包括背景、事件、原因、影响、结果、反应、概念澄清等可选构件；评论知识空间主要有三种模式：问题—解决方案、目标—实现方案、观点—合理性论证。不同的知识空间在语义网络、概念—关系、知识空间的标识方面具有各自的特点。本书认为：当自动文摘系统对新闻评论语篇进行语篇语义网络的形式化表征之后，可以根据上述特点进行知识空间的识别。

关于新闻评论语篇中各知识空间的计算机识别，我们以段落作为处理单位。段落作为篇章中的一个较大的语义单位，在篇章分析中经常被忽视。但是，Longacre（1979）认为书面语语篇和口语语篇都存在段落这个篇章单位。段落是有高度黏合性的实体，段落之间的各种组合构成语篇或者语篇的章节。段落是篇章的一个组织结构，它具有特定的语义和语用功能（李战子，1997）。段落边界通常标示篇章语义连贯的局部中断，在一定程度上提示话题的转接。新闻评论语篇中的各知识空间是相对比较大的知识组块，表达相互联系并且相对独立的子主题思想。从篇章结构上看，社论语篇的子主题并不经常与段落安排相重合（Bolívar, 1994），一个知识空间往往占据一个或者多个段落。因此，计算机先要根据段落的篇章形式标志进行篇章的段落切分和标记，然后根据概念—关系特点和知识空间标识进行知识空间的识别。

首先是新闻事件知识空间的识别。从概念—关系特点上来看，新闻事件知识空间常引用权威人士、专家、机构发表的观点和言论，凸显认知关系和交际关系，言语表达形式大多为直接引语或者间接引语，有些引语没有标示引用的来源。

例7.3

【新闻事件】

中国要美，农村必须美；中国要富，农民必须富。

（人民网：《为老百姓留住鸟语花香田园风光——全国生态环境保护大会系列网评之十一》）

这句话是2013年习近平总书记在中央农村工作会议中所提出的，作者直接使用了这段引语，但是并没有使用任何引语的标识。因此，要完全识别出这些引语，不仅需要词汇标识或者引语的识别，必要时，还需要引语知识库，以进行匹配查询。

从词汇标识来看，在引语中有提示引用的词语标识，如认为、提出、发布、倡导、指出等。交际主体大多为命名实体，如官方机构、官方人员、权威人士。

从新闻语篇各知识空间与语篇标题的关系来看，新闻事件知识空间经常包含了标题中的部分概念—关系。

例7.4

【新闻事件】

生态环境部新闻发言人在新闻发布会上表示，中国的环保社会组织还处在培育、发展阶段，专业化水平还不太高，力量还不够强大。我们认为，对环保社会组织和志愿者要多一些理解和包容，多一些关心和支持。同时，环保社会组织和志愿者也要依法依规开展活动，坚持实事求是，建设性地促进环境问题解决。

（《新京报》：《"对志愿者多些理解和包容"——为生态环境部的表态点赞》）

语篇的标题是 "对志愿者多些理解和包容"——为生态环境部的表态点赞"，在新闻事件知识空间中，作者引用了新闻发言人的话语，其中包括"对环保社会组织和志愿者要多一些理解和包容，多一些关心和支持"。

从语篇的位置来看，新闻事件知识空间大多位于语篇的起始段落，为了突出核心观点，有些新闻评论语篇可能会将问题和解决方案整合在一个句子中，作为独句段，放在新闻事件知识空间的前面。如例7.5。

例7.5

【观点】

自觉不触碰生态环境保护高压线，处理好生态环境保护与经济发展的关系，才能迎来人与自然和谐共生的崭新局面。

【新闻事件】

在自然保护区设立的工业园，灰褐色的工地与周边山水形成鲜明对比，如同一块巨大的伤疤，让人痛心。

最近，因为自然保护区生态环境破坏、中央环保督察整改不力，重庆石柱县被生态环境部约谈。长江边美丽的湿地自然保护区被"毁容"，根本原因就在于当地政府没有正确处理好生态环境保护和经济发展的关系，盲目希望依托长江"黄金水道"搞开发，结果毁了绿水青山、没换来金山银山，还要承担生态环境破坏的沉重代价，教训极为深刻。

（《人民日报》：《要让虚假整改者付出代价》）

从占有语篇的段落来看，新闻事件知识空间经常占用一个自然段。有一些新闻背景知识空间占用多个自然段，它可能包含了对新闻事件中某些概念的澄清，或者简要说明该事件中的问题和解决方案。这两个模型空间一般通过复现概念—关系建立比较紧密的联系，共同构成新闻事件知识空间，如例7.6所示。

例7.6

【新闻事件】

雷萍[rc]事件原本比较简单，却一度掀起轩然大波。她[cr]反映当地采石场污染[rc]和破坏环境的问题确实存在，但只因所发一张"牛奶河"的图片并非现场拍摄，导致出现失实[eq]。

犯下这样的错误[eq]，雷萍[rc]当然不应该，但主观上讲，她[cr]并无扰乱公共秩序的故意，不过是因为举报污染[rc]心切而犯下过失。对此，信宜当地及时做出澄清说明或者依法处理就行，没必要太苛刻。

（《新京报》：《"对志愿者多些理解和包容"——为生态环境部的表态点赞》）

第一段中具有明显的交际关系和认知关系，从词汇句法层面上来看，句子是自由间接引语，第一段构建了新闻事件的主体知识空间；第二段和第三段对新闻事件中的问题作了进一步说明，两个段落构成的模型空间之间通过概念实体的复现关系、等同关系和同指关系，形成比较紧密的关系，构成了新闻事件中的问题知识空间。

第一，根据知识空间中各模型空间之间的关系和词汇标识识别新闻背景知识空间，与新闻背景知识空间相邻的是评论知识空间，也就是语篇的核心观点。如果我们能够识别评论知识空间，那么，它们前面的知识组块通常就是新闻事件知识空间。

第二，新闻问题知识空间的识别。在问题知识空间中，作者叙述事件的发生或者不同事件之间的关系，提出要解决和讨论的问题，经常运用施事关系、受事关系、状态关系和否定情态关系。

问题知识空间中经常出现的词汇标识有问题、失实、错误、过失、争议、质疑等。在环保类新闻评论语篇中，新闻事件知识空间之后如果出现了大量与环境相关的负面情感词汇或者具有否定意义的词汇，往往提示着问题的出现。当问题与解决方案整合在一起形成一个句子概念的时候，具有否定标识的词汇（如"不"）后面经常跟的是问题。

第三，评论知识空间的识别。新闻评论语篇中的评论知识空间一般是语篇的核心观点，与语篇标题中的概念具有部分复现关系。在语义网络中，表达解决方案或者实现方案的概念宏观状态往往缺省了施事概念—关系，受事概念—关系中的受事大多为无生命的（inanimate concepts）。由于评论知识空间大多运用权威论据和事例论据，所凸显的概念—关系是认知关系、时间关系、位置关系、数量关系、受事关系。当作者阐述事件之间的各种关系时，经常会运用实例关系、对立关系、因果关系。

从词汇标识来看，标示评论知识空间的言语表：具有"问题"语义的词汇，具有负面语义的词汇，标识因果关系和对立关系的连接词、具体词汇项、框架标记元话语。

从占有的语篇段落来看，评价知识空间大多占有多个自然段，分别阐释多个分论点、分方案。并列的句子结构、复现概念—关系往往标示着分方案，并且都具有缺省施事概念—关系的特点。

第四，整体评价知识空间的识别。整体评价知识空间凸显的概念—关系有状态关系、情态关系，对未来状况进行预测性评价；运用因果关系、目的关系进行逻辑结果性的评价。

从语篇的位置来看，整体评价知识空间位于语篇结尾，与合理性论证知识空间相邻。整体评价知识空间与新闻背景知识空间经常遥相呼应，形成复现概念—关系。

从占有的语篇段落来看，如果整体评价知识空间包含较少的概念—关系，一般会与合理性论证知识空间共同占有一个自然段。大的评价知识空间通常占有语篇的最后一个自然段。

下面，我们把新闻评论语篇各知识空间的识别特征和相关限制条件进行汇总，如表7-1所示。

表7-1 新闻评论知识空间的识别特征和限制条件

知识空间	语篇位置	凸显概念—关系	词汇标识示例或其他
新闻事件	起始段，或者观点知识空间之后，或者缺省	交际关系 认知关系	提倡、认为、提出、表示，引语形式
评论	新闻事件知识空间之后	因果关系 施事关系 受事关系 时间关系 位置关系 方式关系 属性关系 细目说明关系 对立关系 复现关系 实例关系 情态关系	问题、失实、错误、过失、争议、质疑、负面情感词汇 ……，才……；与其……，不如……；所以；因为；只有……，才……；由于；解决这一问题，应……；对于……问题，必须……； 从这个角度看；从这个角度而言；可见；从宏观层面上……，从微观层面看……；……，关键是……

(续表)

知识空间	语篇位置	凸显概念—关系	词汇标识示例或其他
评论	新闻事件知识空间之后	分论点、分方案之间的复现关系	之所以……，最根本在于……；一方面……另一方面……；首先……，其次……，再次……；导致；造成；实践证明；归根到底；主观上讲；事实上；应该说；同样；此外；其实；例如；比如；例
		施事概念—关系的缺省	
整体评价	缺省，或者在语篇末尾独立成段、或者与评论知识空间合并在一个段落	情态关系 因果关系 意愿关系	因此；只有……，才能……；不仅……，也要……；无论……，还是……；如此……，就……；必须；一定；应当；需要；必定；不能；希望；从这个意义上说……；公平地说……；从长远看……

计算机可以根据这些识别特征和限制条件进行知识空间的识别。各知识空间的词汇标识可以做成词表提供给计算机。

同样，我们可以根据语篇句子之间的概念连接密度来判定语篇知识空间结构。以新闻评论《"对志愿者多些理解和包容"——为生态环境部的表态点赞》为例。例中，MS为模型空间，与语篇段落相对应；S代表句子；C代表小句。

例7.7

MS1

S1（C1）对环保人士雷萍因曝光污染被广东信宜有关方面拘留一事，生态环境部新闻发言人刘友宾在新闻发布会上表示，中国的环保社会组织还处在培育、发展阶段，（C2）专业化水平还不太高，（C3）力量还不够强大。S2（C4）我们认为，对环保社会组织和志愿者要多一些理解和包容，（C5）多一些关心和支持。S3同时，（C6）环保社会组织和志愿者也要依法依规开展活动，（C7）坚持实事求是，（C8）建设性地促进环境问题解决。

MS2

S4（C9）雷萍事件原本比较简单，（C10）却一度掀起轩然大波。（C11）S5她反映当地采石场污染和破坏环境的问题确实存在，（C12）但只因所发一张"牛奶河"的图片并非现场拍摄，（C13）导致出现失实。

MS3

S6（C14）犯下这样的错误，雷萍当然不应该，（C1）5但主观上讲，她并无扰乱公共秩序的故意，（C16）不过是因为举报污染心切而犯下过失。S7（C17）对此，信宜当地及时做出澄清说明或者依法处理就行，（C18）没必要太苛刻。

MS4

S8（C19）从这个角度看，"对志愿者多些理解和包容"——生态环境部的表态正呼应了民众关切，（C20）值得点赞。

MS5

S9（C21）现实中，类似雷萍这样的环保志愿者有很多，（C22）他们冲锋在环境保护的第一线，（C23）为中国的环保事业作出宝贵而无私的贡献。S10（C24）近年来，不管是随手拍黑烟囱，随手拍排污口，还是部分重大环境污染事件的举报，以及环保公益诉讼的发起，都离不开他们活跃的身影。

MS6

S11（C25（很多志愿者对于环境保护怀着一腔热血，（C26）对于家乡、对于自然生态，充满了热爱。S12（C27）也正是对于环保的爱之深，正是因出于内心的焦虑和急切，加之知识壁垒、信息获取也不够完全，导致有些人在与污染的抗争中有时会出现瑕疵甚至错误。

MS7

S13（C28）正所谓瑕不掩瑜，（C29）对于有些错误，地方政府不该无限放大，（C30）将他们视为"找茬者"甚至是"违法者"，（C31）而应善待他们，（C32）"多些理解和包容"，（C33）用沟通对话，去解决误解和分歧。

MS8

S14（C34）活跃于环保战线上的志愿者，他们犹如公众的"眼睛"，（C35）时刻盯紧着环境污染。S15（C36）唯有保护好他们，才能保护好公众的知情权；（C37）唯有保护好他们，才能激发更多民间力量成为强大的生态环境同盟军，（C38）给政府以支持，（C39）给污染企业以威慑。

MS9

S16（C40）在建设美丽中国的当下，民间环保组织迎来最好的时代。S17（C41）公信力是民间环保生命，（C42）民间环保力量推动污染治理，不仅要靠一腔热血，更需实事求是的态度和严谨的专业素质，(C43)如此才能有效规避法律和道德的风险，(C44)更好地推动污染问题的解决。S18（C45）从这意义上说，雷萍事件其实也给中国环保志愿者和环保组织，上了宝贵的一课。

我们按照本书5.5"语篇语义网络的概念连接密度与层级性知识空间"所阐释的概念密度连接的方法确定该新闻评论中句子之间的概念—关系的连接次数，如表7-2所示。

表7-2 《"对志愿者多些理解和包容"——为生态环境部的表态点赞》中句子之间概念连接次数统计表

		S1																
MS1	S2	2	S2															
	S3	1	2	S3														
MS2	S4	2	0	0	S4													
	S5	2	0	2	1	S5												
MS3	S6	2	0	0	1	3	S6											
	S7	1	0	1	0	0	1	S7										
MS4	S8	1	3	1	0	0	0	1	S8									
MS5	S9	3	2	3	1	2	1	0	1	S9								
	S10	2	1	2	0	2	1	0	1	3	S10							
MS6	S11	1	1	0	0	1	0	0	1	2	2	S11						
	S12	1	1	1	0	1	2	0	0	1	2	1	S12					
MS7	S13	1	2	1	0	1	0	0	3	1	1	1	3	S13				
MS8	S14	1	2	2	0	2	0	0	2	2	2	2	2	1	S14			
	S15	1	1	0	0	0	1	0	2	2	2	2	1	2	2	S15		
	S16	2	1	1	0	0	0	0	0	1	1	0	0	0	1	1	S16	
MS9	S17	3	1	3	0	1	1	1	0	1	2	2	0	1	2	1	S17	
	S18	4	2	2	1	1	1	0	1	2	1	1	1	1	1	1	2	

表7-2显示了语篇中每个句子和其他句子的概念—关系连接次数，句子之间的连接次数为0~5次。如果句子之间的概念—关系连接为3次及以上，被认为是强连接，1~2次的概念—关系连接被认为是弱连接，0次为无连接。我们发现：MS1中的S3与MS2中的S4无连接，MS2中的S5与MS3中的S6位强连接，MS3中的S7与MS4中的S8为弱连接，MS4中的S8与MS5中的S9是弱连接，MS5中的S10与MS6中的S11为弱连接，MS6 中的S12与MS7中的S13为强连接，MS7 中的S13与MS8中的S14为弱连接，MS8中的S15与MS9中的S16为弱连

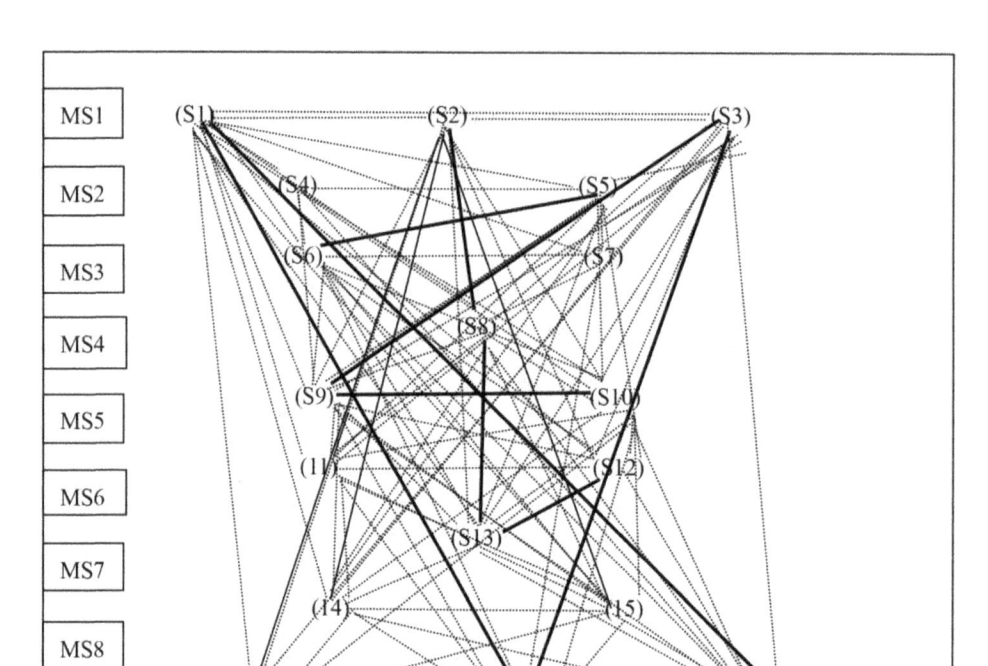

接。我们将模型空间之间具有的概念—关系连接情况用图表示，如图7-1所示。

图7-1 《"对志愿者多些理解和包容"——为生态环境部的表态点赞》语篇模型空间
概念—关系连接示意图

该示意图比较清晰地呈现了新闻评论知识空间的结构。MS2和MS3有强连接，形成一个更大的知识空间，MS6和MS7有强连接，形成一个更大的知识空间。其他模型空间都没有和相邻的模型空间有强连接，因此，这些模型空间成为相对独立的知识空间。该新闻评论语篇世界的知识空间结构如图7-2所示。

基于概念—关系的连接密度所刻画的语篇世界结构与我们对该新闻评论的理解基本一致。MS1是新闻事件知识空间：生态环境部对环保志愿者雷萍被拘捕事件的表态；MS2和MS3是关于新闻事件中的问题和原因：雷萍拍摄失实，并非故意扰乱社会秩序；MS4提出评论的观点："对志愿者多些理解和包容"——生态环境部的表态值得点赞；MS5至MS8进行观点的合理性论证，包括三个相对独立的知识空间，构建了三个分论点；MS9是整体评价知识空间。

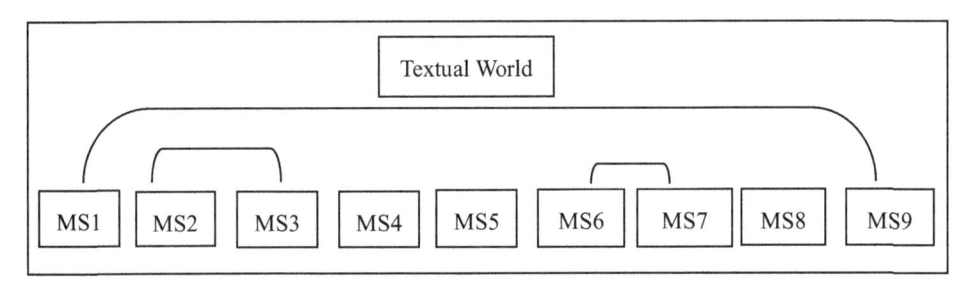

```
                    ┌─────────────────┐
                    │  Textual World  │
                    └─────────────────┘
 ┌────┬────┬────┬────┬────┬────┬────┬────┬────┐
 │MS1 │MS2 │MS3 │MS4 │MS5 │MS6 │MS7 │MS8 │MS9 │
 └────┴────┴────┴────┴────┴────┴────┴────┴────┘
```

图7-2 《"对志愿者多些理解和包容"——为生态环境部的表态点赞》
语篇世界的知识空间结构示意图

因此，我们可以将新闻评论各知识空间的识别特征、语篇语义网络特点和概念—关系连接密度的知识相结合，有助于计算机识别新闻评论语篇世界结构和各知识空间组块。

7.2.2 新闻评论各知识空间的子主题提取

新闻评论语篇是由多个知识空间构成的，每个知识空间都具有自己的子主题，围绕着语篇主题，协同实现新闻评论的交际意图。新闻评论语篇的摘要需要将核心知识空间的子主题提取出来，进行整合，构成一篇文摘。子主题的提取也就是获得各信息单元的重要信息。在自然语言处理中，输入文档中通常包含大量的信息单元，例如词汇、短语或者句子，我们需要采取一定的评估手段评估信息单元的重要性，确定最重要的若干信息单元，为最终的文摘合成提供输入。本书认为：在识别各知识空间的基础上，我们可以根据概念—关系的特点和各知识空间的语篇语义网络的特点，提取核心知识空间的子主题，以构成文摘内容。

在分析各知识空间的子主题提取之前，我们需要考虑所提取要点信息的语言表达形式。目前为止，各类文摘系统已尝试采取不同颗粒度的信息单元来表示要点信息，例如词汇、短语、依存关系、句子、语义图等。不同的颗粒度可能会影响要点筛选的可靠性，并影响后续的文摘合成，但是，上述信息单元也并没有绝对的优劣之分。基于对新闻评论语篇的语料分析，本书发现：一个分论点的阐述往往是由一句话或者两句话构成的一个自然段，一句话中包含了一个简洁的论证过程。

例7.8

正所谓瑕不掩瑜，对于有些错误，地方政府不该无限放大，将他们视为"找茬者"甚至是"违法者"，而应善待他们，"多些理解和包容"，用沟通对话，去解决误解和分歧。

（新京报：《"对志愿者多些理解和包容"——为生态环境部的表态点赞》）

这一句话中包含了7个小句，相对于语篇的核心论点来说，这些小句中有些是相对重要的信息单元，需要作为分论点被提取出来。如果我们以句子为单位进行提取，就可能提取出来大量冗余的信息，并且在字数、长度的限制下遗漏某些重要的信息。因此，本研究以小句作为重要信息的提取单位，基于语篇主题的概念—关系特点，通过加权方式，识别核心知识空间的子主题。

通过分析新闻评论语篇文摘主题的概念—关系特点，本书提出基于概念—关系特点的语篇各知识空间的子主题提取策略。

7.2.2.1 新闻事件知识空间的子主题提取

新闻事件知识空间一般提出一个新闻事件，作者引用某人、某个组织或者机构的观点，引出语篇的主题。新闻背景知识空间的子主题的概念—关系连接密度大，一般包括交际关系和认知关系。

加权策略：

（1）连接密度大的概念—关系权重高

（2）交际关系的权重高

（3）认知关系的权重高

例如：《"对志愿者多些理解和包容"——为生态环境部的表态点赞》这篇新闻评论的新闻事件知识空间，将段落内容按小句分开，具有交际关系或者认知关系的小句和紧跟其后的受事合并看作是一个小句。斜线表示相关概念之间的连接，如例7.9所示。

基于新闻事件知识空间的语篇语义网络，我们发现C1与其他小句建立的概念连接次数为5次，C4与其他小句建立的概念—关系连接次数为5次，C6与其他概念—关系连接的次数为5次，如表7-3所示，而其他小句之间的概念—关系连接次数在3次以下。由此可见，C1、C4、C6的概念—关系连接密度大。

例7.9

S1（C1）对环保人士雷萍[ag]因曝光污染被广东信宜[ag]有关方面[ae]拘留一事，生态环境部新闻发言人刘友宾在新闻发布会上表示，中国的[rc]环保社会组织还处在培育、发展阶段，

（C2）[ae]专业化水平还不太高，

（C3）[ae]力量还不够强大。

S2（C4）[in]我们认为，对[rc]环保社会组织和志愿者要多[ae]一些理解和包容，

（C5）[ae]多一些关心和支持。

S3（C6）同时，环保社会组织和志愿者[ag]也要依法依规开展[ae]活动，

（C7）[ag]坚持实事求是，

（C8）[ag]建设性地促进环境问题解决。

表7-3　新闻事件知识空间的强密度概念—关系连接汇总表

	C2	受事关系[ae]
C1	C3	受事关系[ae]
	C4	刘友宾—我们[in]、环保社会组织[rc]
	C6	环保社会组织[rc]
C4	C5	拥有关系[po]
	C6	环保社会组织[rc]、志愿者[rc]
C6	C7	施事关系[ag]
	C8	施事关系[ag]

另外，C1包含交际关系，C4包含认知关系，因此，我们认为：小句C1、C4、C6的权重最大，应该作为新闻事件知识空间的文摘候选句进行提取。

7.2.2.2 问题知识空间的子主题提取

在问题知识空间，作者一般对新闻事件作进一步的阐释或者提出新闻事件中的问题，问题知识空间中往往出现较多的因果关系。问题知识空间的子主题的概念—关系连接密度大。

加权策略：

（1）连接密度大的概念—关系权重高。

（2）因果关系的权重高。

（3）包含"问题"语义的小句权重高。

例7.10

【问题知识空间】

S4（C9）雷萍事件原本比较简单，

（C10）却一度掀起轩然大波。

S5（C11）她反映当地采石场污染和破坏环境的问题确实存在，

（C12）但只因所发一张"牛奶河"的图片并非现场拍摄，

（C13）导致出现失实。

S6（C14）犯下这样的错误，雷萍当然不应该，

（C15）但主观上讲，她并无扰乱公共秩序的故意，

（C16）不过是因为举报污染心切而犯下过失。

S7（C17）对此，信宜当地及时做出澄清说明或者依法处理就行，

（C18）没必要太苛刻。

基于新闻事件知识空间的语篇语义网络，我们发现C9与其他小句建立的概念连接次数为4次，C11与其他小句建立的概念—关系连接次数为5次，C14与其他概念—关系连接的次数为3次，如表7-4所示，而其他小句之间的概念—关系连接次数在3次以下。由此可见，C11的概念—关系连接密度大。

表7-4 问题知识空间的强密度概念—关系连接汇总表

	C10	施事关系（ag）
C9	C11	雷萍—她（cr）
	C14	雷萍（rc）
	C15	雷萍—她（cr）
	C12	施事关系（ag）
C11	C13	施事关系（ag）
	C14	她—雷萍（cr）
	C15	她—她（cr）
C14	C15	雷萍—她（cr）
	C16	错误—过失（eq）

另外，C12、C13、C16包含因果关系，因此，我们认为：小句C11、

C12、C13、C16的权重大，应该作为问题知识空间的文摘候选句进行提取。

7.2.2.3 观点知识空间的子主题提取

观点知识空间呈现评论者对问题所持有的看法和观点。根据前面新闻评论知识空间的语义网络特点分析，观点知识空间凸显因果关系，往往与新闻评论标题构建完全复现概念—关系，观点知识空间的子主题的概念—关系连接密度大。

加权策略：

（1）连接密度大的概念—关系权重高。

（2）因果关系的权重高。

例7.11

S8（C19）从这个角度看，"对志愿者多些理解和包容"——生态环境部的表态正呼应了民众关切，

（C20）[va]值得点赞。

例7.11的观点知识空间包含两个小句知识空间，这两个小句知识空间通过价值关系建立联系，同时，它们与新闻评论标题《对志愿者多些理解和容"——为生态环境部的表态点赞》形成复现关系，因此，我们认为，C19和C20都应该作为观点主题句提取。

7.2.2.4 合理性论证知识空间的子主题提取

《对志愿者多些理解和包容"——为生态环境部的表态点赞》这篇新闻评论有三个相对独立的分论点知识空间，可以从每个知识空间中提取子主题。子主题的概念—关系连接密度大。

加权策略：

（1）连接密度大的概念—关系权重高

（2）因果关系的权重高

例7.12

【分论点1知识空间】

S9（C21）现实中，类似雷萍这样的环保志愿者有很多，

（C22）他们冲锋在环境保护的第一线，

（C23）为中国的环保事业[ag]作出宝贵而无私的贡献。

S10（C24）近年来，不管是随手拍黑烟囱，随手拍排污口，还是部分重大环境污染事件的举报，以及环保公益诉讼的发起，都离不开他们活跃的身影。

分论点1知识空间的强密度概念—关系连接如表7-5所示。

表7-5 分论点1知识空间的强密度概念—关系连接汇总表

C21	C22	志愿者—他们[cr]
	C23	环保[rc]
	C24	志愿者—他们[cr]、环保 [rc]
C22	C23	施事关系[ag]
	C24	他们[rc]、环境[rc]
C23	C24	环保 [rc]

基于分论点1知识空间的语篇语义网络，我们发现C21与其他小句建立的概念连接次数为4次，C22与其他小句建立的概念—关系连接次数为3次，C23与其他小句建立的概念—关系的次数为3次，C24与其他小句建立概念—关系的次数为5次。由此可见，C24的概念—关系连接密度大，应该作为分论点1的主题句被提取。

例7.13

【分论点2知识空间】

S11（C25）很多志愿者对于环境保护怀着一腔热血，

（C26）对于家乡、对于自然生态，[po]充满了热爱。

S12（C27）也正是对于环保的爱之深，正是因出于内心的焦虑和急切，加之知识壁垒、信息获取也不够完全，导致有些人在与污染的抗争中有时会出现瑕疵甚至错误。

S13（C28）正所谓瑕不掩瑜，

（C29）对于有些错误，地方政府不该无限放大，

（C30）将[ag]他们视为"找茬者"甚至是"违法者"，

（C31）而应[ag]善待他们，

（C32）"多些[ag]理解和包容"，

（C33）用沟通对话，去[ag]解决误解和分歧。

基于分论点2知识空间的语篇语义网络，我们发现C27与其他小句建立的概念连接次数为5次，C29与其他小句建立的概念—关系连接次数为5次，其他小句之间的概念—关系次数少于3次。由此可见，C27和C29的概念—关系连

接密度大，应该作为分论点2的主题句被提取。（见表7-6）

表7-6　分论点2知识空间的强密度概念—关系连接汇总表

	C26	爱—热爱[eq]
	C28	瑕—瑕疵[eq]
C27	C29	错误[rc]
	C30	有些人—他们[cr]
	C31	有些人—他们[cr]
	C30	施事关系
C29	C31	施事关系
	C32	施事关系
	C33	施事关系

例7.14

【分论点3知识空间】

S14（C34）活跃于环保战线上的志愿者，他们犹如公众的"眼睛"，

（C35）时刻[ap]盯紧着环境污染。

S1（C36）唯有保护好他们，才能保护好公众的知情权；

（C37）唯有保护好他们，才能激发更多民间力量成为强大的生态环境同盟军，

（C38）[ca]给政府以支持，

（C39）[ca]给污染企业以威慑。

分论点3知识空间的强密度概念—关系连接如表7-7所示。

表7-7　分论点3知识空间的强密度概念—关系连接汇总表

	C35	感知关系
C34	C36	他们[cr]
	C37	他们[cr]
	C35	环境[rc]
C37	C36	他们[cr]、保护[eq]
	C38	因果关系
	C39	因果关系

基于分论点3知识空间的语篇语义网络，我们发现C37与其他小句建立的概念连接次数为5次，C34与其他小句之间的概念—关系次数为3次，其他小句之间的概念—关系次数少于3次。C37的概念—关系连接密度大，同时，C38、C39和C37建立了因果关系。因此，C37、C38、C39应该作为分论点3的主题句被提取。

7.2.2.5 整体评价知识空间的子主题提取

整体评价知识空间对全文内容进行逻辑性总结，或者给出建议、预测和希望。我们认为概念—关系连接密度最强的小句应该是该知识空间的主题句。

例7.15

S16（C40）在建设美丽中国的当下，民间环保组织迎来最好的时代。

S17（C41）公信力是民间环保生命，

（C42）民间环保力量推动污染治理，不仅要靠一腔热血，更需实事求是的态度和严谨的专业素质，

（C43）如此才能有效规避法律和道德的风险，

（C44）更好地推动污染问题的解决。

S18（C45）从这意义上说，雷萍事件其实也给中国环保志愿者和环保组织，上了宝贵的一课。

整体评价知识空间的强密度概念—关系连接如表7-8所示。

表7-8 整体评价知识空间的强密度概念—关系连接汇总表

	C41	民间环保—民间环保[rc]
C40	C42	他们[cr]
	C45	环保[rc]
	C41	民间环保—民间环保[rc]
C42	C43	此[cr]
	C45	环保[rc]
C45	C41	环保[rc]
	C44	这—S17[cr]

基于整体评价知识空间的语篇语义网络，我们发现C40与其他小句建立的概念连接次数为3次，C42与其他小句之间的概念—关系次数为4次，C45与其

他小句之间的概念—关系次数为4次，其他小句之间的概念—关系次数少于3次。C42、C45的概念—关系连接密度大。因此，C42、C45应该作为整体评价知识空间的主题句被提取。

关于各知识空间核心信息的识别，我们可以根据加权策略，采用线性加权方式将各个加权条件结合在一起，例如：新闻背景知识空间的小句权值为：W= a1F1+ a2F2+ a3F3。其中，W代表最终计算出来的小句权值，F1、F2、F3代表各加权条件的权值，a1、a2、a3分别是加权条件F1、F2、F3、F4、F5的加权系数。我们可以通过具体的文摘实践计算出这些加权系数的值，或者运用机器学习算法来确定最优的加权系数值。

前面，我们基于语篇语义网络和加权策略，得出了各知识空间主题句所在的小句，分别是：C1、C4、C6、C11、C12、C13、C16、C19、C20、C24、C27、C29、C37、C38、C39、C42、C45，分布在新闻评论不同的知识空间和句子中，如表7-9所示。

表7-9 新闻评论知识空间的子主题句分布

知识空间	句子	小句
MS1	S1	C1
	S2	C4
	S3	C6
MS2	S5	C11、C12、C13
MS3	S6	C16
MS4	S8	C19、C20
MS5	S10	C24
MS6	S12	C27
MS7	S13	C29
MS8	S15	C37、C38、C39
MS9	S17	C42
	S18	C45

我们将各知识空间的主题句汇总，形成这篇新闻评论的文摘：

【新闻评论文摘1】

（C1）对环保人士雷萍因曝光污染被广东信宜有关方面拘留一事，生态环境部新闻发言人刘友宾在新闻发布会上表示，中国的环保社会组织还处在培育、发展阶段，（C4）我们认为，对环保社会组织和志愿者要多一些理解和包容，（C6）同时，环保社会组织和志愿者也要依法依规开展活动，（C11）她反映当地采石场污染和破坏环境的问题确实存在，（C12）但只因所发一张"牛奶河"的图片并非现场拍摄，（C13）导致出现失实。（C16）不过是因为举报污染心切而犯下过失。（C19）从这个角度看，"对志愿者多些理解和包容"——生态环境部的表态正呼应了民众关切，（C20）值得点赞。（C24）近年来，不管是随手拍黑烟囱，随手拍排污口，还是部分重大环境污染事件的举报，以及环保公益诉讼的发起，都离不开他们活跃的身影。（C27）也正是对于环保的爱之深，正是因出于内心的焦虑和急切，加之知识壁垒、信息获取也不够完全，导致有些人在与污染的抗争中有时会出现瑕疵甚至错误。（C29）对于有些错误，地方政府不该无限放大，（C37）唯有保护好他们，才能激发更多民间力量成为强大的生态环境同盟军，（C38）给政府以支持，（C39）给污染企业以威慑。（C42）民间环保力量推动污染治理，不仅要靠一腔热血，更需实事求是的态度和严谨的专业素质，（C45）从这意义上说，雷萍事件其实也给中国环保志愿者和环保组织，上了宝贵的一课。

7.3 基于语篇语义网络的新闻评论文摘提取

上面，我们通过识别新闻评论各知识空间和各知识空间的子主题句的方法来提取文摘候选句；根据用户的个性需求，可以有所侧重地在不同的知识空间提取所需要的主题句。我们也可以基于新闻语篇语义网络尝试从全文整体来提取文摘句，也就是说，不再首先识别新闻评论的知识空间结构。上节，我们对新闻评论《"对志愿者多些理解和包容"——为生态环境部的表态点赞》中句子之间的概念—关系连接进行了分析，发现有些句子与其他句子建立了较多的概念—关系连接，然而一部分句子与其他句子建立的概念—关系连接少。Hoey（2000）将语篇词汇网络中与其他句子建立较多连接（bond）的句子称为中心句（central sentences），与其他句子没有连接的句子称为边缘句（marginal sentences）。Hoey提出中心性是个相对的概念，能够被认定是中心句的最低连接数量会根据不同的语篇而变化，在他所分析的语篇中，连接数量不小于9时被认为是中心句。即如果一个句子与其他句子具有9个及其以上的连接，就被称为是中心句。我们将新闻评论《"对志愿者多些理解和包容"——为生态环境部的表态点赞》中每个句子具有的概念—关系连接数量进行了统计，如表7-10所示。在连接坐标中，第一个数字指的是与前面的句子建立的概念—连接数量，第二个数字指的是与后面的句子建立的概念—连接数量，一字线"—"表示该句子的前面或者后面没有句子。

表7-10 句子的概念—关系连接坐标及连接数量统计表

句子	连接坐标	连接总数
S1	—，31	31
S2	2，19	21
S3	3，21	24
S4	2，2	4
S5	5，14	19
S6	6，9	15
S7	3，2	5
S8	6，17	23
S9	13，15	28
S10	12，12	24
S11	10，9	19
S12	10，9	19
S13	15，4	19
S14	18，5	23
S15	16，4	20
S16	8，2	10
S17	20，2	22
S18	23，—	23

我们发现，S1的概念—关系连接数量最多，为31个，S2、S3、S8、S9、S10、S14、S15、S17、S18的概念—关系连接数量在20～30个之间，S5、S6、S11、S12、S13、S16的概念—关系连接数量在10～19个之间，其他两个句子S4、S7的概念—关系连接数量分别为4个和5个。

Hoey（2000）基于参考文献比喻（bibliographical metaphor），提出语篇

的中心句是语篇内容的重要部分。我们认为，新闻评论语篇中具有强密度概念—关系连接的句子是语篇的控制中心和重要命题，可以把这些具有强密度概念—关系连接的句子提取出来，构成该新闻评论的文摘。根据文摘字数的要求，我们可以提取相应数量的句子。对于新闻评论《"对志愿者多些理解和包容"——为生态环境部的表态点赞》来说，共有18个句子，我们根据概念—连接数量的多少进行排序。

我们提取9个句子，分别是S1、S2、S3、S8、S9、S10、S14、S17、S18构成文摘：

【新闻评论文摘2】

S1对环保人士雷萍因曝光污染被广东信宜有关方面拘留一事，生态环境部新闻发言人刘友宾在新闻发布会上表示，中国的环保社会组织还处在培育、发展阶段，专业化水平还不大高，力量还不够强大。S2我们认为，对环保社会组织和志愿者要多一些理解和包容，多一些关心和支持。S3同时，环保社会组织和志愿者也要依法依规开展活动，坚持实事求是，建设性地促进环境问题解决。S8从这个角度看，"对志愿者多些理解和包容"——生态环境部的表态正呼应了民众关切，值得点赞。 S9现实中，类似雷萍这样的环保志愿者有很多，他们冲锋在环境保护的第一线，为中国的环保事业作出宝贵而无私的贡献。S10近年来，不管是随手拍黑烟囱，随手拍排污口，还是部分重大环境污染事件的举报，以及环保公益诉讼的发起，都离不开他们活跃的身影。S14活跃于环保战线上的志愿者，他们犹如公众的"眼睛"，时刻盯紧着环境污染。S17民间环保力量推动污染治理，不仅要靠一腔热血，更需实事求是的态度和严谨的专业素质，如此才能有效规避法律和道德的风险，更好地推动污染问题的解决。S18从这意义上说，雷萍事件其实也给中国环保志愿者和环保组织，上了宝贵的一课。

我们将新闻评论文摘1和文摘2进行比较，发现两者的内容大部分相似，都具有可读性和可理解性。

7.4 基于语篇语义网络的自动文摘信息压缩

吴岩等（1997）提出了自动文摘中的信息压缩，包括句子级和上下文级两个层面的信息压缩。上下文级压缩根据词频提取重要的句子，通过使用过滤函数删除句子的部分辅助成分，实现句子级信息压缩。信息压缩环节使得文摘表达简明扼要，减少冗余现象。

本书认为，基于语篇语义网络的自动文摘在进行信息压缩时，可以过滤掉两类概念—关系：一是相对于小句控制中心的边缘概念—关系，二是复现概念—关系。

基于语篇语义网络的自动文摘法以小句为处理单位，小句的控制中心是凸显部分，它们在语篇语义网络中的连接密度最大。因此，在信息压缩过程中，我们可以根据文摘长度的要求提取出文摘句中的控制中心，剔除边缘的概念—关系。例如：在《"对志愿者多些理解和包容"——为生态环境部的表态点赞》这篇新闻评论的文摘2候选句中，有些小句的控制中心连接了比较多的附属概念—关系，如位置关系、属性关系、数量关系等，如例7.16中的概念—关系标识所示.

例7.16

针对环保人士雷萍因曝光污染被广东信宜有关方面拘留一事，生态环境部新闻发言人刘友宾在新闻发布会上[lo]表示，对环保社会组织和志愿者要多一些理解和包容。

现实中，类似雷萍这样的环保志愿者有很多，他们冲锋在环境保护的第一线，为中国的环保事业作出宝贵[at]而无私[at]的贡献。

新闻事件知识空间中的核心信息应该是相关人士针对某个新闻事件或者某个现象发表的观点，事件中的位置关系、时间关系应该属于附属的成分。同样，在评论知识空间中，与"贡献"概念建立了属性关系的"宝贵而无私"，相对于小句的控制中心来说，是一个附属的成分。那么，在自动文摘的信息压缩环节，我们可以把小句控制中心的附属成分过滤掉。另外，当文摘候选句中出现了复现关系，我们可以将复现概念—关系过滤，把相关的非复现的概念—关系进行整合。因此，我们以《"对志愿者多些理解和包容"——为生态环境部的表态点赞》的新闻评论文摘2为例，过滤掉相对于控制中心的边缘概念—关系和复现的概念—关系，如下所示。

【新闻评论文摘3】

对环保人士雷萍因曝光污染被广东信宜有关方面拘留一事，生态环境部新闻发言人刘友宾表示，中国的环保社会组织还处在培育、发展阶段，对环保社会组织和志愿者要多一些理解和包容。环保社会组织和志愿者也要依法依规开展活动，坚持实事求是，建设性地促进环境问题解决。生态环境部的表态正呼应了民众关切，值得点赞。现实中，类似雷萍这样的环保志愿者有很多，他们冲锋在环境保护的第一线，为中国的环保事业作出贡献。不管是随手拍黑烟囱，随手拍排污口，还是部分重大环境污染事件的举报，以及环保公益诉讼的发起，都离不开他们的身影。活跃于环保战线上的志愿者犹如公众的"眼睛"，盯紧着环境污染。民间环保力量推动污染治理，不仅要靠一腔热血，更需实事求是的态度和严谨的专业素质，如此才能有效规避法律和道德的风险，更好地推动污染问题的解决。雷萍事件其实也给中国环保志愿者和环保组织，上了宝贵的一课。

7.5 基于语篇语义网络的自动文摘系统规划

前面，本章探讨了基于汉语语篇语义网络的新闻评论语篇的知识空间识别、语篇主题的提取以及文摘信息的压缩，本节将尝试提出一个基于汉语语篇语义网络的自动文摘系统规划，如图7-3所示。

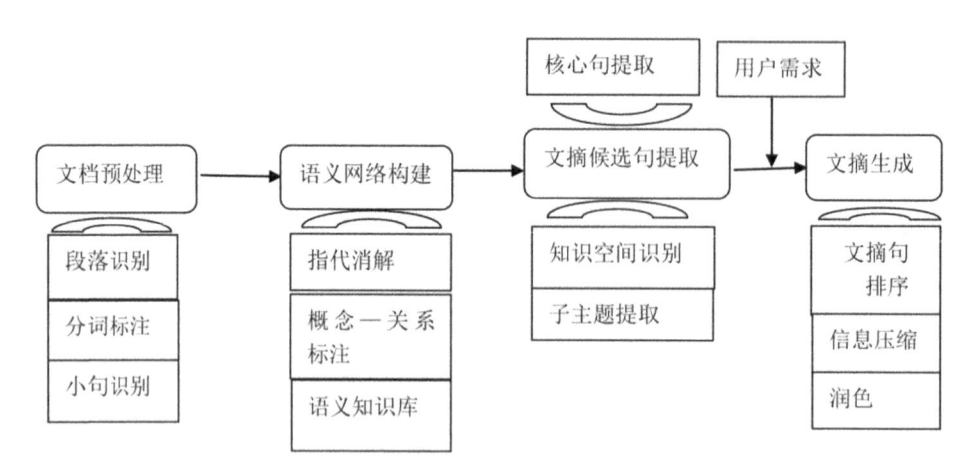

图7-3 基于汉语语篇语义网络的自动文摘系统规划

基于汉语语篇语义网络的自动文摘系统主要是面向单文档的新闻评论语篇。该系统主要包括五个模块，分别是文档预处理模块、语篇语义网络构建模块、文摘候选句提取模块、用户需求分析模块、文摘生成模块。该系统对文档进行预处理，包括进行段落的识别、分词标注和小句识别。段落的识别主要依靠语篇的布局特征，如果上一行以回车符号结束，下一行以两个空格开始，就被判断为一个新的段落。小句的识别需要满足两个条件：一是属于一个标点句；二是至少包含一个（主）谓结构，小句的识别通过",""。""：""！"等标点符号以及动词出现的情况把语篇分解成以小句为单位的集合。采用分词系统对语篇进行分词标注。在语篇语义网络的构建过程中，首先通过指代消解判断不同的名词短语是否指向相同的实体以及代词的所指；然后根据概念—关系标注集、各种概念—关系的识别特征以及语义知识库，计算机标注语篇中概念实体之间的关系，构建汉语语篇语义网络。该自动文摘系统可以通过新闻评论语篇的各知识空间和子主题的识别来确定文摘候选句，或者根据概念—关系的连接密度提取语篇中的核心句；根据用户的需要，提取文摘句，按照一定的顺序进行排序，并进行信息压缩和润色，最后输出文摘。

7.6 本章小结

本章主要分析了基于语篇语义网络的自动文摘方法。新闻评论语篇人工文摘的实验研究表明，该体裁语篇的文摘一般包括两个部分：新闻事件和评论。同时，文摘与用户的个性化需求有密切联系。根据新闻评论语篇的体裁特点，基于语篇表层特征统计的自动文摘难以全面涵盖语篇中的重点信息，也不能满足文摘的个性化需求。

面向新闻评论语篇的自动文摘可以运用两种路径：第一，基于语篇语义网络提取概念—连接密度大的核心句子，作为文摘候选句；第二，基于语篇语义网络进行知识空间识别，提取各知识空间的子主题，作为文摘候选句。计算机根据新闻评论语篇各知识空间的分布特点、概念—关系特点和知识空间的词汇标识进行知识空间的识别。首先，计算机以段落作为处理单位，根据段落的篇章形式标志，进行篇章的段落切分。然后，根据识别特征和限制条件进行知识空间的识别任务。各知识空间的词汇标识可以做成词表提供给计算机以辅助知识空间的识别。基于语篇语义网络的子主题提取以小句作为处理单位，以增加重要信息的筛选率。连接密度大的概念—关系作为知识空间的控制中心表征着该知识空间的核心信息和子主题；计算机可以基于概念—关系连接的密度以及核心概念—关系的特点标识，采用线性加权方式，提取子主题小句，以构成文摘候选句。在文摘的信息压缩过程中，根据文摘长度的要求，计算机可以基于语篇语义网络进一步剔除边缘的概念—关系，提取出文摘句中的控制中心。

  本章提出一个基于语篇语义网络的自动文摘系统规划。该系统包括五个模块：文档预处理模块、语篇语义网络构建模块、文摘候选句提取模块、用户需求目标分析模块、文摘生成模块。文档预处理模块包括段落、小句的识别以及分词标注。语篇语义网络的构建需要在语义知识库的辅助下，完成指代消解、省略代词的添补以及概念—关系标注。文摘候选句提取模块包括知识空间识别和子主题提取。用户需求模块需要确定用户对文摘在长度、内容和形式方面的要求。文摘生成模块包括对文摘句进行排序、信息压缩和润色。

第 8 章 结论与展望

本章首先简要阐述本书的研究结论,然后讨论本研究的不足,并对后续研究进行展望。

8.1 结论

本书以新闻评论语篇为语料,研究面向自动文摘的汉语语篇语义网络。本书的研究结论如下:

第一,基于汉语新闻评论语篇的概念—关系标注,本书提出一套构建汉语语篇语义网络的概念—关系标注集,共31种概念—关系,分为四大类,第一类是围绕一级概念的14种概念—关系,包括状态关系、施事关系、受事关系、与事关系、方式关系、相关关系、属性关系、时间关系、位置关系、位移关系、组成部分关系、物质构成关系、数量关系、容纳关系;第二类是关于人类经验的9种概念—关系,包括因果关系、目的关系、感知关系、认知关系、情感关系、意愿关系、交际关系、拥有关系、情态关系;第三类是定义类属的2种概念—关系,包括实例关系、细目说明关系;第四类是关于符号交际情况的6种概念—关系,包括意义关系、价值关系、等同关系、对立关系、同指关系、复现关系。本书对语篇语料中标注的概念—关系进行统计分析,结果显示:概念—关系出现的次数具有比较大的差异,受事关系、施事关系、状态关系、相关关系、属性关系、数量关系、因果关系、对立关系、同指关系、复现关系所占的比例高;物质构成关系、容纳关系所占的比例低。各种概念—关系占比的差异性在一定程度上与语篇的体裁和主题相关。各种概念—关系在词汇层面和语义角色层面都具有一些特点,对此,本书作了分析和归纳。

第二,本书从语篇语义网络的微观层面切入,分析汉语语篇语义网络的构建过程。语篇语义网络的构建是按照问题—求解的方式建立概念之间的联系,是从概念的微观状态到宏观状态的转化过程。语篇语义网络中的概念—关系具有递归性。由于概念之间建立了不同程度的联系,因而形成了层级性的语篇知识空间。语篇语义网络中的模型空间大多通过概念的复现关系、同指关系、时间关系、对比关系、因果关系建立连接。语篇知识空间的形式特征包括标点符号、分段标识和排版,可以被用来确定小句知识空间、句子知识空间和段落模型空间。语篇世界中句子知识空间之间通过建立概念—关系形成不同程度的连接,分为强连接、弱连接和无连接。具有强连接的段落模型空间优先组合,形成更大的知识组块。当段落模型空间的开始或者结尾处和相邻的段落模型空间之间有强连接时,相关段落模型空间优先组合构成较大的知识组块。段落模型空间内部,具有强连接的句子知识空间优先组合,形成较大的知识空间。在语篇语义网络中,不同层级的知识空间都具有控制中心。在小句层面,控制中心一般为一级概念实体。在句子知识空间和段落模型空间中,其控制中心是该知识空间中连接密度最强的概念—关系。语篇语义网络与语篇表层的语法网络相互映射,语篇表层的句法和句间语法手段提供表层组织结构,限制关于语篇底层概念—关系的假设。面向自然语言处理的语篇语义网络构建大致包括六个步骤:划分语篇语义网络的标注单位、指代消解、分词标注、设定概念—关系标注集、语篇语义网络和表层语法网络的互动构建、相关语义资源的使用。

第三,新闻评论一般包括新闻事件知识空间、评论知识空间和整体评价知识空间。评论知识空间是核心知识组块,新闻事件知识空间和整体评价知识空间具有可选择性,在特定的话语语境下,可以缺省。每个知识空间都具有多种构成元素。评论知识空间有三种模式:问题—解决方案模式、目标—实现方案模式、观点—合理性论证模式。各知识空间具有凸显的概念—关系特点和词汇标识。除了受事关系、施事关系、状态关系、相关关系、属性关系在各知识空间出现的频率均在100%左右外,其他概念—关系在各知识空间出现的频率存在明显差异。其中,交际关系和认知关系在新闻事件知识空间中出现的频率很高；因果关系、认知关系、数量关系、目的关系、实例关系、细目说明关系、等同关系、对立关系、同指关系、复现关系在评价知识空间中的出现频率比较高；情态关系在整体评价知识空间中的出现频率比较高。新闻事件知识空间中词汇标识主要有标记交际关系的具体词汇项和标记新闻事件的时间、地点的词汇项。问题—解决方案知识空间的问题标记词汇包括具有"问题"语义的词汇和具有负面语义的词汇。解决方案的标记词汇包括标识因果关系的连接词、具体词汇项和框架标记元话语。目标—实现方案知识空间中，评价知识空间的词汇标识包括标识因果关系的连接词和具体词汇及框架标记语。观点—合理性论证知识空间的标识包括标示因果关系或者对立关系的连接词和框架标记语元话语。整体评价知识空间的标识主要有标记逻辑总结的联系语、情态助动词、作为框架标记和态度标记的元话语。新闻评论标题与新闻评论语篇具有完全复现和部分复现关系。

第四，本书探讨基于语篇语义网络的自动文摘方法。新闻评论语篇的人工文摘写作实验研究表明，新闻评论文摘一般包括两部分：新闻事件和评论。这两个方面的内容分别与新闻评论语篇的新闻事件知识空间和评论知识空间相对应。基于语篇语义网络的自动文摘可以采取两种路径：一是根据概念—关系连接密度提取核心句构成文摘；二是通过语篇语义网络的知识空间识别和语篇主题提取来获得文摘候选句。首先，计算机根据新闻评论语篇各知识空间的识别特征和限制条件进行知识空间的识别。其次，计算机以小句作为处理单位进行语篇主题的提取。连接密度大的概念—关系往往是该知识空间的核心信息；此外，知识空间的主题也具有凸显的概念—关系特点。计算机可以根据语篇语义网络中的概念—关系的连接密度和概念—关系特点标识，采用线性加权方式，提取主题小句，以构成文摘候选句。最后，根据文摘长度的要求，计算机可以根据语篇语义网络的控制中心，实现文摘的信息压缩。

第五，本书提出一个基于语篇语义网络的自动文摘系统规划。该系统包括五个模块：文档预处理模块、语篇语义网络构建模块、基于语篇语义网络的文摘候选句提取模块、用户需求目标分析模块、文摘生成模块。

8.2 不足及研究展望

本书以新闻评论语篇为语料，研究汉语语篇语义网络，探讨基于语篇语义网络的自动文摘，虽然取得了一些成果，但是受各方面因素的限制，本研究仍然存在一些不足之处。

第一，语料规模和范围的局限性。由于语料处理是人工标注，限制了本研究能够处理的语料规模和范围。本研究自建的语料库只涉及"环保"话题的新闻评论。虽然"环境保护"是民生的重大议题，能够获取丰富的语篇语料，但是内容受限的语料可能会导致某些概念—关系出现的频次比较低。虽然本书已经总结和归纳了语篇语义网络中概念—关系的一些语言学特征、新闻评论语篇知识空间的概念—关系特点和词汇标识，但是语料范围的限制可能导致特征的总结不是很全面。随着语料规模的扩大，我们可以对概念—关系和新闻评论知识空间作出更全面的语言学分析。今后的研究需要扩大语料规模，进行语篇语义网络的资源建设，以一定数量的标注语料作为训练集，运用机器学习的方法建立大规模的语篇语义网络标注语料库，为语篇语义研究提供丰富的语篇语义知识。

第二，语料分析具有主观性。本书基于新闻评论语篇语料分析各种概念—关系的特点，确定概念之间的关系种类，由于涉及语义和语篇语境，尽管我们参照了丰富的汉语语言学文献，但是语料的概念—关系判定仍然会具有一定的主观性。

第三，自动摘要研究方法不够丰富。本研究主要对基于汉语语篇语义网络的自动文摘进行了理论性探讨，提出了基于汉语语篇语义网络的自动文摘方法和系统规划。今后，我们应该进行相关的实践性研究，研究基于语篇语义网络的自动文摘的具体算法，与其他自动文摘的方法作比较，进行对比性的实证研究。

第四，研究对象比较单一。一方面，本研究只关注了基于新闻评论语料库的汉语语篇语义网络研究，并未涉及其他语体的语篇，如新闻消息、学术论文、科技文献等，因而存在一定的局限性。另一方面，本研究只探讨了汉语语篇语义网络在自动文摘中的应用，今后的研究不仅需要拓宽研究对象的范围，也要拓展汉语语篇语义网络在自然语言处理领域中的其他应用性研究。

参 考 文 献

中文参考文献

[1] 巴赫金. 巴赫金全集[M]. 河北：河北教育出版社，1998.

[2] 陈波. 特征结构及其汉语语义资源建设[D]. 武汉：武汉大学，2011.

[3] 陈波，姬东鸿，吕晨. 基于特征结构的汉语主谓谓语句语义标注研究[J]. 中文信息学报，2012（3）：22-26.

[4] 陈立民. 论汉语格分类的标准[J]. 语言研究，1998（2）：25-37.

[5] 陈忠华，刘心全，杨春苑. 知识与语篇理解[M]. 北京：外语教学与研究出版社，2004.

[6] 程琪龙. Beaugrande的语篇程序模式及其理论[J]. 外语教学与研究，1998（4）：35-39.

[7] 程琪龙，高军，韩戈玲. 述评Beaugrande的语篇性标准[J]. 上海理工大学学报（社会科学版），2002（1）：34-38.

[8] 楚军，周军. 报纸新闻标题的功能研究[J]. 四川外语学院学报，2006（4）：89-93.

[9] 丁法章. 新闻评论教程[M]. 上海：复旦大学出版社，2002.

[10] 丁加勇. 汉语语义角色与句式的互动研究[M]. 北京：世界图书出版公司，2016.

[11] 丁声树，吕叔湘，李荣，等. 现代汉语语法讲话[M]. 北京：商务印书馆，1999.

[12] 董敏. Beaugrande宏观语篇性标准[J]. 西安外国语学院学报，2002（4）：44-48.

[13] 董育宁. 新闻评论语篇的语言研究[D]. 上海：复旦大学，2007.

[14] 董振东. 语义关系的表达和知识系统的建造[J]. 语言文字应用，1998（3）：79-85.

[15] 冯文贺. 语言与语言计算研究[M]. 北京：中国社会科学出版社，2015.

[16] 冯文贺，姬东鸿. 命题库：分析与展望[J]. 外语电化教学，2010（136）：25-31.

[17] 冯志伟. 机器翻译研究[M]. 北京：中国对外翻译出版公司，2004.

[18] 冯志伟. 自然语言处理的形式模型[M]. 合肥：中国科学技术大学出版社，2010.

[19] 冯志伟. 自然语言处理简明教程[M]. 上海：上海外语教育出版社，2012.

[20] 付慧敏. 现代汉语新闻评论语篇的结构研究[D]. 吉林：吉林大学，2020.

[21] 高亮. 汉语意愿情态动词研究[D]. 重庆：重庆师范大学，2015.

[22] 龚书，瞿有利，田盛丰. 基于语义的自动文摘研究综述[J]. 北京交通大学学报，2009（5）：126-133.

[23] 郭锐. 现代汉语词类研究[M]. 北京：商务印书馆，2002.

[24] 关润池. 汉语语义树库标注及语义自动分析[D]. 北京：中国传媒大学，2006.

[25] 国家标准局.文摘编写规则 GB6447—1986 [S]. 北京：中国标准出版社，1986.

[26] 胡裕树. 现代汉语[M]. 上海：上海教育出版社，1995.

[27] 胡裕树，范晓. 动词形容词的"名物化"和"名词化"[J]. 中国语文，1994（2）：81-85.

[28] 黄曾阳. HNC（概念层次网络）理论——计算机理解语言研究的新思路[M].北京：清华大学出版社，1998.

[29] 黄昌宁. 中文信息处理中的分词问题[J]. 语言文字应用，1997（1）：72-78.

[30] 姬东鸿. 汉语语义标注理论的新视角——《特征结构及其汉语语义资源建设》书评[J]. 湖北文理学院学报，2014（4）：86-88.

[31] 贾彦德. 汉语语义学[M]. 北京：北京大学出版社，1986.

[32] 金立，汪曼. 图尔敏论证模型下的新闻评论探究[J]. 浙江社会科学，2015（10）：81-88.

[33] 江铭虎. 自然语言处理[M]. 北京：高等教育出版社，2006.

[34] 李保国. 基于聚类与LDA的新闻评论主题挖掘研究[D]. 武汉：武汉纺织大学，2016.

[35] 李葆嘉. 语义语法学导论[M]. 北京：中华书局，2007.

[36] 李小滨，徐越. 自动文摘系统EAAS[J]. 软件学报，1991（4）：12-18.

[37] 李战子. 篇章自然段划分的语义和语用功能[J]. 外语教学，1997（1）：9-15.

[38] 李佐文，严玲. 什么是计算话语学[J]. 山东外语教学，2018（6）：24-32.

[39] 李佐文，李楠. 新闻话语的可计算特征[J]. 现代传播，2018（12）：41-44.

[40] 李佐文. 元话语：元认知的言语体现[J]. 外语研究，2003（1）：27-32.

[41] 梁国杰. 面向计算的语篇连贯关系及其词汇标记型式研究[D]. 北京：中国传媒大学，2016.

[42] 廖秋忠. 篇章中的论证结构[J]. 语言教学与研究，1988（1）：86-101.

[43] 廖秋忠.《篇章语言学导论》简介[J]. 国外语言学，1987（2）：66-69.

[44] 林杏光，鲁川. 汉语句子语义平面的主客观信息研究[J]. 汉语学习，1997（5）：8-11.

[45] 刘东立，唐泓英，王宝库，等. 汉语分析的语义网络表示法[J]. 中文信息学报，1991（4）：1-10.

[46] 刘海涛. 依存语法和机器翻译[J]. 语言文字应用，1997（3）：89-93.

[47] 刘海涛，赵怿怡. 基于树库的汉语依存句法分析[J]. 模式识别与人工智能，2009（1）：17-21.

[48] 刘海涛. 汉语语义网络的统计特性[J]. 中国科学，2009（14）：2060-2064.

[49] 刘茂福，胡慧君. 基于认知与计算的事件语义学研究[M]. 北京：科学出版社，2013.

[50] 刘群，李素建. 基于《知网》的词汇语义相似度计算[J]. 中文计算语言学，2002（7）：59-76.

[51] 刘顺. 汉语名词的多视角研究[M]. 上海：学林出版社，2003.

[52] 刘庆伟. 汉语区别词研究述评[J]. 内蒙古大学学报（哲学社会科学版），2009（1）：115-119.

[53] 刘伟伟. 人工智能的语义学基础[J]. 科学技术哲学研究，2015（3）：27-32.

[54] 刘开瑛. 汉语框架语义网构建及其应用技术研究[J]. 中文信息学报，2011（6）：46-62.

[55] 刘知远，孙茂松. 汉语词同现网络的小世界效应和无标度特性[J]. 中文信息学报，2007（6）：52-58.

[56] 娄开阳. 汉语新闻语篇的结构研究[M]. 北京：世界图书出版社，2008.

[57] 吕叔湘. 汉语语法论文集[M]. 北京：商务印书馆，1984.

[58] 吕叔湘. 现代汉语八百词[M]. 北京：商务印书馆，2016.

[59] 陆俭明. 汉语时间词说略[J]. 语言教学与研究，1991（1）：24-37.

[60] 鲁川. 汉语语法的意合网络[M]. 北京：商务印书馆，2001.

[61] 鲁川，林杏光. 现代汉语语法的格关系[J]. 汉语学习，1989（5）：11-15.

[62] 马少华. 从信息量的角度考察新闻评论标题[J]. 新闻大学，2003（3）：77-79.

[63] 梅家驹，竺一鸣，高蕴琦，等. 同义词词林[M]. 上海：上海辞书出版社，1993.

[64] 苗兴伟. 语篇结构研究：理论与模式[J]. 中国外语研究，2017（1）：3-13.

[65] 莫燕，王永成. 中文文献摘要的自动编制[J]. 现代图书情报技术，1993（3）：433-439.

[66] 欧阳晓芳. "看"类动词词义聚合网络的认知研究[M]. 北京：中国社会科学出版社，2015.

[67] 屈承熹，赵世开. 汉语中语法、语义和语用的相互作用[J]. 当代语言学，1991（2）：21-30.

[68] 齐沪扬. 论区别词的范围[J]. 华东师范大学学报（哲社版），1990（2）：66-70.

[69] 宋明亮. 汉语词汇字面相似度性原理与后控制词表动态维护研究[J]. 情报学报，1996（4）：261-271.

[70] 宋成方. 汉语情感动词的语法和语义特征[J]. 外语研究，2012（4）：10-18.

[71] 沈园. 句法—语义界面研究[M]. 上海：上海教育出版社，2007.

[72] 孙春葵，李蕾，杨晓兰，等. 基于知识的文本摘要系统研究与实现[J]. 计算机研究与发展，2000（7）：874-881.

[73] 陶富民，高军，王腾蛟，等. 面向话题的新闻评论的情感特征选取[J]. 中文信息学报，2010（3）：37-43.

[74] 谭翀，陈跃新. 自动摘要方法综述[J]. 情报学报，2008，27（1）：62-68.

[75] 唐青叶. 包装名词与语篇信息包装[M]. 上海：上海大学出版社，2006.

[76] 田久乐，赵蔚. 基于同义词词林的词语相似度计算方法[J]. 吉林大学学报（信息科学版），2010（6）：602-608.

[77] 万国，张桂平，白宇，等. 基于特征加权的新闻主题句抽取[J]. 中文信息学报，2017（5）：120-126.

[78] 王峰. 基于自然语言处理的自动文摘系统[D]. 成都：电子科技大学，2006.

[79] 王惠，詹卫东，俞士汶. "现代汉语语义词典"的结构及应用[J]. 语言文字应用，2006（1）：134-141.

[80] 王力. 汉语语法史[M]. 北京：商务印书馆，1989.

[81] 王连喜. 自动摘要研究中的若干问题[J]. 图书情报工作，2014（20）：13-22.

[82] 王萌，何婷婷，姬东鸿，等. 基于HowNet概念获取的中文自动文摘系统[J]. 中文信息学报，2005（3）：87-93.

[83] 王振华. 语篇语义的研究路径——一个范式、两个脉络、三种功能、四种语义、五个视角[J]. 中国外语，2009（6）：26-38.

[84] 王思翠. 基于S2AFCM与篇章内容结构分析的自动文摘系统研究[D]. 昆明：昆明理工大学，2011.

[85] 王莹. 汉语言语动词研究[J]. 南开语言学刊，2005（2）：76-82.

[86] 吴岩，刘挺，王开铸，等. 中文自动文摘原理与方法探索[J]. 中文信息学报，1997（2）：8-16.

[87] 夏幼明，徐天伟，张春霞，等. 语义网络的知识获取及转换的研究[J]. 云南师范大学学报，1999（6）：40-44.

[88] 肖珊. 言说动词概念语义网络系统构建研究[M]. 北京：《光明日报》出版社，2013.

[89] 邢福义. 小句中枢说[J]. 中国语文，1995（6）：420-428.

[90] 徐盛桓. 语篇建构中的事件和语境[J]. 宁波大学学报（人文科学版），2009（6）：59-64.

[91] 杨玉玲. "这""那"系词语的篇章用法研究[M]. 北京：中国广播电视出版社，2010.

[92] 杨敏，常宝宝. 基于北京大学中文网库的语义角色分类[J]. 中文信息学报，2011（2）：3-8.

[93] 杨新敏. 当代新闻评论[M]. 上海：上海三联书店，2006.

[94] 杨新敏. 新闻评论学[M]. 江苏：苏州大学出版社，2013.

[95] 姚双云. 面向中文信息处理的汉语语法研究[M]. 上海：华中师范大学出版社，2012.

[96] 叶枫. 语篇语义学[M]. 北京：世界图书出版公司，2017.

[97] 尤昉，李涓子，王作英. 基于语义依存关系的汉语语料库的构建[J]. 中文信息学报，2002（1）：46-53.

[98] 于江生、俞士汶. 中文概念词典的结构[J]. 中文信息学报，2002，16（4）：13-21，45.

[99] 俞士汶. 关于计算语言学的若干研究[J]. 语言文字应用，1993（3）：55-64.

[100] 俞士汶，穗志方，朱学锋. 综合型语言知识库及其前景[J]. 中文信息学报，2011（6）：12-20.

[101] 袁莉容，郭淑伟，王静. 汉语句子的时间语义范畴研究[M]. 四川：四川大学出版社，2010.

[102] 袁毓林. 论元角色的层级关系和语义特征[J]. 世界汉语教学，2002（3）：11-22.

[103] 袁毓林. 信息抽取的语义知识资源研究[J]. 中文信息学报，2002（5）：8-14.

[104] 袁毓林. 计算语言学的理论方法和研究取向[J]. 中国社会科学，2001（4）：157-168.

[105] 昝红英，张静杰，娄鑫坡. 汉语虚词用法在依存句法分析中的应用研究[J]. 中文信息学报，2013（5）：35-42.

[106] 詹卫东. 确立语义范畴的原则及语义范畴的相对性[J]. 世界汉语教学，2001（2）：3-32.

[107] 张斌. 现代汉语实词[M]. 上海：华东师范大学出版社，2000.

[108] 张明辉. 认知类动词的界定[J]. 宁夏大学学报（人文社会科学版），2011（1）：39-45.

[109] 张明尧. 基于事件链的语篇连贯研究[D]. 武汉：武汉大学，2013.

[110] 张瑞玲. 教学资源自动文摘系统的研究与设计[D]. 北京：北京交通大学，2014.

[111] 章婷. 二价进食类动词的语义网络构建[M]. 北京：世界图书出版公司，2012.

[112] 张新华. 感知类叙实动词研究[J]. 外语教学与研究，2015（1）：69-77.

[113] 赵波，解敏，夏幼明. 基于本体的子类/父类关系的分类体系形式化表示[J]. 云南师范大学学报，2008（3）：27-30.

[114] 赵家新. 现代汉语心理形容词语义网络研究[M]. 北京：中国社会科学出版社，2010.

[115] 赵艳芳. 认知语言学概论[M]. 上海：上海外语教育出版社，2001.

[116] 赵怿怡，刘海涛. 语言同现网、句法网、语义网的构建与比较[J]. 中文信息学报，2014（5）：28-35.

[117] 中国中文信息协会. 中文信息处理发展报告[EB/OL].（2016-12-24）[2018-12-11].http://120.221.34.86:6510/cips-upload.bj.bcebos.com/cips2016.pdf.

[118] 周明，黄昌宁. 面向语料库标注的汉语依存体系的探讨[J]. 中文信息学报，1993（3）：35-52.

[119] 周卫华. 面向中文信息处理的汉语动宾语义搭配研究[D]. 上海：华东师范大学，2007.

[120] 朱德熙. 语法讲义[M]. 北京：商务印书馆，1982.

[121] 朱晓亚. 汉语句模研究[M]. 北京：北京大学出版社，2001.

[122] 乐明. 汉语篇章修辞结构的标注研究[J]. 中文信息学报，2008（4）：19-23.

英文参考文献

[1] Beaugrande Robert De, Colby Benjamin. Narrative Models of Action and Interaction[J]. Cognitive Science, 1979(3): 46-66.

[2] Allen James. A Plan-Based Approach to Speech Act Recognition[D]. Toronto: University of Toronto, 1979.

[3] Borah Porismita. Conceptual Issues in Framing Theory: A Systemic Examination of a Decade's Literature[J]. Journal of Communication, 2011,61(2): 246-263.

[4] Baker Collin F, Fillmore C J, Lowe John B. The Berkeley FrameNet Project[C]// Proceedings of COLING/ACL. Canada: Montreal, 1998:86-90.

[5] Barzilay R, Elhadad M. Using Lexical Chains for Text Summarizer[C]// Proceedings of the Workshop on Intelligent Scalable Text Summarization at the ACL/ EACL Conference. Spain: Madrid, 1997:10-17.

[6] Beaugrande R De. Text, Discourse and Process: Toward a Multidisciplinary Science of Text[M]. London: Longman, 1980.

[7] Beaugrande R De, Dressler W. Introduction to Text Linguistics[M]. London: Longman, 1981.

[8] Bolívar Adriana. The Negotiation of Evaluation in Written Text[C]//In Scott Mike, Thompson Geoff. Patterns of Text. Amsterdam/Philadelphia: John Benjamins Publishing Company, 2001:129-158.

[9] Bolívar Adriana. The Structure of Newspaper Editorials[C]//Coulthard Malcolm. Advances in Written Text Analysis. New York: Routledge, 1994:276-294.

[10] Brachman Ronald. On the Epiestemological Status of Semantic Networks[C]// Findler. Associative Networks: the Representation and Use of Knowledge in Computers . New York: Academic Press, 1979:3-50.

[11] Burton R. Semantic Grammar: An Engineering Technique for Constructing Natural-Language Understanding Systems[R]. USA: Bolt, Beranek and Newman, Cambridge, MA, 1976.

[12] Chafe W. The Flow of Thought and the Flow of Language[C]//Givón T. Discourse and Syntax. New York: Academic Press, 1979:159-181.

[13] Clark Herbert, Clark Eve. Language and Psychology[M]. New York: Harcourt, Brace &Jovanovich, 1977.

[14] Collins Alan M, Quillian M Ross. Retrieval Time form Semantic Memory[J]. Journal of Verbal Learning and Verbal Behavior, 1969(8): 240-248.

[15] Coulthard R M, Brazil D C. Exchange Structure: Discourse Analysis[M]. Birmingham: ELR, 1979.

[16] Crismore A. Talking with Readers: Metadiscourse as Rhetorical Act[M]. New York: Peter Lang, 1989.

[17] Croft William. Syntactic Categories and Grammatical Relations: the Cognitive Organization of Information[M]. Chicago: University of Chicago Press, 1991.

[18] Crystal David. 剑桥语言百科全书[M]. 北京：外语教学与研究出版社, 2009.

[19] DeJong Gerald. Prediction and Substantiation: A New Approach to Natural Language Processing[J]. Cognitive Science, 1979 (3): 251-273.

[20] DeJong G F. An Overview of the FRUMP system[C]//In Lehnert W G, Ringle M H. Strategies form Natural Language Process. Hillsdale NJ: Lawrence Erlbaum, 1982:149-172.

[21] Dowty D. Thematic Proto-Role and Argument Selection[J]]. Language, 1991 (67): 547-619.

[22] Edmundson H P. New Methods in Automatic Extraction[J]. Journal of the ACM, 1968 (2): 264-285.

[23] Fillmore C J. The Case for Case[C]//In Bach E, Harms R. Universals in Linguistics Theory. New York: Holt, Rinehart and Winston, Inc., 1968, 1-88.

[24] Fum D, Guida G, Tasso C. Evaluating Importance: A Step Towards Text Summarization[C]//Proceedings of the 9th International Joint Conference on Artificial Intelligence. USA: Los Angeles, 1985:840-844.

[25] Giannopoulos G, Koniaris M, Weber Ingmar, et al. Algorithms and Criteria for Diversification of News Article Comments[J]. Journal of Intelligent

Information Systems, 2015, 44(1): 1-47.

[26] Green S J. Automatically Generating Hypertext by Computing Semantic Similarity[D]. Toronto: University of Toronto, 1997.

[27] Hahn U, Reimer U. The Topic Project: Text-Oriented Procedures form Information Management and Condensation of Expository Text[R]. Germany, University of Constance, 1985.

[28] Halliday M A K, Hasan R. Cohesion in English[M]. London: Longman Group Limited. 1976.

[29] Hayes Phillip. Some Association-based Techniques for Lexical Disambiguation by Machine[M]. Rochester: University of Rochester, 1977.

[30] Hoey M. On the Surface of Discourse[M]. London: Allen & Unwin, 1983.

[31] Hoey M. Patterns of Lexis in Text[M]. 上海: 上海外语教育出版社, 2000.

[32] Hoey M. Signaling in Discourse: a Functional Analysis of a Common Discourse Pattern in Written and Spoken English[C]//In Coulthard, Malcolm. Advances in Written Text Analysis. New York: Routledge, 1994:26-45.

[33] Hovy Eduard, Lin Chin-Yew. Automated Text Summarization in SUMMARIST[C]//I Mani M, Maybury. Advances in Automatic Text Summarization. 1999:81-98.

[34] Hutchins W J. On the Structure of Scientific Texts[J]. UEA Papers in Linguistics, 1977(5): 18-39.

[35] Hyland K. Metadiscourse[M]. 北京：外语教学与研究出版社，2008.

[36] Johnson Ronald E. Recall of Prose as a Function of Structural Importance of Linguistic Units[J]. Journal of Verbal Learning and Verbal Behaviour, 1970 (9): 12-20.

[37] Jordan Michael. Some Discourse Patterns and Signaling of the Assessment-Basis Relation[C]//Scott Mike, Thompson Geoff. Patterns of Text. Amsterdam/Philadelphia: John Benjamins Publishing Company, 2001:159-192.

[38] Jordan M. Rhetoric of Everyday English Texts[M]. London: Allen and Unwin 1984.

[39] Kay Harry. Learning and Retaining Verbal Material[J]. British Journal of

Psychology, 1955(46/2):81-100.

[40] Kingsbury Paul, Martha Palmer. From Tree Bank to Propbank[C]// Proceedings of the 3rd International Conference on Language Resources and Evaluation (LREC-2002). Spain, 2002:1989-1993.

[41] Kipper S K. VerbNet: A Broad-Coverage, Comprehensive Verb Lexicon[D]. Philadelphia: University of Pennsylvania, 2005.

[42] Klaus Georg. Kybernetik in Philosophischer Sicht[M]. Berlin: Dietz, 1963.

[43] Kukich K. Design of a Knowledge-Based Report Generator[C]//Proceedings of the 21st Meeting of the Association for Computational Linguistics. Cambridge, 1983:145-150.

[44] Kupiec J, Pedersen J, Chen F A. Trainable Document Summarizer[C]// Proceedings of the Eighteenth Annual International ACM Conference on Research and Development in Information Retrieval (SIGIR). USA: Seattle, WA, 1995:68-73.

[45] Langacker R W. Grammar and Conceptualization [M] . Berlin: Mouton de Gruyter, 1999.

[46] Longacre R. The Paragraph as a Grammatical Unit[C]//In Givón (ed.), Discourse and Semantic: Syntax and Semantics. New York: Academic Press, 1979:311-335.

[47] Luhn H P. The Automatic Creation of Literature Abstracts[C]//I Mani, M, Maybury. Advances in Automatic Text Summarization. 1999:15-22.

[48] Lyons J. Semantics[M]. Cambridge: Cambridge University Press, 1977.

[49] Maeda T. An Approach toward Functional Text Structure Analysis of Scientific and Technical Documents[J]. Information Processing & Management, 1981, 17(6): 329-339.

[50] Mann William, Thompson Sandra. Rhetorical Structure Theory: Toward a Functional Theory of Text Organization[J]. Text, 1988, 8(3): 243-281.

[51] Marco M L. Procedural Vocabulary: Lexical Signaling of Conceptual Relations in Discourse[J]. Applied linguistics, 1999, (20/1):1-21.

[52] Marcu Daniel. The Rhetorical Parsing, Summarization, and Generation of

Natural Language Texts[D]. Toronto: University of Toronto, 1998.

[53] McCarthy M. Discourse Analysis for Language Teachers[M]. Cambridge: Cambridge University Press, 1991.

[54] Miller G A. WordNet: An On-line Lexical Database[J]. International Journal of Lexicography, 1990(4): 235-312.

[55] Morris J, Hirst G. Lexical Cohesion Computed by Thesaural Relations As an Indicator of the Structure of Text[J]. Computational Linguistics, 1991, 17(1): 21-47.

[56] Ono K, Sumita K, Miike S. Abstract Generation Based on Rhetorical Structure Extraction[C]//Proceedings of 15th International Conference on Computational Linguistics. Kyoto, 1994:344-348.

[57] Paice C D. The Automatic Generation of Literature Abstracts: An Approach Based on the Identification of Self-Indicating Phrases[C]//Oddy R N, Robertson S E, Rijsbergen C J Van, et al. Information Retrieval Research. London: Butterworths, 1981: 172-191.

[58] Palmer M, Gildea Dan, Kingsbury Paul. The Proposition Bank: An Annotated Corpus with Semantic Roles[J]. Computational Linguistics Journal, 2005, 31(1): 71-106.

[59] Palmer F R. Modality and the English Modals[M]. London: Routledge, 1990.

[60] Rau L, Brandow R, Mitze K. Domain-Independent Summarization of News[C]//Niggemeyer Hobbs, Sparck. Reprint of Summarizing Text for Intelligent Communication, Dagstuhl Seminar Report. Germany: Schloss Dagstuhl, 1993: 13-17.

[61] Schank R, Abelson R. Scripts, Plans, Goals and Understanding[M]. NJ: Lawrence Erlbaum Associates, 1977.

[62] Scollon R. Mediated Discourse as Social Interaction：A Study of News Discourse[M]. New York：Routledge Press, 1998.

[63] Scott Mike. Mapping Key Words to Problem and Solution[C]//Scott Mike, Thompson Geoff. Patterns of Text. Amsterdam/Philadelphia: John Benjamins Publishing Company, 2001: 109-128.

[64] Scott M. Textual Patterns: Key Words and Corpus Analysis in Language Education[M]. Amsterdam: John Benjamins, 2006.

[65] Sherrard Carol. Teaching Students to Summarize: Applying Textlinguistics[J]. System, 1989,17(1): 1-11.

[66] Simmons Slocum J. Generating English Discourse from Semantic Netwoks[J]. CACM, 1972, 15(10): 891-905.

[67] Sparck J K. Automatic Summarizing: Factors and Directions[C]//Mani, M, Maybury. Advances in Automatic Text Summarization. London: The MIT Press, 1999:1-14.

[68] Sumita K, Ono K, Chino T, et al. A Discourse Structure Analyzer for Japanese Text[C]//In ICOT Staff (eds.), In Proceedings of the International Conference on Fifth Generation Computer Systems. Tokyo: IOS Press, 1992: 1133-1140.

[69] Tait J I. Automatic Summarizing of English Texts[D]. Ph.D. Thesis of the University of Cambridge, 1983.

[70] Talmy Leonard. Toward a Cognitive Semantics. Volume I. Concept Structuring Systems[M]. 北京: 外语教学与研究出版社, 2012.

[71] Thompson G, Hunston S. Evaluation: An Introduction[C]//Hunston S, Thompson G. System and Corpus: Exploring Connections. London: Equinox, 2000:1-27.

[72] Van Dijk T A. Discourse as Structure and Process[M]. London: Sage, 1997.

[73] Van Dijk T A. News as Discourse[M]. New Jersey: Lawrence Erlbaum Associate, 1988.

[74] Winograd Peter N. Strategic Difficulties in Summarizing Texts[J]. Reading Research Quarterly, 1984, 19(4): 404-425.

[75] Winston Patrick. Artificial intelligence[M]. Rowley, Mass.: Addison-Wesley Publishing, 1977.

[76] Winter E O. Fundamentals of Information Structure: A Pilot Manual for Further Development According to Student Need[R]. Hatfield Polytechnic, 1976.

[77] Winter E O. A Clause Relational Approach to English Texts: A Study of Some

Predictive Lexical Items in Written Discourse [J]. Instructional Science, 1977 (6): 1-92.

[78] Woods William. Generalizations of ATN Grammars[C]//Woods, Brachman. Research in Natural Language Understanding. Cambridge: Bolt, Beranek &Newman, 1978:4-35.

[79] Xue N W. Labeling Chinese Predicates with Semantic Roles[J]. Computational Linguistics, 2008, 34 (2): 225-255.

[80] Yan JiaJun. Chinese Semantic Dependency Analysis and Its Application[D]. Tokushima: University of Tokushima, 2007.

附　　录

书中的研究语料来自以下新闻评论：

1. "人民网评"：33份罚单为何管不住排污口？
2. 《人民日报》：要让虚假整改者付出代价
3. 《钱江晚报》：地方治污，何以敢频频"欺上"
4. 《钱江晚报》：新能源车补贴调整，不能让骗补得逞
5. 《人民日报》：让环保的钢牙更锋利些
6. 《人民日报》：治理秸秆焚烧要治本
7. 《人民日报》：对环境问题要"一盯到底"
8. 《人民日报》：环保执法要"严"也要"准"
9. 《人民日报》：人人都是环境、人人都是形象
10. 《人民日报》：科学防治沙患、筑牢绿色屏障
11. 《法制日报》：环境行为规范应成为全民共识
12. 《光明日报》：污水直排湘江，环保担当何在
13. 《人民日报》：加快"绿色升级"
14. 《人民日报》：让垃圾分类真正走进生活
15. 《人民日报》：农家乐不能成为环保空白地带
16. 《法制日报》：用法制约束绿色政绩冲动
17. 《钱江晚报》：十年限塑，更需要反思消费行为
18. 《北京青年报》："一刀切"关停违背环保初衷
19. "人民网评"：建设一支生态环境保护铁军

20. "人民网评"：为老百姓留下鸟语花香田园风光
21. "人民网评"：让老百姓吃得放心，住得安心
22. "人民网评"：让制度成为不可触碰的高压线
23. "人民网评"：还给老百姓清水绿岸、鱼翔浅底的景象
24. "人民网评"：还老百姓蓝天白云，繁星闪烁
25. 《人民日报》：担负起生态文明建设的责任
26. "人民网评"：解决损害群众健康的突出环境问题
27. "人民网评"：留下休养生息的时间和空间
28. "人民网评"：不断满足人民群众的优美生态环境需要
29. 《人民日报》：用优美生态环境造福人民
30. 《人民日报》：绿色是美好生活的底色
31. 《人民日报》：坚决打好污染防治攻坚战
32. "人民网评"：跨越生态文明建设的"三期口"
33. 《人民日报》：生态文明建设的历史性贡献
34. 《人民日报》：新时代推进生态文明建设的重要遵循
35. "人民网评"：厉害了我的国，厉害了我的环保
36. "人民网评"：生态兴则文明兴
37. 《人民日报》：国家公园,勿忘荒野
38. "人民网评"：把资源留给后代也是政绩
39. 《燕赵晚报》："垃圾换演出票"可培养文明意识
40. "人民网评"：奏响新时代的"长江之歌"
41. 《光明日报》：提高农村垃圾治理效率课向市场化借力
42. "人民网评"：如何熄灭长江的"生态红灯"
43. 《人民日报》：给子孙后代留下清洁美丽的长江
44. 《人民日报》：建设好生态宜居的美丽乡村
45. 《光明日报》：狠治基层环保失职渎职行为
46. 《人民日报》：通往美丽中国的必由之路
47. 《北京青年》：打造"绿色物流"需要有更大合力
48. 《北京青年》：打造改善民生的"尚方宝剑"
49. 《人民日报》：每个人都是环保行动者

50. "人民网"：来一场垃圾分类的全民教育
51. 《人民日报》：保护环境要狠抓治本
52. 《人民日报》：推动排污权交易制度建设
53. "人民网"：忧乐启示唤担当
54. 《人民日报》：加强生态教育，助力美丽中国
55. 《人民日报》：重拳严打环保数据造假
56. 《人民日报》："生态小公民"有大力量
57. 《人民日报》：打好农业污染防治攻坚战
58. 《人民日报》：书写防沙治沙的绿色传奇
59. 《光明日报》：热门景点频遭垃圾困扰怎么破
60. 《人民日报》：第三方监管也需监管
61. 《人民日报》：吃上生态饭，更加懂生态
62. 《人民日报》：绿色发展改变中国
63. 《人民日报》：环境保护是每一代人的事业
64. 《人民日报》：探索美丽城市建设之路
65. 《人民日报》：同呼吸，共奋斗
66. 《人民日报》：读懂"四个一"，读懂中国奔腾的脉搏
67. 《光明日报》：外卖盛行，限塑政策要打补丁
68. "人民网评"：青藏高原见证中国生态文明的世界贡献
69. 《人民日报》：涵养底蕴深厚的文化长江
70. 《人民日报》：守护绵延后世的生态长江
71. 《工人日报》：让虚假整改现形，打赢环保治污攻坚战
72. 《人民日报》：用新方法解决老问题
73. 《人民日报》：既要集中攻坚，也要久久为功
74. 《人民日报》：美丽中国呼唤全民行动
75. 《人民日报》：实现环境治理现代化
76. "人民网"：扭住问题不松手
77. 《人民日报》：担负起防治污染的主体责任
78. 《钱江晚报》：比机器空转更可怕的是环保意识空转
79. 《钱江晚报》：环保问题欺上瞒下，个人责任也要追究

80. 《人民日报》：让环保压力层层递进
81. 《燕赵晚报》：垃圾处理费提出更高要求
82. 《法制日报》：短命豪华公厕不能一拆了之
83. 《法制日报》：土壤保护不能留空白地带
84. 《光明日报》：农村垃圾治理需"接地气"
85. 《光明日报》：向"假整改假治污"出重拳
86. 《法制日报》：绿色快递离不开包装革命
87. 《南方日报》：按下农村污水治理"快捷键"
88. 《新京报》："对志愿者多些理解和包容"——为生态环境部的表态点赞
89. 《新京报》：污染企业"搞环保赚大钱"带来启示
90. 《南方日报》：不要让野生动物等不起